中国艺术研究院基本科研业务费项目

（项目编号：2020-3-8）

王瑜瑜　著

中国古代
历史剧论稿

文化藝術出版社
Culture and Art Publishing House

图书在版编目（CIP）数据

中国古代历史剧论稿 / 王瑜瑜著. —北京：文化艺术出版社，2020.12
ISBN 978-7-5039-7027-6

Ⅰ.①中… Ⅱ.①王… Ⅲ.①古典戏剧—历史剧—戏剧研究—中国 Ⅳ.①I207.37

中国版本图书馆CIP数据核字（2020）第257233号

中国古代历史剧论稿

著　　者	王瑜瑜
责任编辑	蔡宛若
责任校对	陈秀芹
书籍设计	赵　矗
出版发行	文化藝術出版社
地　　址	北京市东城区东四八条52号　（100700）
网　　址	www.caaph.com
电子邮箱	s@caaph.com
电　　话	（010）84057666（总编室）　84057667（办公室） 　　　　　84057696—84057699（发行部）
传　　真	（010）84057660（总编室）　84057670（办公室） 　　　　　84057690（发行部）
经　　销	新华书店
印　　刷	国英印务有限公司
版　　次	2021年12月第1版
印　　次	2021年12月第1次印刷
开　　本	710毫米×1000毫米　1/16
印　　张	21
字　　数	300千字
书　　号	ISBN 978-7-5039-7027-6
定　　价	78.00元

版权所有，侵权必究。如有印装错误，随时调换。

目录

书写的历史与历史的书写
——读王瑜瑜《中国古代历史剧论稿》……郭英德 001

绪　论……001

元代编……043

第一章　元代历史剧创作概观……045

第二章　元代历史剧的创作观念……059
　　第一节　"厚人伦，美风化"……060
　　第二节　"事贵翻空，不以谬悠为讳"……064
　　第三节　"古新奇事迹，皆为人做过"……069
　　第四节　"以意兴之所至为之，以自娱娱人"……074

第三章　元代历史剧的创作方法……079
　　第一节　书写今日：特殊时代精神的熔铸……080
　　第二节　眼泪的力量：悲剧精神与道德精神的张扬……090
　　第三节　沁人心脾：情感艺术感染力的开掘……098

明代编……109

第一章　明代历史剧创作概观……111

第二章　明代历史剧的创作观念……120
  第一节　"若于伦理无关紧，纵是新奇不足传"……121
  第二节　从"有意驾虚"到"若良史焉"……127
  第三节　"厌常喜新"与"演奇事，畅奇情"……135
  第四节　"寓言寄意"……140

第三章　明代历史剧的创作方法……147
  第一节　援将戏笔扬清浊：政治理性之勃兴……149
  第二节　聊向戏场问兴亡：历史理性之萌发……167
  第三节　雅俗共赏：叙事策略的世俗化追求……176

清代编……191

第一章　清代历史剧创作概观……193

第二章　清代历史剧的创作观念……206
  第一节　"阐扬忠孝，义寓劝惩，乃为可贵"……206
  第二节　"以曲为史"和"笔补造化"……214
  第三节　"不愧传奇之目"……227
  第四节　"寓显微阐幽之旨"……235

第三章　清代历史剧的创作方法……245
　　第一节　一片痴情终难易：政治理性的艰难前行……246
　　第二节　青史山河总幻梦：历史理性的痛苦升华……257
　　第三节　成败兴亡皆擅场：艺术技巧的丰富精工……271

余　论……287

参考文献……297

附　录……309
　　"厚道今主""酸心旧臣"
　　　　——试论康熙与孔尚任的"心结"……309

后　记……319

书写的历史与历史的书写
——读王瑜瑜《中国古代历史剧论稿》
郭英德

历史是无所不在的。就人群组成而言,一个人有一个人的历史,一个家庭有一个家庭的历史,一个家族有一个家族的历史,一个民族也有一个民族的历史;就空间建构而言,一个村落有一个村落的历史,一个城市有一个城市的历史,一个区域有一个区域的历史,一个国家也有一个国家的历史。历史也是无时不在的,它存在于奔流不息的时间长河之中,既每时每刻地发生在我们身边,也成为转瞬即逝的过去、预示即将来临的将来。这种无所不在、无时不在的历史,是人们常说的"历史"的第一种面相——"史实"。所有发生在、存在于特定时空中的人与事,就是历史。因此从客观意义上说,"史实"指过去发生的所有事情,它具有唯一性的特点。

但是,如果返回"历史现场",我们不难明白,对于任何一个居于特定时空之中的人来说,"史实"的呈现只能是片断的,也只能是片面的,是他在当时、当地所看到的、听到的或感受到的人与事,而不可能是当时、当地所发生、所存在的所有情景。谁也无法知晓,在当时、当地,有多少他看不到、听不到、感受不到的人与事,以及人与事错综复杂的面貌。难道这些他看不到、听不到、感受不到的人与事就不是"史实"了吗?

同理，对于任何一个居于特定时空之中的人来说，当时、当地的人与事只能是瞬息万变、稍纵即逝的，也许他还没有看清楚、还没有听明白、还没有回过味儿来的时候，人与事就已经流逝了，而且永不复返。哪怕他仅仅想要穿越到前一分钟、前一秒钟的"历史现场"，那也只能是一种奢望或一种幻想。时过境迁，实际呈现给他的只能是"记忆"，是印记在他的脑子里并且在他的脑子里重新建构的人与事，是他"认为"他曾经看到、听到、感受到的人与事。然而，他"认为"他曾经看到、听到、感受到的人与事还是原本发生的人与事吗？

在这一意义上我们说，所谓"史实"，原本就是千态万状、难以尽览的，是稍纵即逝、不可复原的。而作为"史实"的基础与内涵的"真相"（这里特指全方位的"真相"），虽然的的确确存在于特定的时空中，但却只能存在于过去的时空之中，存在于当下的人们未知而欲知的无穷无尽的求索之中。因此，任何企图"忠实地还原"过去的人与事的努力，任何企图揭开所有"真相"的努力，都不过犹如"水中捞月"，终究徒劳无功。

但是，水中的月亮确定无疑地是天上的月亮的倒影。就像天上的确悬挂着一轮明月一样，在特定的时空中毕竟发生过、存在过这样一些人与事，"真相"毕竟是存在的。因此，作为"史实"的历史是"有"而不是"无"，这是无可置疑的。

那么，如何让历史的"有"转化为可以观览、可以留驻，乃至"有迹可寻"的面相呢？唯一的方式，就是借助于口传、笔录或摄像，"如实地"记录下特定时空的人与事。人们只能相信，也愿意相信，所谓"真相"应该是置身于"历史现场"的亲历者、目睹者或耳闻者的记录。置身于"历史现场"的亲历者、目睹者或耳闻者，"如实地"记录他们参与了什么、看到了什么、听到了什么、感受到了什么，古人称之为"实录"，而我更愿意称之为"史录"——这是人们常说的"历史"的第二种面相。

理所当然，井水毕竟映照着天上的一轮明月，尽管它只能呈现为一种"影像"，却终究足以使未尝置身于特定时空人与事的时人或后人，可以借助于这种"影像",具体地、形象地看到、听到或感受到特定时空的人与事,仿佛自身也是亲历者、目睹者或耳闻者一样。究其实,人们平常所说的"历史",往往指的并不是"史实",而是"史录",即"书写的历史"——即历史记载或历史传说。人们所谓阅读历史、考辨历史、阐释历史,实际上指的是阅读"史录"、考辨"史录"、阐释"史录"。

然而我们不能不遗憾地指出,任何一种"史录"在本质上都不可能以"真实"为前提,都不可能纤毫不差、细大不捐地记录特定时空的人与事。无论是中国古人所说的"实录,言其录事实"(颜师古注《汉书·司马迁传》),还是德国历史学家兰克所说的"如实直书"(《拉丁和条顿民族史》序言),都只存在于一种理想状态中。且不说现场的亲历者、目睹者或耳闻者往往有意地曲解或主观地陈述特定时空的人与事,即使他们在本意上或内心中想要"如实地"记录特定的人与事,他们最终呈现的"史录"也不可能提供"真实"的"史实"。

道理很简单,任何一种记录都必须借助于某种媒介——语言、文字、图像或者影像,而任何一种媒介都不是冷冰冰的"客体",而是有"生命"的"主体",是会"说话"的。因此,任何一种媒介都会有意识地或无意识地做出选择,选择"说什么"和"怎么说"。也就是说,任何一种媒介给后人提供的都是经过选择和修饰的"故事",而不是原汁原味的"真相"。

在摄像机和监视器还没有发明之前,处身"历史现场"的亲历者、目睹者或耳闻者,大都是在事后用语言、文字或图像加以讲述或记录的,他们在意识中或潜意识中,知道什么该说、什么不该说,或者什么该写、什么不该写,也知道应该这么说、不应该那么说,或者应该这么写、不应该那么写。因此,他们的讲述或记录都经过了语言、文字或图像的筛选和修饰。这种筛选和修饰无论是有意识的还是无意识的,其最终呈现的"史录"都不可能是曾经发生过、存在过的特定时空的人与事了。后人所看到的"史录",要么是众说纷纭的,要么是残缺不全的,要么是迷离惝恍的。

1950年日本著名导演黑泽明执导的电影《罗生门》，根据日本作家芥川龙之介的短篇小说《筱竹丛中》改编，讲述武士金泽武弘死亡之后，武士之妻真砂、强盗多襄丸、借灵媒之口出现的武士亡灵、发现尸体的樵夫等几位亲历者、目击者，分别提供各自的证词。武士死亡的"真相"被隐藏在大相径庭的故事版本中，显得扑朔迷离，让旁听的行脚僧和观众一头雾水。于是"罗生门"一词被后人用以指称"各说各话，真相难明"的历史现象。其实，古往今来的"史录"，不都是如此这般的"罗生门"吗？

即使在摄像机和监视器发明之后，人们也只能看到、听到、感受到置身于现场的摄像机和监视器所看到、听到、捕捉到的"影像"，而摄像机和监视器无论如何也做不到"全息式"地还原现场，即使我们在现场设置了360度无死角的摄像机和监视器，也无济于事。别的且不说，至少我们知道，摄像机和监视器是无法呈现特定时空的人的意识的，更不用说人的无意识了。

话又说回来了，对于当时人或后来人来说，既然不可能重回"历史现场"，除了凭借"史录"，还有什么更好的方法能够身临其境地走进现场，细致入微地观览"史实"呢？极而言之，作为"史实"的历史对我们来说是发生过的、存在着的，是可以感知、可以探究的，就因为有"史录"的存在。

而我们现在阅读的史书，都是历代的历史家以"史录"为依据，进行再度选择、修饰、构建的"书写的历史"，它距离置身人与事发生现场的亲历者、目睹者或耳闻者的"史录"又隔了一层。先师启功先生有一首《沁园春·咏史》词，前半阕写道："古史从头看，几千年，兴亡成败，眼花缭乱。多少王侯多少贼，早已全都完蛋。尽成了，灰尘一片。大本糊涂流水账，电子机，难得从头算。竟自有，若干卷。"汗牛充栋的史书，只不过是"大本糊涂流水账"而已。尽管如此，比起后人来，历史家毕竟更容易亲见处身"历史现场"的亲历者、目睹者或耳闻者的"实录"，据此为后人书写"史录"，保存"史录"。

在这一意义上我们可以说，没有"史录"就没有历史。没有"二十五史"，没有"四部典籍"，那些在特定时空中出现的林林总总的人与事还能存在吗？还能感知吗？有多少芸芸众生成为历史的匆匆过客，被"史录"所筛选、所遗弃？又有多少鲜活生动的人与事借助于"史录"，得以与后人共存同在？秦皇、汉武、唐宗、宋祖、万历帝、康熙帝……屈原、司马迁、李白、杜甫、韩愈、柳宗元、欧阳修、苏轼、汤显祖、曹雪芹……他们都"活"在"书写的历史"中，也因此都"活"在现代人的生活中。

于是，作为"书写的历史"的"史录"，就成为后来者的传统资源，后来者的文化资本，甚至后来者的精神源泉。"知古足以鉴今"，成为后来者颠扑不破的信念乃至信仰，支撑并推动着一代又一代后来者在文明的道路上不断探索，不断前行。

但是，就像任何一种媒介都不是冷冰冰的"客体"，而是有"生命"的"主体"，是会"说话"的一样，任何一种"史录"也都是有"生命"的"主体"，是会"说话"的——它总是要也总是会借助于"史录"文本的阅读者、阐释者而发声的。而一旦阅读者、阐释者再度复述、阐说、演绎"史录"的时候，人们常说的"历史"就呈现为第三种面相——"史评"。

千百年来广泛地流传于世间的历史评论、历史故事、历史传说、历史绘画、历史小说、历史剧、历史影视，不仅是"史评"的主要载体，更是"史评"的"原生家庭"，是"史评"赖以生成、发展与传播的良田沃土。"史评"的一端连接着现在与过去，是"曾在"的"史实"和"已在"的"史录"在当下的重构；"史评"的另一端则连接着现在与未来，提供当下对"史实"的探究和对"史录"的发微，作为后人深度探究"史实"、审视"史录"的起点或依据。由此"史评"成为历史最富于生命力的一种存在形态，我们可以称它为历史的"文化形态"。"史评"将过去、现在和未来熔为一炉，锻铸成人类赖以生存与发展的文化资源，"取之不尽，用之不竭",丰富着人类生生不息的精神世界。

归根结底,"史评"也是一种"历史的书写"。"史评"的书写者借助于语言、文字、图像或影像,再度对汗牛充栋的"史录"进行选择、组构、修饰、陈述,从而揭示书写者心目中或理想中的"史实"。"史评"的价值体现在两个层面,一方面依赖于书写者对"史录"的充分占有与细心解读,另一方面依赖于书写者对"史录"的深刻阐释与崭新重构。而任何的占有、解读、阐释、重构,说到底,都是人的主观活动、意识活动。因此,"史评"的终极旨趣,并不是对"史实"的客观"还原",而是对"史实"的主观"建构"。

中国古代的历史剧就是"史评"的一种艺术形态。在元、明、清三代七百多年间,产生了数以百计的历史剧作品,以案头阅读与舞台演出的方式,在社会上广泛流传,形塑着中国人对历史的认知与评判,表达着中国人对现实的感受与纠结,彰显着中国人对未来的期待与希望,更重要的是传承着中国人的人生经验、生活意义与生命价值。这是一份极其丰富、极其宝贵的文化遗产和精神财富,值得我们好好珍惜,更值得我们细细品味、深深发掘,让它们在当下重新焕发朝气蓬勃的生命力。

早在十五年前选定硕士学位论文题目的时候,王瑜瑜就钟情于中国古代历史剧的研究。现在呈现在读者面前的数十万言大著——《中国古代历史剧论稿》,就是他多年沉潜、上下求索的结晶。

在这部大著中,王瑜瑜从纵切面上将中国古代历史剧文本的演变划分为元、明、清三个时期,力图呈现历史剧的演进过程;在横切面上将中国古代历史剧的创作传统与艺术经验归类为创作观念与创作方法两个层面,旨在解析历史剧的丰富内涵。所谓"创作观念",指的是历史剧作家历史观的具体呈现,即作家如何看待历史与历史剧书写,体现出作家创作历史剧的知识、思想和旨趣。王瑜瑜从理论上将历史剧的创作观念归纳为伦理教化、虚实处理、奇正之辨、寓言倾向四个范畴,可谓慧目独具,足以揭示元、明、清时期历史剧作家对"史实""史录"与"史评"的内涵、本质、特征、价值等的基本看法。而历史剧的创作方法,则是作家依据"史录"而驰骋"史评"的时候,对"史实"的实际呈现方式,即作家如何书写历史,如何重构历史,如何凭借历史的书写,充分地展现历史面貌的"广度"、历史意义的"深度"和历史感受的"浓度"。作家对创作方法的选择与运用,在某种程度上决定了历史剧的价值与意义。

从我对历史三重面相的认识的角度来看,王瑜瑜的这部大著其实也是一部"史评",是一部面貌一新的"史评"。这部大著的价值并不在于是否"真实"地"还原"中国古代历史剧创作的"史实"——尽管作者的确竭尽全力地重构"逼真"的"史实",但他所呈现的只能是构建的"历史知识"而不是特定时空的人与事。这部大著的价值也不在于是否"准确"地"契合"中国古代历史剧创作的"史录"——尽管作者的确左右逢源地采择丰富的"史录",但他对这些纷繁复杂的"历史记录"无疑是经过再度的选择与修饰的。我觉得,这部大著的真正价值在于,它是王瑜瑜心中有关中国古代历史剧创作的精彩故事,是他对中国古代历史剧创作的"史评"。

王瑜瑜这一独抒己见的"史评",足以为读者奉献出一份深入思考与不懈探索的答卷。阅读这份答卷,引发了我对书写的历史与历史的书写的一些"遐思",借此机会记录下来,作为浅薄的"史评"。这一浅薄的"史评",如果能够激发读者对历史和现实的思考,也是一种意外的收获了。

2020 年 7 月 3 日

绪论

中国古代历史题材的改编和创作涉及诗歌、散文、小说、戏剧等多种不同文体。[1]历史题材的创作和改编表现在小说和戏剧这两种文学样式中，无论是数量还是质量都占有绝对的优势，从创作的实际情况来看，中国古代文学史上留下的一大批优秀的历史剧作品不仅是中国古代戏剧创作中的一流作品，也是整个中国古代文学史上的经典，如关汉卿的《单刀会》、纪君祥的《赵氏孤儿》、李玉的《千忠录》、洪昇的《长生殿》、孔尚任的《桃花扇》等。所以要展现中国古代历史题材创作和改编的整体面貌，揭示中国古代历史题材改编与创作方法的特征以及这些方法在不同文学样式中的不同表现，深化对中国古代历史题材改编与创作宏观和微观两方面的认识，中国古代历史剧的研究是不可或缺的。

同时，把中国古代历史剧作为一个专题进行具体深入的研究，有利于澄清一些文学研究中存在争议的概念，有利于揭示不同时代中国古代历史剧不同的创作特征、创作观念、创作方法以及它们之间的相互联系，对中国古代历史剧进行更系统的把握和观照。同时，把古代历史剧经典之作和更多的不为一般文学史所关注的历史剧作品一起纳入考察范围，一方面有利于从微观方面深化对经典作品的认识，另一方面可以使对中国古代历

---

[1] 中国古代戏剧主要表现为戏曲这一特殊艺术样式，本书以戏曲文本为主要分析对象，侧重于戏曲文本的文学性。

史剧的研究更加全面，得出更为科学、客观的结论。

中国古代历史剧自20世纪至今的研究状况有以下三个显著特征。

第一，"宏观研究与微观研究出现了严重的不平衡现象"[1]。中国古代历史剧的微观研究（即对具体作家、作品的研究）产生了大量的成果，"研究对象覆盖了中国古代不同时期、不同戏剧体制、不同主题思想的历史剧的主要作品"[2]。但是在宏观方面（即把中国古代历史剧当作一个相对独立的整体进行研究，研究这个整体的特征与内涵，等等），据孙书磊统计，20世纪关于历史剧的四次大讨论（分别在40年代初、60年代初、80年代初和90年代后期）中，此类论文仅仅有7篇。[3]

第二，中国古代历史剧和新编历史剧（包括戏曲、话剧在内）研究的交叉和外国戏剧理论及研究方法的运用导致了某些问题乃至缺陷。中国古代历史剧几乎没有作为一个独立的、整体的研究对象被研究，而作为新编历史剧研究的附属研究对象存在，导致了中国古代历史剧基本概念、内涵的模糊和缺失，使得中国古代历史剧作为一个特殊整体的研究很难深入进行下去。此外，特殊的时代政治环境、西方话剧理论直接应用于中国古代的历史剧研究，由于时间跨度、地域、文化生态等与西方戏剧存在差异，难免会出现削足适履、牵强附会的问题。相反，那些采用传统文学研究方法，立足于文本分析对中国古代历史剧进行的研究则取得了大量扎实的成果。

第三，中国古代历史剧的整体研究几乎没有从中国古代戏剧研究中独立出来。20世纪中国古代历史剧的研究成果或多或少地包含在大量关于中国古代戏剧研究的著作中（包括独立的戏曲文学史、古代文学史著作中的戏曲史部分以及对中国古代戏剧作家、作品、戏剧批评的专题研究成果）。总体来看，研究成果虽然丰富，但论题不够集中，缺乏系统性，研

---

[1] 孙书磊：《中国古代历史剧研究》，南京师范大学出版社2004年版，第7页。
[2] 孙书磊：《中国古代历史剧研究》，南京师范大学出版社2004年版，第8页。
[3] 参见孙书磊《中国古代历史剧研究》，南京师范大学出版社2004年版，第8页。

究深度也有待开掘。

相较而言，元杂剧历史剧研究成果较多，也较为深入，而作品量更大的明清两代的历史剧作品除去经典文本分析外，研究成果相对较少，深度也有所欠缺。此外，中国古代历史剧作为整体研究对象的研究成果不多。在此，着重对20世纪80年代以来中国古代历史剧的研究状况略做回溯和总结。

一

就我国的戏剧创作而言，"历史剧"这一概念被戏剧界人士提出并为社会所广泛接受，开始于20世纪40年代以郭沫若为代表的一批戏剧家为配合抗战对历史题材话剧的大量创作。[1]在关于历史剧创作的历次讨论中，郭沫若、吴晗、茅盾等老一辈学者对历史剧研究都有所建树，影响深远。郭沫若《历史·史剧·现实》从历史研究和历史剧创作比较的角度探讨了历史剧创作许多方面的问题。他提出："历史研究是'实事求是'，史剧创作是'失事求似'。史学家是发掘历史的精神，史剧家是发展历史的精神。史学家是凸面镜，汇集无数的光线，凝结起来，制造一个实的焦点。史剧家是凹面镜，汇集无数的光线，扩展出去，制造一个虚的焦点。……古人的心理，史书多缺而不传，在这史学家搁笔的地方，便须得史剧家来发展。历史并非绝对真实，实多舞文弄墨，颠倒是非，在这史学家只能纠正的地方，史剧家还须得还它一个真面目。史学家和史剧家的任务毕竟不同，这是科学与艺术之别。自然，史剧既以历史为题材，也不能完全违背历史的事实。大抵在大关节目上，非有正确的研究，不能把既成的史案推翻。但因有正确的研究而要推翻重要的史案，却是一个史剧创作的主要动机。故尔，创作之前必须有研究，史剧家对于所处理的题材范围内，必须

---

[1] 参见孙书磊《中国古代历史剧研究》，南京师范大学出版社2004年版，第1页。

是研究的权威。关于人物的性格、心理、习惯,时代的风俗、制度、精神,总要尽可能地收集材料,务求其无瑕可击。优秀的史剧家必须得是优秀的史学家,反过来说,便不必正确。……他们以为史剧第一要不违背史实,但他们却没有更进一步去追求:所谓史实究竟是不是真实。……假使它是对于历史的翻案,那就要看它翻案的理由,你不能一开口便咬定它不合乎史实。……'诗人的任务不在叙述实在的事件,而在叙述可能的——依据真实性、必然性可能发生的事件。史家和诗家不同!'史剧家在创造剧本,并没有创造'历史',谁要你把它当成历史呢?"[1]郭沫若集历史研究家、诗人、剧作家于一身,因此,对于历史剧创作者、对于历史材料的掌握和艺术处理提出了更为严格的要求,而事实上,从戏剧发展史上来看,能够集历史家、史剧家于一身的作者少而又少。吴晗作为历史学家,对于历史剧创作中历史材料的使用和创作尺度也非常关注。他的《谈历史剧》认为:"历史剧和历史有联系,也有区别。历史剧必须有历史根据,人物、事实都要有根据。……人物、事实都是虚构的,绝对不能算历史剧。人物确有其人,但事实没有或不可能发生的也不能算历史剧。在这

---

[1] 郭沫若:《历史·史剧·现实》,载彭放编《郭沫若谈创作》,黑龙江人民出版社1982年版,第137—139页。郭沫若另有《谈历史剧——在上海市立戏剧学校演讲》(载彭放编《郭沫若谈创作》,第154—156页),许多观点与《历史·史剧·现实》相似:"历史家把事实现实地记录下来,戏剧家就在认识了这历史的真实以后,用象征的比喻的手法,写出更现实的历史剧来。……写历史剧可用《诗经》的赋、比、兴来代表。准确的历史剧是赋的体裁,用古代的历史来反映今天的事实是比的体裁,并不完全根据事实,而是我们在对某一段历史的事迹或某一历史的人物,感到可喜可爱而加以同情,便随兴之所至而写成的戏剧,就是兴。……赋、比、兴是历史剧的主要的动机,另外还有一个原因是迎合观众。……总结写历史剧的主要有三点:一是再现历史的事实,次是以历史比较现实,再其次是历史的兴趣而已。……我们要知道科学与文学不同,历史家站在记录历史的立场上,是一定要完全真实地记录历史;写历史剧不同,我们可以用一分材料,写成十分的历史剧,只要不背现实,即可增加效果。……写历史剧有一点最值得注意的,虽说语言是用现代语言,但总不能太摩登,一切总该有个限制,服装也是一样,太摩登太新派的时候是要破坏效果的。"

一点上说，历史剧必须受历史的约束，两者是有联系的。同时，历史剧不同于历史，两者是有区别的。假如历史剧完全和历史一样，没有加以艺术处理，有所突出、夸张、集中，那只能算历史，不能算历史剧。……反之，历史剧的剧作家在不违反时代的真实性原则下，不去写这个时代所不可能发生的事情，而写的是这个历史人物所处的时代完全可能发生的事情，在这个原则下，剧作家有充分的虚构的自由，创造故事，加以渲染，夸张，突出，集中，使之达到艺术上完整的要求。具体一点说，也就是要求现实主义与浪漫主义相结合，没有浪漫主义也是不能算历史剧的。总之，一句话，历史剧要求反映历史实际的真实，也要求对历史事实进行艺术的加工，使之更加强烈、具有高度的感染力量。在历史条件许可的情况下，剧作家完全有权创造某些故事，当然也有权略去某些历史事实；集中突出某一部分，删去略去某一部分，是完全可以容许的。"[1]《再谈历史剧》在与多篇文章的商榷中反复强调对历史材料的辨别和使用："历史剧对历史实际大纲节目基本情况要注意，必须力求其比较符合于历史真实，不许可有歪曲、臆造。"[2]《论历史剧》围绕新编历史剧创作提出了自己的见解："第一，历史学家和历史研究工作者应该充分和戏剧家合作，提供戏剧家以新的题材……弃其糟粕，取其精华，要求有可靠的真实的史料，又要有戏剧性，每一个故事都写成提纲，附以参考书目，送给戏剧家写作时参考。戏剧家在选取其中一些题材创作成剧本，历史学家要帮助讨论修改，在排演过程中也是如此。……第二，必须明确历史和历史剧有联系，也有区别这一原则。……既然是历史剧，必然要受历史真实性的约束，在时代背景，主要人物和事件等方面，决不能凭空捏造，或者以今时今地的思想意识去强加于古人……历史剧既不是历史教科书，更不是历史论文，它除了受历

---

[1]《戏剧报》编辑部编：《历史剧论集》（第一集），上海文艺出版社1962年版，第268—269页。

[2]《戏剧报》编辑部编：《历史剧论集》（第一集），上海文艺出版社1962年版，第283页。

史真实性的约束以外，主要的还是戏。是戏就得按戏的办法写，要有矛盾，有冲突，有情节，要收到艺术效果，还必须有所突出，集中，夸张，因之也就不能不有所虚构，使之更丰富，生动，更美，更动人。……历史是不许可捏造的，是不能凭自己的主观愿望虚构的。第三，对历史记载的看法也必须澄清。……认为过去的历史记载全都是不可信的，因而不能凭借。这样一来，就把我国无比丰富生动的历史资料一棍子打死了。这是一种对自己国家历史的虚无主义态度，是不科学的，因而也是错误的。"[1] 郭沫若、吴晗对历史剧的讨论主要围绕新编历史剧创作而言，二人对历史剧历史资料来源和真实性的重视与他们历史学家的身份和深厚的历史学修养密不可分。他们论述的意义在于，虽然历史剧作家无法具备像历史学家一样丰富扎实的历史知识储备，但历史剧创作，特别是严肃的历史剧创作，要成就或者保持历史剧不同于其他题材戏剧的独特价值，特别是要营造剧作一种厚重的历史感，呈现历史的神韵，而且要经得住艺术、时间、观众的考验，需要对历史心存敬畏，对相关的历史资料有充分的掌握和理解，因为"历史剧"天然地要受到"历史"的制约，"历史剧"的魅力主要来源于"历史"。

与郭沫若、吴晗不同，茅盾《关于历史和历史剧——从〈卧薪尝胆〉的许多不同剧本说起》一书以一位文学家的眼光详细分析了《卧薪尝胆》的史料来源、艺术加工。更为重要的是，此文中"从历史到历史剧：我国的悠久传统和丰富经验"一节专门通过丰富的例证对我国源远流长的历史剧创作传统进行了详细的梳理，堪称一部小型的"中国古代历史剧创作史"。他首先肯定了我国历史题材戏剧创作的传统和丰厚积淀："历史题材的剧本，在我国古典戏曲中占有很大的比重。元、明、清三代的杂剧和传奇其可称为历史剧者，居过半强（如果把同一题材而不同体裁的作品各占一数计，百分比还要高些）。这里，也还没有把现在的四百多

---

[1] 吴晗：《论历史剧》，《文学评论》1961年第3期。

种地方戏（京戏也在内）的传统剧目中的历史剧算进去。"从剧作内容来说，"这些历史剧的题材范围之广泛，也是惊人的。它几乎包括我国每一历史时期的重大事件；它表扬了可歌可泣的忠贞侠义的行为，也描画了贤士独行、文人逸事和勇敢而智慧的女性"。他用"解剖麻雀"的方法依次分析品评了元杂剧《死生交范张鸡黍》；元杂剧《赵礼让肥》；元杂剧《赵氏孤儿》及明传奇《八义记》（均演赵氏孤儿事）；明传奇《窃符记》；明杂剧《易水寒》、明传奇《合璧记》《如是观》《小英雄》；元杂剧《汉宫秋》、明传奇《和戎记》（均演王昭君和番事）；明传奇《鸣凤记》和清传奇《桃花扇》。他认为《桃花扇》是我国古典历史剧中在历史真实与艺术真实的统一方面取得最大成功的作品。经过分析，他得出的结论是："历史剧不等于历史书，因而历史剧中一切的人和事不一定都要有牢靠的历史根据，——也就是说，可以采用不见于正史（姑且采用向来大家对这术语的理解）的传说、异说，乃至凭想象来虚构一些人和事；在这里，可以有真人假事（想象）、假人真事（即真有此事，但张冠故意李戴，把此真事装在想象的人物身上），乃至假人假事（两者都是想象出来的）。其所以需要这些虚构的人和事，目的在于增强作品的艺术性。但是，在运用如此这般的方法以增加作品的艺术性的时候，有一个条件，即不损害作品的历史真实性。换言之，假人假事固然应当是那个特定时代的历史条件下所可能产生的人和事，而真人假事也应当是符合于这个历史人物的性格发展的逻辑而不是强加于他的思想或行动。……前辈先生们对待历史剧的态度，实在是严肃而又不严肃的。严肃者何？即意在借古讽今，绝不为古而古。不严肃者何？即对于历史事实任意斩割装配，乃至改头换面。像《鸣凤记》《桃花扇》那样的谨守史范，不妄添一角，不乱拉陪客，在古典历史剧中，是比较少见的。"[1] 茅盾用文学家敏锐的笔触描写了他对于中国古典史剧的

---

[1] 茅盾：《关于历史和历史剧——从〈卧薪尝胆〉的许多不同剧本说起》，作家出版社1962年版，第77—108页。

体会和思考，尽管只是"解剖了几只麻雀"，但的确揭示了中国古代历史剧创作的真实面貌，在古代剧作家那里，他们对历史题材书写的认识、观念和方法一定是千人千面，各有千秋，纵横交织，同中有异，因循沿革，丰富驳杂的。正是这种"严肃而又不严肃的"创作心态为我们留下了五光十色、异彩纷呈的历史剧作品，为我们探寻历史创作方法和路径提供更多的潜力和可能。

程毅中20世纪60年代的两篇文章是对中国古代历史剧进行宏观研究的代表。《试论古代历史剧》认为："凡是以历史人物、事件为题材的，都可以叫做历史剧"[1]，同时着重强调了古代历史剧的人民性、斗争性。"是不是历史剧是作品的分类标准，而不是作品的评价标准。"[2]"凡是以历史人物、事件为题材的，都可以叫做历史剧。"[3]尽管概括略显宽泛，尚不够精确，有一定局限性，但是对于中国古代历史剧创作传统的宏观把握颇见学术眼光和功力，在许多方面有开创之功。《再论古代历史剧》详细分析了三国戏、《昭君出塞》《赵氏孤儿》《鸣凤记》《清忠谱》《桃花扇》等代表性作品，对古代历史剧创作中历史真实和艺术真实的关系进行了辨析，受时代观念影响，格外推崇剧作的思想性。[4]

1980年，余秋雨撰写了长文《历史剧简论》[5]，系统论述了历史剧的基本性质、虚构的限度、历史真实与艺术真实的统一、历史剧的现实意义、历史剧的特殊艺术要求等五个方面的问题。此文对于历史剧的观照贯通古今中外，多处涉及中国古代经典历史剧作品。他提出："历史剧就其本质来说，是艺术，是一种根植于历史土壤中的艺术，不是历史。它是艺

---

[1] 程毅中：《试论古代历史剧》，《文学遗产（增刊）》第9辑，中华书局1962年版。
[2] 程毅中：《再论古代历史剧》，《文学遗产（增刊）》第12辑，中华书局1963年版。
[3] 程毅中：《试论古代历史剧》，《文学遗产（增刊）》第9辑，中华书局1962年版。
[4] 参见程毅中《再论古代历史剧》，《文学遗产（增刊）》第12辑，中华书局1963年版。
[5] 余秋雨：《历史剧简论》，《文艺研究》1980年第6期。

术里边的一个门类,而不是历史科学的一个组成部分。它必须服从于文学艺术的一切基本规律,却与历史科学有着根本性质的区别。"他明确将历史剧定义为"以历史事实为基础进行艺术创造的一种戏剧样式"。同时,通过对一些成功的历史剧的考察,他总结出了历史剧遵守历史事实方面的七条限制:

> 一,著名历史事件的大纲节目一般不能虚构;二,历史上实际存在的重要人物的基本面貌一般不能虚构,当他们成为剧中主角时更应慎重;三,历史的顺序不能颠倒,特定的时代面目、历史气氛、社会环境须力求真实;四,剧中纯属虚构部分的内容,即所谓"假人假事",要符合充分的历史可能性;五,"真人假事",其事除了要符合历史可能性外,还应符合"真人"的性格发展逻辑;六,"假人真事",即虚构一个人物来承担历史上真有过的事件,必须要让这个"假人"的性格与这件事具有内在的统一性;七,对于剧中非虚构的部分,即"真人真事"的处所,不要对其中有历史价值的关节任意更动。

前三条是所有历史剧都需要遵循的基本原则,一旦遭到破坏,可能会影响受众对于历史剧"真实性"的直接感受。后四条谈到人、事、真、假的复杂关系和处理原则,借鉴了古代戏曲理论家王骥德、李渔等人及当代作家茅盾的理论和观点,揭示了既有历史剧创作客观存在的多元面目,但"假人""假事"引入和处理的尺度可能会引发对于历史剧特质的质疑和再思考。此文写作目的主要面向当代历史剧创作,虽然提及不少古代历史剧作品,但没有对古代历史剧进行深入、系统的专门研究。

李昌集在《中国古代曲学史》中也给出了历史剧的定义:"所谓'历史剧',指剧中人物(至少是主要人物)、事件、情节(至少是主要情节),乃至部分细节是'历史真实',有案可稽(文献记载、当事人口述)。如果严格要求的话,则还有相应的地理、文化习俗的准确真实,乃至行为方式和语言上的某种'类似'。"[1]他对中国古代历史剧产生的原因也进行了探讨,并以《长生殿》《桃花扇》为例对中国古代历史剧创作的创作观念、创作方法等进行了总结,有较高的参考价值,尤以古代历史剧创作"虚实"观念的辨析最为深入。

创作方法研究方面,董每戡在《说"历史剧"》[2]一文中,通过评价"三国戏"对《三国演义》的改编、孔尚任《桃花扇》与欧阳予倩改编本的比较,阐发了他对历史剧创作的认识。他指出:"历史剧作者应该在历史真实的基础上创造,但可以不死死地拘泥于史实,忌讳'向壁虚造',却可据实捏合,历史真实与艺术虚构应该辩证地统一,它俩儿并不'相克',正好'相生'。归根结底地说:作剧家的职责在于追求比历史真实更高的艺术真实。"[3]在创作方法上,"历史的真实对历史剧作者自有帮助,他不应该完全置之不顾,相反地,须充分掌握历史资料,辨别真伪,洞察本质来写好历史剧。然而不能为历史现象所迷惑、所左右被牵着鼻子走。历史剧作者只能不即不离,不粘不脱,可以以它为基础,表现出来的却是被作家提高了、集中了、深化了的艺术真实"[4]。就《桃花扇》而言,他认为,孔尚任虽然是位不够格的历史家,却成为有清一代杰出的戏剧家,在于他懂得"历史剧不是历史书",而"《桃花扇》传奇是成功的历史剧,孔尚任出色地完成了作为一个戏剧家的任务"[5]。充分肯定了《桃花扇》作

---

[1] 李昌集:《中国古代曲学史》,华东师范大学出版社1997年版,第678—679页。
[2] 董每戡:《说"历史剧"》,载黄天骥、陈寿楠编《董每戡文集》(上卷),广东高等教育出版社1999年版,第483—496页。
[3] 黄天骥、陈寿楠:《董每戡文集》(上卷),广东高等教育出版社1999年版,第483—484页。
[4] 黄天骥、陈寿楠编:《董每戡文集》(上卷),广东高等教育出版社1999年版,第484页。
[5] 黄天骥、陈寿楠编:《董每戡文集》(上卷),广东高等教育出版社1999年版,第490页。

中国古代历史剧成功典范的地位。他对历史剧创作中历史真实和艺术虚构辩证关系的深入阐释、对历史剧创作原则的把握有重要的启示意义。

创作与理论密不可分，历史剧作家对于历史剧创作的见解和认识值得关注。吴祖光作为著名剧作家，在为刘新文编著的《〈录鬼簿〉中历史剧探源》一书作序时，也表达了自己对于历史剧的看法："我认为历史剧的主要人物的基本思想及性格特征必须符合历史的真实，不宜随意想象杜撰。其次历史上有重大影响的事件及典型环境（历史背景）必须史有其事，真实可靠。在此基础上，在一些情节、人物言行、细节等方面可以虚构，可以将众人的性格和所作所为集于某一人之身，张冠李戴，移花接木。但这些虚构必须沿着人物事件发展的可能性——这一基本轨迹前进。这种可能性应包含更大的必然性，而不是估计可能，似是而非的。虚构加工的目的，是为了人物的丰满立体，性格多重化，品质典型两极化，情节曲折生动，而更有戏剧性，更浓郁感人。历史家只是简单单纯地记下了所发生的事实。剧作家则要'尽可能去感动人，去提起人的兴趣'。'重要的一点是做到惊奇而不失为逼真'（狄德罗《论戏剧艺术》）。反之，剧作家抓住历史材料的一鳞半爪，依据传说，民间故事，全凭想象编造（或为赶'气候'），不依据史书的记载，不问历史背景如何，势必无法揭示历史的发展规律，准确地还历史以真面目。这样，写古鉴今，使人知兴替，激起人们新的追求和向往，给人以力量，也就是一句空话。"[1]此论涉及历史剧创作的具体原则和方法，尤其是对于历史作为艺术作品的"感人"特质强调是富于启示意义，但将历史剧题材可靠来源局限于"史书"是值得商榷的。因为古代历史剧创作题材来源史书不仅包括官修正史，还包括大量野史，此外，还有大量所谓的民间传说，而修撰身份、传播主体、来源并不能直接决定史实的真实性。

---

[1] 刘新文编著：《〈录鬼簿〉中历史剧探源》，南开大学出版社1989年版，"序"第3—4页。

新时期以来,剧作家郭启宏、郑怀兴不仅在戏曲历史剧方面多有创获,而且多有理论反思,值得关注。郭启宏在他的系列文章中提出并反复阐释、充实了"传神史剧论"。他说:"历史离不开人和事,事是人做出来的,因此,历史的核心是历史人物。历史人物早已'托体同山阿',身与灵俱灭。'余悲'也罢,'挽歌'也罢,都付与残烟落照,留给后人的是枯寂的文物,其中最主要的是文字记载,人物的自述和他人的叙述。文字记载纵然累万,毕竟有限,且为当时的统治思想所囿,更不乏无稽与造假,历史的烟尘往往演化成障目的浓雾。为免'雾失楼台',必须拨开迷雾,登堂入室,窥其形而察其神。对于史剧作家来说,在一番深入研究之后,手中那支五色笔即使未能挥洒出形神兼备,也宁可失其形,不可失其神!"[1]因此,历史剧要传历史之神、传人物之神、传作者之神。传神史剧使史剧创作找到文学与历史的最佳契合点,使史剧创作的当代意识与传统积淀得以沟通,使史剧创作的内容和形式得以同步发展,终将实现"剧"的彻底解放。[2]郑怀兴对于历史剧创作也颇有心得,他认为,不管什么历史人物和故事,一旦成为剧本创作的题材,就进入"戏说"的范畴了。但"戏说"并不是随心所欲地胡编,而是要在史家提供的史实基础上,仔细研究所要写的历史人物,从他们身上发现、挖掘戏剧因素,发挥我们丰富的艺术想象力,大胆地进行艺术虚构。史家重在"直",编剧重在"曲";史家贵在"实",编剧贵在"戏"。历史剧创作要讲究器识与史识,冠以历史剧头衔的戏曲剧本应当以《桃花扇》为典范,不要背离历史真实太远,不要背离历史精神太远,这既是对历史负责,对观众负责,也是对作者自

---

[1] 郭启宏:《我所理解的历史剧》,《剧本》1997年第1期。郭启宏撰写的历史剧相关论文尚有《传神史剧论》(《剧本》1988年第1期)、《新编历史剧的思考》(《戏剧报》1986年第12期)、《溯洄从之,道阻且长——回顾〈东周列国〉创作兼谈历史剧》(《广东艺术》1999年第4期)、《历史剧旨在传神》(《大舞台》2009年第4期)等。

[2] 参见郭启宏《传历史之神 写时代之真——再论传神史剧》,《中国文艺评论》2015年第2期。

己负责。历史剧创作还要兼顾古事与今情。历史剧是时代的感召与历史的启示所结合的产物。因此，要善于发现历史与现实的相似之处，善于寻找古人与今人情感的契合点，善于理解古人，既不厚诬也不拔高。在史实与虚构的处理方面，首先要照顾历史的真实性（只求神似，不求形似；对于历史事件的重大关节，基本保留原貌，尽量少做改动；对所描写时代的典章制度、风俗习惯、饮食服饰要避免常识性的错误），在此基础上大胆进行艺术虚构（开掘历史人物的内心世界；虚构情节和人物），移花接木（细节选择；增添神秘色彩），创作出的历史剧"即此半假半真局面，却是大开大合文章"[1]。在历史题材剧作创作中，当代作家的艺术实践与古代作家的艺术实践存在相通之处，因此，郭启宏、郑怀兴从实践获取的心得和经过反复思考和积淀后的主张具有不可替代的独特价值，他们的研究涉及了古今历史题材剧作创作的众多核心命题，诸如史实与虚构、史料选择、细节处理、人物塑造、历史常识、历史与现实、史剧神韵，等等。古今对照，呼应勾连，对我们更深入、全面、贴切地理解和研究古代历史剧作家和创作具有非常重要的启示意义。

王永健在《中国戏剧文学的瑰宝——明清传奇》中谈到《浣纱记》时表达了自己对于历史剧的见解："在我们看来，'从历史到历史剧'，这只是个笼统的概括的说法，这里的'历史'应该包括正史和野史（亦即'近小说言'的'稗官杂记之体'）。古代的历史剧似可大别为两类：基本上忠于史实，又经过艺术加工的历史剧；史实与传说相结合而更多传奇色彩的历史传奇剧（或叫历史故事剧）。"[2] 蔡钟翔对中国古代历史剧的意义、

---

[1] 郑怀兴：《戏曲编剧理论与实践（八）》，《艺海》2015年第6期。郑怀兴撰写的历史剧相关论文尚有《关于历史剧创作》（《剧本》2000年第4期）、《关于历史剧创作（续）》（《剧本》2000年第5期）。
[2] 王永健：《中国戏剧文学的瑰宝——明清传奇》，江苏教育出版社1989年版，第62页。

创作的虚实处理问题也进行了探讨。[1]朱光荣出于对历史剧创作进行指导的目的，系统整理和总结过去历史剧创作的经验，通过对《赵氏孤儿》《赚蒯通》《汉宫秋》《梧桐雨》《浣纱记》《长生殿》《桃花扇》等中国古代历史剧杰作的分析，总结出中国古代历史剧创作中类型归纳（人物形象）、移花接木、合理想象、大胆虚构的艺术创作特色，对历史剧时代精神、认识功能、题材改造与发展等方面的研究也有重要的启示作用。[2]

郑传寅《传统文化与古典戏曲》从传统文化的视角对古典戏曲予以考察。他注意到了儒家文化特别是其中的史官文化与历史剧创作之间的复杂关系。他认为，中国戏曲成熟期的姗姗来迟与华夏民族历史意识的过早觉醒有关。史官文化的"求实"精神与戏曲的"近史"特色密切关联，戏曲创作表现出向历史靠拢的倾向，热衷于以历史和经过长期流传的故事为描写对象，虚构方式同样表现出对历史的依恋，假托古人是其最重要的方式。除了假托、附会之外，还常用张冠李戴、移花接木等方式敷演古人古事，造成了众多剧目"近史而悠缪"的特色。戏曲批评也呈现出历史化的特征，批评尺度以历史著作为标准；用"索隐"方法以实证虚、强事臆测；考证戏曲本事的研究向度非常突出，体现出"求实"的价值取向。[3]他指出："即使是取材于史传的历史剧真正以传达史传所昭示的劝讽意义的作品却并不是很多，大量的历史剧以传达作者现实的生存体验为主旨，这种体验大多是史传所没有的，而且多半也是不合时宜的。正因为戏曲中的历史剧大多缺乏信史的真实性，而且其价值取向与史官文化又不尽一致，因此，即使是描写帝王将相的历史剧也同样遭到统治阶级及其正统文

---

[1] 参见蔡钟翔《中国古典剧论概要》，中国人民大学出版社1988年版。
[2] 参见朱光荣《论中国历史剧的创作》，载《中国古代戏曲艺术论续编》，贵州人民出版社2002年版，第31—40页。
[3] 参见郑传寅《传统文化与古典戏曲》，湖南人民出版社2005年版，第113—145页。

人的拒斥。"[1]事实上,古代历史剧创作主体、创作观念、创作面貌、创作接受形态是极为丰富的。历史剧的创作乃至史书的编撰事实上都无法彻底割裂作者与其现实生存体验的关系,而中国古代历史剧创作者并不乏以"劝讽"为出发点的作品,甚至很多作家明确标举以"征史尚实"为圭臬并加以自勉的。作为艺术作品的历史剧与史书由于根本性质的不同肯定是存在巨大差异的,许多经典历史剧恰恰是由于"不合时宜"和受到所谓的"拒斥"受到更多的关注,在更丰富的层面上给予了观众和读者认识、品味、反思历史的感受。

李纪祥指出,"历史剧此一名词所可能蕴涵的两个方向:其一,作为诗学、戏剧创作本质的走向,其中被挪用的历史是现成的剧情之思考。其二,历史剧作为一种演述式的历史呈现。这时,历史是地地道道的与文述同质的历史,作为此一种走向,问题的意义已转向为思考一种在文述之外,历史如何通过演述的历史呈现。"[2]对认识历史剧的双重性质和功能颇有启示意义。

孙书磊《中国古代历史剧研究》是一部以中国古代历史剧为主题的研究专著。此书首先明确界定了中国古代历史剧:"(1)创作时限,指道光二十年(1840)之前。(2)剧中人物,主角(杂剧之末、旦,传奇之生、旦)须为历史真实人物,其他人物不论。(3)剧中情节,主要关目或其具体背景或人物精神有相关的文献依据即可,可据正史,可据野史,也可根据文学艺术创作实际等。"[3]进而回溯了中国古代历史剧研究的历程,明确了中国古代历史剧研究的意义、任务和方法。作者认为,中国古代历史剧的发生与史官文化的召唤密切相关,中国古代历史剧的本事以正史、野史及文学作品本事为三大源头。此书按宋元明戏文、元杂剧、明清传奇、明清杂剧、清地方戏五种体裁详细梳理了中国古代历史剧发展的历

---

[1]郑传寅:《传统文化与古典戏曲》,湖南人民出版社2005年版,第117页。
[2]李纪祥:《时间・历史・叙事》,兰州大学出版社2004年版,第89页。
[3]孙书磊:《中国古代历史剧研究》,南京师范大学出版社2004年版,第6页。

程，将明清传奇历史剧划分为生活史剧、英雄史剧、反思史剧、人生史剧四个时期。在历史剧创作方面，此书依据创作群体的不同，分为文人历史剧创作和艺人历史剧创作两个群体展开研究，揭示了二者不同的特点：前者展示了多元的文人心态和对文学家志趣的认同，体现出强烈的现实功利性，徘徊于史学与艺术之间；后者则以平民愿望的展示与补足、大众审美、"事""艺"中心化与趋俗性为特征。此书还从本体认识（曲史观、寓言观）、创作论（题材、虚实、结构、语言、创作心态）、批评范式（以史论替代剧论、以文论替代剧论、以伦理论替代剧论）三个角度专门考察了中国古代历史剧批评。在此基础上，总论了中国古代历史剧的艺术定位及现代化的问题。这部论著建立了完整的研究和理论框架，分析详明，见解新颖，触及了中国古代历史剧创作的诸多核心命题，富于开创性和启示性，但在历史剧界定、文人与艺人划分及创作特点概括等方面仍有值得进一步深入探究之处。

受到孙书磊研究成果的启发，田根胜《近代戏剧的传承与开拓》专门探讨了1840年以来艺人历史剧的风行及其特点。他认为，以民间百姓为审美主体的创作决定了艺人历史剧创作的题材选择与主体表达，大众价值观念对艺人历史剧创作的影响主要表现为英雄传奇与平民理想（君临天下与除暴安良的社会环境；良好融洽的君臣关系；积极向上的进取风尚；赏罚分明的社会秩序；提振侠风、崇尚武德的社会心态）、"正""邪"分明的道德观念。大众审美对于艺人历史剧创作的影响主要表现为：立足于野史传奇的英雄史观、"事""艺"的中心化与趋俗性、思想情感的直接性与风格的外向性。同时，还指出了艺人历史剧存在类型化倾向极端发展的弊端。[1]

高益荣《元杂剧的文化精神阐释》虽以元杂剧为主要研究对象，但

---

[1] 参见田根胜《近代戏剧的传承与开拓》，上海三联书店2005年版，第112—159页。

是在第六章"历史的艺术展现——历史剧文化精神的阐释"中梳理了历史剧的源流、概念及郭沫若、吴晗等诸名家的观点。他提出:"所谓'历史剧'必须具有两个最基本的条件:(1)它的主要人物必然是历史上真有其人,(2)而且故事的主要框架应该有历史史实的依据,作者在此基础上展开艺术的遐思,而不是只借用古人的名字以演义今事的作品。……大凡故事来源于史籍,或进入了传统的历史观念的人物及事件的剧作可视为历史剧,凡是以小说、民间传说,或者将历史上人物的事件张冠李戴、随意'嫁接',如王实甫的《吕蒙正风雪破窑记》等,都不宜列入历史剧。"[1]他据此标准,罗列了现存元杂剧中的历史剧名目。此种标准将史籍记载作为划分历史剧的重要依据,但可能会忽略一些问题,比如,某些作品虽然可以在史籍中找到蛛丝马迹,但主要内容距离政治、军事、外交等主题或背景较远,或主旨并非以历史观察或反思为主,导致作品缺乏历史剧应有的历史感。比如该著作所列《山神庙裴度还带》《鲁大夫秋胡戏妻》《晋陶母剪发待宾》等是否可以列为历史剧,其实是值得商榷的。

刘奇玉《古代戏曲创作理论与批评》第三章"题材论"专设"历史题材论"一节探讨中国古代历史题材剧作创作问题。此书将史传题材的处理方式概括为实录的曲史观、写意的谬悠法及真与幻的结合论三大模式,同时指出,无论是标举实录、称扬虚构,还是主张虚与实的结合,只是立论角度的不同,形成了理论家主张的不同侧重。论及历史题材审美价值时,肯定了历史题材剧的史学价值(以曲传史、以曲补史、以曲运史)、史鉴作用、写心功能(抒愤激之慨、写闲雅之趣)。[2]此论有利于宏观认识中国古代历史剧的创作方法和审美价值,但具体到各个朝代、不同体裁、不同题材的历史剧创作,复杂的实际状况和多元的艺术风貌需要更加

---

[1] 高益荣:《元杂剧的文化精神阐释》,中国社会科学出版社2005年版,第234—236页。

[2] 参见刘奇玉《古代戏曲创作理论与批评》,中国社会科学出版社2010年版,第129—164页。

具体和更具针对性的分析。[1]

二

在古代历史剧分体断代研究中，以元杂剧历史剧相关成果最为丰硕。在目前所见文学史、戏曲史著作（包括通史和分体断代史）中，对元代历史剧的分析和界定也存在差异。顾肇仓《元代杂剧》谈及元杂剧题材分类时，以朱权《太和正音谱》杂剧"十二科"为框架加以分析。他指出："这种分类法，严格讲是不够精密、准确的。朱权对这十二类没加解说和例证，有些类一望而知，有些类别之间却很难分清界线。"[2]他结合科名加以推测，并列举了相应的剧本。其中，与历史剧相关者有如下几类："披袍秉笏"，大约写君主和朝臣登场的宫廷剧（如《辅成王周公摄政》《宋太祖龙虎风云会》等）；"忠臣烈士"，当为忠臣报主、死于节义的剧（如《冤报冤赵氏孤儿》《忠义士豫让吞炭》等）；"叱奸骂谗"，相对较少（如

---

[1] 比较重要的论文还有翦伯赞《从西汉的和亲政策说到昭君出塞》、刘知渐《关于〈汉宫秋〉的评价问题——与翦伯赞同志商榷》、吴小如《学习"王昭君"问题的读书札记》、周建人《闲话〈昭君出塞〉》、辛宪锡《简谈历史剧》、王子野《历史剧是艺术，不是历史》、李希凡《"史实"和"虚构"——漫谈历史剧创作中的历史真实与艺术真实的统一》、王毅《由历史人物到戏剧人物——从〈桃花扇〉中的杨龙友说起》（上述论文均见《历史剧论集》）、马少波《谈历史剧创作》（《剧本》1981年第6期）、曾永义《戏剧的虚与实》（载曾永义《说戏曲》，台湾联经出版事业公司1976年版，第23—30页）、吴帼屏《论中国古典戏剧的"虚"与"实"》（《中国文学研究》1997年第2期）、许建中《论传奇历史剧创作的虚实相生》（《扬州大学学报（人文社会科学版）》1997年第4期）、沈渭滨《关于历史和历史剧的思考》（《南京师范大学文学院学报》2002年第1期）、郑传寅《形神二元论与古典戏曲的传神特色》（《汕头大学学报（人文社会科学版）》2004年第3期）、刘彦君《有关历史剧创作的几个问题》（《戏曲研究》第55辑，文化艺术出版社2000年版）和《历史、历史真实和历史剧创作——从〈赵氏孤儿〉的改编谈起》（《剧本》2004年第4期）等。

[2] 顾肇仓：《元代杂剧》，作家出版社1962年版，第101页。

《承明殿霍光鬼谏》）；"逐臣孤子"，以贬谪流放的朝臣为内容（如《说鱄诸伍员吹箫》《苏子瞻风雪贬黄州》等）。此外，"朴刀赶棒"虽以刀、棒短打武戏为主，"神头鬼面"以鬼神内容为主，但也多有历史人物相关者，如前一类中的《小尉迟将斗将认父归朝》《老令公刀对刀》和后一类中的《关张双赴西蜀梦》等。他还特别指出，元杂剧分科是沿袭讲唱文艺的分科而来。[1]针对元杂剧取材问题，他认为，现存元杂剧取材于历史事迹者较多。具体分为三种情况："一、纯粹的历史剧，如《辅成王周公摄政》《保成公径赴渑池会》《唐明皇秋夜梧桐雨》等；二、历史传说故事剧，如《鲁大夫秋胡戏妻》《晋文公火烧介子推》《张子房圯桥进履》等；三、假借历史上的名人、虚构情节的故事剧，如《李太白匹配金钱记》《㑇梅香骗翰林风月》等。另有故意加上一个历史朝代为掩护，实际上是反映当时社会的现实剧，如《包待制三勘蝴蝶梦》《包待制陈州粜米》等，不应放在历史剧范围以内。"[2]这些论述涉及了历史题材来源、作家对历史题材处理、历史题材呈现的层次和尺度等多方面的问题，颇具启示意义，但对于"历史传说故事剧"的名称、第三类作品的命名和归属等问题依然有深入梳理和探讨的空间。

张庚、郭汉城主编的《中国戏曲通史》在元杂剧部分对不同题材的作品加以分期、分类论述，但是未对各类题材的作品进行明确的类型命名。比如，在论述元杂剧前期的作品时，涉及题材分类的表述是："暴露统治阶级罪恶的作品"（如《鲁斋郎》）；"通过对一系列下层社会被压迫、被剥削者形象的塑造，歌颂了元代人民的反抗精神"（如《陈州粜米》《蝴蝶梦》《望江亭》）；"还有一批控诉吏治黑暗的作品，揭露官吏的贪赃枉法，以及他们施行的滥刑虐政"（如《窦娥冤》《救孝子》《灰阑记》等）；"还有一批作品通过婚姻问题、娼妓问题、家庭问题，表达了对封建重压

---

[1] 参见顾肇仓《元代杂剧》，作家出版社1962年版，第101—102页。
[2] 参见顾肇仓《元代杂剧》，作家出版社1962年版，第103页。

下妇女命运的关注和同情,反映了元代妇女所遭受的苦难,以及她们为改变自己的命运和地位所作的斗争"(如《西厢记》《曲江池》《救风尘》《潇湘夜雨》等);"元杂剧的水浒戏大都是描写梁山好汉惩治邪恶势力的故事"(如《李逵负荆》《燕青博鱼》《争报恩》等);"还存在着以白仁甫、纪君祥为代表的另一种创作思潮,它反映了宋、金士大夫遗民的故国之思"(如《梧桐雨》《赵氏孤儿》等);"取材于列国、两汉、三国、隋唐、五代、两宋历史的'演义'式作品"(如《单刀会》《哭存孝》《西蜀梦》《伍员吹箫》《东窗事犯》等);"以马致远为代表的一些作家,他们对现实极为不满,牢骚满腹,尤其痛感于仕途的断绝,吏治的混乱……他们既不愿迎合权势,卖身投靠,与统治者同流合污,又没有同恶势力斗争的勇气,最后只能走上逃避现实这一条道路",因而产生了"神仙道化"戏和"隐居乐道"戏(如《黄粱梦》《岳阳楼》《竹叶舟》《陈抟高卧》等)。[1]其中,"故国之思""演义"式两类作品基本可以归入历史剧范畴。徐扶明《元代杂剧艺术》涉及内容题材分类时,采取了与《通史》类似的方式,不做明确的概念、范畴的界定与划分,以内容描述作为大致的划分依据,比如"提倡抵抗侵略、反对妥协投降——《汉宫秋》(马致远)";"控诉封建政治的黑暗和人民群众的痛苦——《窦娥冤》(关汉卿)";"揭露封建特权者的暴行,表现人民群众的怨愤——《陈州粜米》(无名氏)、《鲁斋郎》(无名氏)、《蝴蝶梦》(关汉卿)"等。[2]这种分类方式虽然涉及题材比较宽泛,涵盖面宽,但是界定不够简洁明确。

日本学者青木正儿对中国戏曲的研究较为精深,在《中国文学概说》一书中,他介绍了元杂剧在《太和正音谱》和《青楼集》中的分类状

---

[1] 参见张庚、郭汉城主编《中国戏曲通史》(上),文化艺术出版社2014年版,第109—117页。
[2] 徐扶明:《元代杂剧艺术》,上海古籍出版社2014年版,第32页。

况[1]，在《元人杂剧概说》中按照"分类俗称"的标准把元杂剧分为7类：君臣杂剧、软末泥杂剧、脱膊杂剧、绿林杂剧、闺怨杂剧、花旦杂剧、神佛杂剧。又按照《太和正音谱》"十二科"标准进行了分类，并举出了剧目名称。[2]罗锦堂通过仔细考察、分类、归纳，认为这些分类法都存在局限性，存在难以涵盖全部剧目和支离破碎之弊，"盖以其所立名目与现存杂剧之本事不甚贴切，且不合于近代观点"[3]。把元杂剧分为8大类，下各分若干细目，而且列出了分类后的剧目数量、名称。这8类是：历史剧（下分二目：以历史事迹为主者；以个人事迹为主，而其事迹与史事相关联者）、社会剧（下分三目：朋友、公案、绿林。公案下细分决疑平反、压抑豪强二类）、家庭剧、恋爱剧（下分二目：良家男女之恋爱、良贱间之恋爱）、风情剧、仕隐剧（下分三目：发迹变泰、迁谪放逐、隐居乐道）、道释剧（下分二目：道教剧、释教剧。释教剧下细分弘法度世、因果轮回二类）、神怪剧。[4]"间有一剧可归入两类者，则就其主要关目及全剧所显示之中心情调，酌归一类。"[5]此种方法对历史剧的定位和分类比较严谨，但略显琐细。部分剧目的归类有不恰当之处，如被归入社会剧下"朋友"的《庞涓夜走马陵道》一剧，归为历史剧更为合适。[6]仕隐剧下"发迹变泰""迁谪放逐"二目中的多数剧目、"隐居乐道"中的个别剧

---

[1] 参见[日]青木正儿《中国文学概说》，隋树森译，重庆出版社1982年版，第129页。

[2] 参见[日]青木正儿《元人杂剧概说》，隋树森译，中国戏剧出版社1957年版，第26—32页。

[3] 罗锦堂：《元杂剧本事考》，陕西师范大学出版社2017年版，第377页。参见罗锦堂《论元人杂剧之分类》，载《香港中国古典文学研究论文选粹（1950—2000）——小说、戏曲、散文及赋篇》，江苏古籍出版社2002年版，第253—278页。

[4] 参见罗锦堂《元杂剧本事考》，陕西师范大学出版社2017年版，第377—378页。

[5] 罗锦堂：《元杂剧本事考》，陕西师范大学出版社2017年版，第6页。

[6] 参见罗锦堂《元杂剧本事考》，陕西师范大学出版社2017年版，第382页。

目归为历史剧更恰当。[1]

赵山林结合《太和正音谱》和《青楼集》的分类方法，把元杂剧分为 15 类：神仙道化、隐居乐道、披袍秉笏（即君臣杂剧）、忠臣烈士、孝义廉节、叱奸骂谗、逐臣孤子、钹刀赶棒（即脱膊杂剧、绿林杂剧）、风花雪月、悲欢离合、烟花粉黛（花旦杂剧）、神头鬼面（神佛杂剧）、发迹变泰（破衫儿杂剧）、公吏断案（即公案剧）、家长里短。[2] 这种分类法基本涵盖了戏剧内容，但同样存在交叉重合，而且类别略显繁琐。许金榜把元杂剧分为 6 类：清官断狱剧、忠智豪杰剧、爱情婚姻剧、遭困遇厄剧、伦理道德剧、道佛隐士剧。[3] 但是他又把关汉卿的剧作分为公案剧、爱情婚姻剧、历史故事剧 3 类[4]，对元杂剧的分类标准并不十分统一。吴国钦把元杂剧分为历史剧（取材于前代史书，在史料基础上进行加工创作）、故事剧（取材于前代的野史杂说，唐宋传奇或笔记，没有可靠的史实依据）、现代剧（取材于元代的社会现实）[5]，别具一格，但是历史剧和故事剧的交叉及区分还值得推敲。

邓绍基主编《元代文学史》在综合考察《太和正音谱》《青楼集》和近代日本学者盐谷温[6]及后代研究成果的基础上，对元杂剧进行了明确分类：爱情婚姻剧、神仙道化剧、公案剧、社会剧、历史剧，并指出这些分类"未必十妥当，但大抵约定俗成"[7]。此书将"元杂剧中写历史上帝王将相故事的剧本"40 余种基本界定为"历史剧"，进而指出："元人历史剧

---

[1] 参见罗锦堂《元杂剧本事考》，陕西师范大学出版社 2017 年版，第 395 页。
[2] 参见赵山林《中国戏剧学通论》，安徽教育出版社 1995 年版，第 208—209 页。
[3] 参见许金榜《中国戏曲文学史》，中国文学出版社 1994 年版，第 62—88 页。
[4] 参见许金榜《中国戏曲文学史》，中国文学出版社 1994 年版，第 134—147 页。
[5] 参见吴国钦《中国戏曲史漫话》，上海文艺出版社 1980 年版，第 96—98 页。
[6] 盐谷温《元曲概说》引用法国巴赞对于元杂剧的七门分类：史剧、道家剧、性质喜剧、术策喜剧、家庭剧、神话剧和裁判剧。转引自邓绍基主编《元代文学史》，人民文学出版社 1991 年版，第 72 页。
[7] 邓绍基主编：《元代文学史》，人民文学出版社 1991 年版，第 46 页。

涉及时代，上至商、周，下到唐、宋，所写内容，从政治斗争到战场风云，从将相发迹到宫闱情事，几乎包罗无遗，而且佳作颇多。"[1]充分肯定了元杂剧历史剧的文学艺术成就。同时，还总结了元代历史剧创作方面的两个突出特征："第一，绝大多数历史剧结构的内容，并无正史、野史和传说的清晰界限，而且虚构成分很大；第二，不少历史剧又是作家借历史故事来表现他们的观念和情感，对史实和史实细节的尊重和服从，甚至下降到次要地位。而作家的观念和情感，又和当时的现实紧密相关。"[2]此外，李修生《元杂剧史》对"历史剧"的概念没有进行专门辨析，直接使用。[3]袁行霈主编《中国文学史》把元代戏剧题材基本分为"爱情婚姻、历史、公案、豪侠、神仙道化"等几类，也没有进行详细辨析和界定。[4]

余秋雨对元杂剧历史剧题材的视野比较宽阔、包容。他认为："元杂剧中，有不少历史题材的剧目。有的以重大的历史事件为主干，有的以著名的历史人物为主干，有的则干脆以历史上的水泊梁山起义为主干，组成了一个品类繁多，内容庞杂的历史题材系列。"[5]他总结了元代历史剧的基本精神："不断地通过历史事件和历史形象，在观众群中提醒着亡国之痛，煽动着复仇之志，渲染着强梁之气。这也就极大地影响了以后中国戏剧领域里历史剧的创作习惯。"进而认为："中国历代的历史剧大多以豪壮、阳刚为基本风格，偶尔也有绵细、阴柔之作，但即便是这种作品，往往也只能引出长长一声浩叹，取得并不细柔的审美效果。"[6]这种简略的概括揭示了元代历史剧精神内涵、审美风格的重要特征。郭英德《元杂剧：中国古典戏曲艺术的奇葩》也对历史剧予以了关注："元代的历史剧包括历史故

---

[1] 邓绍基主编：《元代文学史》，人民文学出版社1991年版，第57页。
[2] 邓绍基主编：《元代文学史》，人民文学出版社1991年版，第57页。
[3] 参见李修生《元杂剧史》，江苏古籍出版社2002年版。
[4] 参见袁行霈主编《中国文学史》第三卷，高等教育出版社1999年版，第231页。
[5] 余秋雨：《中国戏剧文化史述》，湖南人民出版社1985年版，第166页。
[6] 余秋雨：《中国戏剧文化史述》，湖南人民出版社1985年版，第206—207页。

事剧和历史传说剧,以历代的军事、政治斗争或文人生活为题材。它们大都继承了宋代民间文艺'大抵真假相半''多虚少实'的审美特征(耐得翁《都城纪胜·瓦舍众伎》),天马行空地出入于历史记载和民间传说之间,通过历史事件的描绘和历史形象的塑造,构筑具有强烈现实感的艺术世界,尤其是鲜明地表达了杂剧作家的时代情绪。"[1]

商韬把元杂剧分为悲剧、喜剧、正剧三类,又依次在三类中分别列举了古代历史剧的三种类型:多样题材,各种人物悲惨遭遇的历史传说剧;大量给人们进行历史知识和思想道德教育的历史传说剧;人物命运和政治斗争相结合的历史传说剧。他说:"元杂剧中以历史题材为内容的戏剧,往往不完全符合历史事实,不能算是严格的有历史根据的历史剧,因此只能算是历史传说剧。""在元杂剧中写历史题材的,不论是悲剧、喜剧,一般只是采用历史上的人名,而故事情节则是民间流传的故事,大都是虚构的。"[2]他对元杂剧历史剧类型进行了初步划分,也在一定程度上揭示了其创作的实际情况和特征。但"历史传说剧"这一概念的使用可能会造成"历史剧"概念的狭隘化,甚至可能会取消这一概念,因为严格来说,没有一部中国古代历史剧作品不存在虚构,只是虚构的程度有所差别而已,但要对这种程度进行精确的量化,难度显而易见,遑论"虚构"的参照物——所谓的史书、"实录"尚引起人们的不断质疑。因此,无论是缀以"传说"还是"故事"这样的词汇,不仅没有使历史剧的定义和面目更加清晰,反而会增加定义和分层的复杂性,当面对作品的多元面目时,依然可能苍白无力,顾此失彼。比如,他认为正剧中"人物命运和政治斗争相结合的历史传说剧""质量却超过喜剧","一般比较符合历史真实"。[3]如果说"历史传说剧"这一概念涵盖了质量上存在差异的所有作品,"比较符合历史真实"的作品依然不能抹掉"传说"二字,那么"历

---

[1] 郭英德:《元杂剧:中国古典戏曲艺术的奇葩》,《高校理论战线》1999年第2期。
[2] 商韬:《论元代杂剧》,齐鲁书社1986年版,第20页。
[3] 商韬:《论元代杂剧》,齐鲁书社1986年版,第79—80页。

史传说剧"这一概念和"历史剧"相比,似乎就不具备必要性了。进而言之,如果文学作品一涉及"传说",都要加以标识,就可能过于繁琐了。商韬对元杂剧中历史题材大量出现的原因也做了探讨:"根据现成的历史传说故事,敷演改编为杂剧,给人们进行历史知识和思想道德的教育,是比从现实生活汲取题材,构成故事情节,塑造人物形象较为方便的。"[1]

此外,有部分学者致力于元杂剧本事考证,在考证过程中也表达了他们对于历史剧的看法和定位。邵曾祺编著《元明北杂剧总目考略》经过对元杂剧题材来源仔细考证后认为:"元人杂剧的取材,多半是当时社会上流行的讲史、小说或通俗读物,因此考释中介绍的参考资料,尽量以元代书籍或通俗传说为主,不取正史或文人著作,如三国故事即以《三国志平话》为主,一般不取陈寿《三国志》。"[2]此后,刘新文编著《〈录鬼簿〉中历史剧探源》选录《录鬼簿》正编、续编中的历史剧时探讨了历史剧的特质:"入选原则是主人公必须正史有记载,事迹可以是正史的,也可以是野史的。因为正史不见得全真实。《晋书》、《宋史》就有皇权神授、鬼怪奇异之类的荒诞记载,更何况封建史官也不可避免地要歪曲一些史实。反之《三国志》裴松之注多属野史传闻,却真实反映了历史。小说曲艺之类按历史记载将人物想象生发,写来更生动,也更接近戏曲。而且可以说戏曲多假小说、说唱文学的情节提炼编成,使结构更紧凑,所以也将此类资料选入。本书定名为《历史剧探源》,凡不属历史剧或虽属历史剧而本事无可查考者,不收。杨家将戏主要人物(杨业、杨延昭、寇准、八贤王等)历史有记载,故录。三国戏多符史实,本事入选,其他版本、评论方面资料,可见朱一玄先生的《资料汇编》。水浒戏,因为《水浒》中许多英雄人物在史书中找不到原形,而且元杂剧多想象编造的李逵戏,不能按剧目一一坐实,不收。关于包公戏,多属凭空虚构,很难算历史剧,不

---

[1] 商韬:《论元代杂剧》,齐鲁书社1986年版,第60页。
[2] 邵曾祺编著:《元明北杂剧总目考略》,中州古籍出版社1985年版,"凡例"第2页。

录。"[1]这些对于认识中国古代历史剧特别是元代历史剧的题材的通俗化、民间化特征，辨析历史剧题材来源及艺术改编的尺度，进而探讨历史剧创作原则具有启发意义。但关于某些题材（如水浒戏、包公戏等）是否能够归属历史剧的问题还需要具体分析。

李雁《对历史剧的界定及其在元杂剧中的鉴别和统计》认为："历史剧取材于历史仅仅意味着取材于史书而已，并不一定是取材于以往曾发生过的真实事件。史有其人是不够的，还需史载其事；不论事之真伪如何，关键在于其人其事是否已被传统史学纳入自己的范畴，即看其是否进入了历史系统。如果不是，即便其事属实，也不能当作历史剧。"文章基于这一界定，以《元曲选》以及《元曲选外编》所收杂剧为统计对象，历史剧计有46种。[2]首都师范大学丁合林《元杂剧历史剧浅论》也进行了类似的研究，以《全元曲》所收杂剧为统计对象，历史剧数量为54种。[3]此外，尚有多篇元杂剧历史剧相关论文值得参考。[4]需要说明的是，20世纪50年代以来，关于元代历史剧的具体作品研究成果非常丰硕，著作与论文数量相当可观，主要集中在对关汉卿《单刀会》、白朴《梧桐雨》、马致远《汉宫秋》、纪君祥《赵氏孤儿》等作品的研究方面，兹不一一赘述。高益荣《元杂剧的文化精神阐释》在元代历史剧界定方面对李雁的观点表示认同，经过对作品的详细分析后，认为元代历史剧对历史题材的处理基

---

[1] 刘新文编著：《〈录鬼簿〉中历史剧探源》，南开大学出版社1989年版，"说明"第2页。

[2] 参见李雁《对历史剧的界定及其在元杂剧中的鉴别和统计》，《山东社会科学》2003年第4期。

[3] 参见丁合林《元杂剧历史剧浅论》，硕士学位论文，首都师范大学，2004年。

[4] 参见李雁《元代历史剧兴盛之内在原因初探》（《山东师大学报（社会科学版）》1999年第3期）、李轼华《从元代历史剧看元代文人的二难情结》（《成都大学学报（社会科学版）》2004年第1期）、丁合林《试析元杂剧历史剧的情节模式》（《嘉应学院学报》2004年第1期）、《试析元杂剧历史题材剧兴盛原因》（《佳木斯大学社会科学学报》2003年第6期）、张莉姗《试述元代历史剧的情感基调》（《贵州教育学院学报（社会科学）》2005年第6期）。

本采用了三种方法:"一是对历史史实作重大调整,作者展开合理的想象,对历史事件进行取舍、增删和重新组合,注入强烈的时代精神,反映的是历史的艺术真实。这类作品的代表作当属《汉宫秋》。二是作家选取的历史事件基本上能体现出他所要表达的时代主题,故此类剧作家在基本尊重历史真实的基础上,再对历史素材做艺术上的加工和处理,如《赵氏孤儿》《伍员吹箫》和《梧桐雨》等。三是对历史史实基本不作大的改动,只是对历史史实所体现的精神根据时代主题的需要给它赋予新的精神,如《范张鸡黍》《陈抟高卧》等杂剧。"[1]

宋元南戏、明清杂剧、传奇历史剧尚无专门论著,研究成果多集中在几部经典历史剧研究方面,但在断代史论著及其他相关专题研究中也有所涉及。钱南扬《戏文概论》之"剧本第三"对部分南戏历史题材的剧目内容进行略考,"内容第四"注意到了取材正史的《苏武》《朱买臣》《司马相如》《鲍宣少君》等,但并未展开论述。[2] 俞为民、刘水云《宋元南戏史》列出专门章节探讨了南戏《牧羊记》《东窗事犯》《赵氏孤儿》等"描写民族矛盾,褒扬忠义与爱国,抨击奸佞与卖国"的历史题材作品。[3]

在明杂剧研究方面,曾永义《明杂剧概论》曾论及元明杂剧题材内容及思想之变化,但未专门涉及历史题材,亦未使用"历史剧"一词。在讨论叶宪祖杂剧题材时,以恋爱剧、义烈剧、神佛剧对举,义烈剧所列之《易水寒》(荆轲刺秦王事)、《骂坐记》(窦婴灌夫事)均可归为历史剧。[4] 许金榜按题材将明杂剧分为6类:宣扬封建礼教和神仙道化的作品,以描写历史上的英雄豪杰为主的英雄故事剧,描写文人韵事的闲适剧,描写文人不幸遭遇的抒情剧,嘲弄世态人情之丑态的讽刺剧,描写悲欢离合的

---

[1] 高益荣:《元杂剧的文化精神阐释》,中国社会科学出版社2005年版,第237页。
[2] 相关论述参见钱南扬《戏文概论》,上海古籍出版社1981年版。
[3] 参见俞为民、刘水云《宋元南戏史》(凤凰出版社2009年版)第八章相关论述。
[4] 参见曾永义《明杂剧概论》,商务印书馆2015年版,第412—430页。此书初版于1979年(台湾学海出版社出版)。

爱情剧。[1]其中,第二类与历史剧较为接近。戚世隽《明代杂剧研究》注意到许金榜的分类方法,进而认为,"这样的分法大致囊括了明代杂剧思想内容的几个方面,但我们认为,对创作内容的分类,仅是主题研究的起点,上述几个方面的分析,存在适用性太过宽泛的问题。……主题研究的意义是可以帮助我们从总体上把握文学作品的特点,深入认识其价值。……就明代杂剧这一具体的文学创作来说,其主题取向,既因为反映了明代真实的现实生活,而和明代的其他诸种文学艺术创作具备了某些共同特点,同时也有它自身独具的某些特质"。从明代杂剧的主题取向中可以真切地看到明代知识分子的心路历程,因此,她将明代杂剧主题取向归结为:对传统人生价值的反思;对传统道德观念的怀疑;对情理关系的探索。[2]此种观念着眼于对作品主题思想层面的探讨,并未在题材内容划分上再做延伸,因此,明杂剧历史剧的特质并未得到充分的检视和展示。徐子方《明杂剧史》注意到了明代内廷杂剧中大量存在的历史故事剧,并列专节"系统壮阔的历史再现"加以论述。他认为,这些涵盖历朝历代历史题材的作品是"真正的历史剧系列工程","所有剧本皆有如此集中的选材指向,不能不让人相信这里面有着总体上统一的创作意图,即有意识大规模地再现历史。……它们有着整体的创作意图,是按照再现历史上汉民族英雄人物创业辉煌之意图进行创作的"。[3]他进一步指出:"此时期的历史故事剧的价值也不在于表层的一味歌功颂德,而在于深层体现出的神奇而恢弘的想象力,一种昂扬向上的创造精神。……体现着此时期整个汉族积极用世、奋发向上的社会凝聚力。"[4]他将这一状况与元代进行了对比,认为元代历史剧名作"大多是剧作家的单独创作,其中或是对已逝去的汉族英雄人物的追慕,或是用虚幻的理想境界来抚慰现实中的忧伤,数量总

---

[1]参见许金榜《中国戏曲文学史》,中国文学出版社1994年版,第199—212页。
[2]参见戚世隽《明代杂剧研究》,广东高等教育出版社2001年版,第96—130页。
[3]徐子方:《明杂剧史》,中华书局2003年版,第84页。
[4]徐子方:《明杂剧史》,中华书局2003年版,第86—87页。

计尽管不少，但彼此很少联系，没有形成一个完整的系统"[1]。这种比较对于我们认识元明两代杂剧历史剧的区别颇具启示意义，而且提示了这批数量可观、涵盖宽泛的历史剧作品研究的空间和价值。此外，还特别值得关注的是，他在论及元明两代历史剧时，将"水浒戏"均纳入了考察范围（如元代之《李逵负荆》，明代之《梁山五虎大劫牢》《梁山七虎闹铜台》《王矮虎大闹东平府》等）[2]，水浒戏系列作品的归属是古代历史剧研究中一个十分重要又存在难度和争议的问题。

在清代杂剧研究方面，许金榜结合分期概括了清代杂剧题材转变的轨迹：初期通过历史上有关民族斗争和两朝更替的故事表达民族情绪，抒写兴亡之感，或表现文人怀才不遇的苦闷和牢骚；中期作品多借名人佚事抒写作者胸臆，或以劝惩为主，大量的内廷承应戏也值得关注；晚清时期部分杂剧作品以反对封建礼教、追求个性解放为特征。[3]清初杂剧与历史题材联系较为密切。曾永义《清代杂剧概说》对清杂剧的分类提出了自己的观点：以文人掌故为素材，以仕女掌故为素材，以历史故事为素材，以小说为素材，以时事为素材，以男女风情为素材，以鬼神佛道为素材。[4]这种分类方法同样提到了历史剧，但仍存在一些问题，比如时事剧、取材小说者与历史剧的交叉，要根据作品的情况仔细区分。杜桂萍《清初杂剧研究》将清初杂剧题材分为历史故事、文学掌故、现实生活三大类，进而合并前二者，按照主题建构原则切分为6类：兴衰变乱、文士际遇、世态人情、女性生活、男欢女爱、鬼佛神道。[5]经过切分之后，历史剧的界限和归属较之前面的三大类划分法反而不够显豁。

---

[1]徐子方：《明杂剧史》，中华书局2003年版，第87页。
[2]参见徐子方《明杂剧史》，中华书局2003年版，第86—87页。
[3]参见许金榜《中国戏曲文学史》，中国文学出版社1994年版，第325—336页。
[4]参见曾永义《清代杂剧概说》，载《中国古典戏剧论集》，台湾联经出版事业公司1979年版，第120—121页。
[5]参见杜桂萍《清初杂剧研究》，人民文学出版社2004年版，第82—84页。

在明清传奇研究方面，许金榜将明传奇分为4类：其一是爱情剧；其二是反映明代的政治军事斗争，揭露社会黑暗的作品；其三是描写历史故事和民间传说歌颂英雄义士的作品；其四是宣传封建礼教和宗教迷信的作品。[1]他将清代传奇分为6类：描写政治斗争的作品、描写英雄豪杰的作品、公案剧、描写婚姻爱情的作品、宣传落后或反动思想的作品、宣传反清反帝鼓吹爱国革命的作品。[2]他的分类固然比较符合各个时期作品的实际情况，但是分类比较琐碎、标准不够统一，没有把历史剧作为独立的戏剧形态进行专门深入的研究和论述。

在明清传奇历史剧研究方面，郭英德《痴情与幻梦——明清文学随想录》[3]《明清文人传奇研究》[4]《明清传奇史》[5]《明清传奇戏曲文体研究》[6]等系列论著都有所涉及。《明清文人传奇研究》认为明清文人传奇有三大时代主题：（一）对社会政治中忠奸斗争的关注；（二）对人性结构中情理冲突的探索；（三）对历史演变中兴亡交替的反思。[7]其中（一）（三）两大主题都与历史题材创作密切相关，而且忠奸斗争与历史演变在剧作情节中往往是相互交织、相伴相生的。此书还探讨和概括了中国古代文人特有的历史意识：（一）自觉的历史反省精神；（二）强烈的崇古精神；（三）历史循环论思想；（四）明确的道德史观。[8]这些意识深深地渗透于明清传奇历史剧的创作之中，为理解古代历史剧作家的创作观念、分析作品的思想内涵提供了重要启示。此书对明清文人传奇文学观念的概括也与历史剧

---

[1]参见许金榜《中国戏曲文学史》，中国文学出版社1994年版，第325—336页。
[2]参见许金榜《中国戏曲文学史》，中国文学出版社1994年版，第352—364页。
[3]郭英德：《痴情与幻梦——明清文学随想录》，生活·读书·新知三联书店1992年版。
[4]郭英德：《明清文人传奇研究》，北京师范大学出版社2001年版。
[5]郭英德：《明清传奇史》，江苏古籍出版社2001年版。
[6]郭英德：《明清传奇戏曲文体研究》，商务印书馆2004年版。
[7]参见郭英德《明清文人传奇研究》，北京师范大学出版社2001年版，第82页。
[8]参见郭英德《明清文人传奇研究》，北京师范大学出版社2001年版，第108页。

创作密切关联："明清文人传奇作家因袭了传统的文章之学的文学观念，以征实尚史明本，以载道教化致用，用以指导传奇创作，权衡传奇作品，形成文人传奇史上占主导地位的文学观念。"[1]"以史作剧，以剧为史，成为传奇作家自觉的审美追求；以剧证史，以史证剧，则成为传奇评论家遵奉的审美标准。"[2]针对这一观念和倾向，作者阐发了他对于历史剧的认知："我们并不否认历史剧创作必须符合历史真实。我们只是强调，历史剧作为文学创作，它所要实现的主要不是历史的真实性，而是艺术的真实性，历史真实在历史剧创作过程中，仅仅是作为手段而不是目的；因而衡定历史剧的优劣，也主要不是根据其历史价值，而是其艺术价值，历史价值在批评过程中，仅仅是作为起点而不是终点。"[3]

《明清传奇史》对传奇发展各个阶段中历史剧创作状况都予以了关注和分析。传奇生长期，《东窗记》《双忠记》《连环计》《金丸记》等历史剧由于汲取民间大众艺术的创作源泉因而呈现出虚实相半的特征。[4]《宝剑记》《浣纱记》《鸣凤记》分别作为忠奸剧、历史剧（笔者按：凡以重大政治、军事、外交等事件为主要内容的时事剧均可视为历史剧）、时事剧的代表，其中鲜明的忠奸斗争观念、强烈的政治参与意识和深广的社会忧患意识成为明清传奇的重要主题。[5]尽管被冠以不同名称，但三部作品浓郁的历史剧色彩是显而易见的。传奇勃兴期，着重关注了《磨忠记》《喜逢春》《回春记》《合剑记》等四部时事剧的创作特点。[6]传奇繁盛期，深入探讨了苏州派作家的历史剧（包括时事剧）创作，苏州派时事剧《清忠谱》《万民安》《蜀鹃啼》等描写了明清之际重大的历史事件，此外尚有

---

[1] 郭英德：《明清文人传奇研究》，北京师范大学出版社2001年版，第122页。
[2] 郭英德：《明清文人传奇研究》，北京师范大学出版社2001年版，第123页。
[3] 郭英德：《明清文人传奇研究》，北京师范大学出版社2001年版，第124—125页。
[4] 参见郭英德《明清传奇史》，江苏古籍出版社2001年版，第91—99页。
[5] 参见郭英德《明清传奇史》，江苏古籍出版社2001年版，第111—130页。
[6] 参见郭英德《明清传奇史》，江苏古籍出版社2001年版，第302—308页。

《英雄概》《党人碑》《朝阳凤》等表现历史上忠奸斗争的作品,而《千忠录》(亦作《千钟禄》)、《血影石》、《一合相》、《逊国疑》等作品则以明初"靖难之役"为描写对象,流露出苏州派作家对明清易代社会巨变的深切感受。[1]入清之后,吴伟业《秣陵春》、丁耀亢《表忠记》、孙郁《天宝曲史》由于创作主体、创作动机、创作观念的不同而各具特色。本节关注并阐述了古代历史剧创作中"实录"的叙事观念。[2]及至洪昇《长生殿》、孔尚任《桃花扇》成为传奇历史剧的巅峰之作,前者的至情理想,后者的历史意识成为此书论述的重点。[3]传奇余势期,夏纶《无瑕璧》《南阳乐》,董榕《芝龛记》,永恩《五虎记》,瞿颉《元圭记》,蒋士铨《冬青树》《桂林霜》《临川梦》《采石矶》,张坚《怀沙记》作为历史剧代表作,整体上呈现出"以曲为史"的叙事倾向。[4]作者进而概括了明清传奇作家处理传奇题材与历史事实时的三种倾向:采撷史实而大胆虚构,甚至不惜"歪曲"历史,即"务虚"倾向;通过设置大略可考的历史框架为背景,赋予传奇虚构性叙事以逼真的历史感,即"寓言"倾向;以刻板印模的写作态度根据正史杂记编撰传奇故事,以秉笔写史的思维方式取材现实人物编写传奇故事,即"尚实"倾向。三种倾向在明清传奇发展史上一直呈现出犬牙交错的状况,具有同时并见的"共时性",但仍有一条历时性的历史演变轨迹:崛起期的传奇创作大致呈现出由"务虚"朝"尚实"的蝉蜕,形成一时风尚;勃兴期传奇创作则明显从"尚实"转变为"寓言",促成传奇创作的空前繁荣;发展期传奇创作中"寓言"与"尚实"相持不下,后者渐占上风;余势期,"尚实"倾向蔚然大兴,成为主流。[5]传奇蜕变期,黄燮清《帝女花》,杨恩寿《理灵坡》,陈烺《蜀锦袍》《海虬记》,朱绍颐

---

[1] 郭英德:《明清传奇史》,江苏古籍出版社2001年版,第365—367页。
[2] 郭英德:《明清传奇史》,江苏古籍出版社2001年版,第422—440页。
[3] 郭英德:《明清传奇史》,江苏古籍出版社2001年版,第447—490页。
[4] 郭英德:《明清传奇史》,江苏古籍出版社2001年版,第514—531页。
[5] 郭英德:《明清传奇史》,江苏古籍出版社2001年版,第550—558页。

《红羊劫》以及鼓舞革命斗志的历史剧、宣扬民主的时事剧成为此期历史剧中值得关注的作品。[1]《明清传奇史》对各阶段历史剧代表作的关注、对历史剧创作观念和经验的总结都具有重要启示意义。

此外，李玫《明清之际苏州作家群研究》之"兴邦强国之梦""评价清官贤臣的标准"两章集中探讨了苏州派历史剧作品的内容和思想意蕴。[2]林叶青《清中叶戏曲家散论》对蒋士铨、夏纶、张坚、杨潮观等人的历史剧作品进行了较为深入的分析。[3]此外，尚有部分学术论文可供参考。[4]

中国古代历史剧研究中，《长生殿》《桃花扇》等经典历史剧作品受到持续密切关注，研究成果比较丰富，兹不一一罗列。对经典历史剧之外作品研究的关注、新的研究视角和研究方法的引入意味着中国古代历史剧研究的拓展和深化，有利于认识中国古代历史剧创作的全貌，更全面地认识其传统与经验，挖掘其文化意义和思想内蕴。王海燕《元明伍子胥戏研究》[5]选取伍子胥题材个案在元明两代的艺术创造与流变，观照中国古代历史剧创作状况。近年来，宫廷演剧逐渐受到学界关注，宫廷历史剧创作是中国古代历史剧研究需要开拓的领域。李真瑜《明代宫廷戏剧史》在对明代宫廷演剧展开研究时，对相关历史题材剧目予以关注，并撰写了剧目

---

[1] 参见郭英德《明清传奇史》，江苏古籍出版社2001年版，第597—619页。
[2] 参见李玫《明清之际苏州作家群研究》，中国社会科学出版社2000年版，第16—64页。
[3] 参见林叶青《清中叶戏曲家散论》，江苏古籍出版社2002年版。
[4] 王世声《〈清忠谱〉再现历史的艺术经验》(《河南大学学报（社会科学版）》1998年第1期)，曾垂超《论吴伟业的戏曲创作——兼评案头戏》(《厦门教育学院学报》2003年第2期)，刘丽文、李瑞霞《〈千忠戮〉对传统历史观的突破》(《沈阳师范大学学报（社会科学版）》2005年第5期)，李秋新《杨潮观历史剧的创作特色》(《青海师范大学学报（社会科学版）》1996年第1期)等论文亦有利于完整揭示中国古代历史剧研究的全貌。
[5] 王海燕：《元明伍子胥戏研究》，博士学位论文，北京师范大学，2006年。

提要。[1]郝成文《〈昭代箫韶〉研究》[2]、李小红《〈鼎峙春秋〉研究》[3]以清宫大戏中的历史剧为研究对象，前者着眼于杨家将题材，后者着眼于三国题材（二者均为中国古代历史剧创作持续关注的"热点"，作品迭出，积淀丰厚），通过翔实的史料梳理、细致的剧作比对、深入的内容分析，揭示两大历史题材在历代的艺术创造和演进，在中国古代历史剧研究领域具有重要拓展和启示意义。

华玮《清代戏曲中的明史再现》一书新颖独特的研究视角和方法尤其值得注意。这一研究起源于作者鲜明的问题意识和系列追问："有清一代，文人编撰历史剧蔚然成风，在何种情况下，前朝人事或有关他们的文学作品被回忆与再现？是哪些因素影响了清代中国剧坛上的明史再现？清代戏曲家再现明史时如何发明？他们编撰的历史剧与前朝有何不同？是否重现过去有助于某一群体'集体纪念'，而此共享的经验会造成一种认同的感情，令参与者团结，同时排除他者？戏曲中的明史书写及其用途在多大程度上与正史不同？这在清初、清中叶和晚清是否也有变化？清代历史剧对当时人们认知明史，感受其与当代的关系又有何作用？"[4]研究以坚实的文献收集整理为基础，作者收集了现存的创作于清代的明史相关剧作共计174种，分为群雄定鼎、永乐靖难、武宗荒政、嘉靖倭患、流寇移国、宦官权奸、文人名士、其他八类，每类下包含综述（总结类型特色，提出重要剧作）、剧目一览（以表格列出本类剧目之创作时间、作者、剧名、概要、时代背景）、各剧作者与内容提要（剧作家生平、各剧之著录、版

---

[1] 李真瑜：《明代官廷戏剧史》，紫禁城出版社2010年版。

[2] 郝成文：《〈昭代箫韶〉研究》，西安交通大学出版社2015年版。熊静《清代内府曲本研究》（上海书店出版社2018年版）也有专章探讨"昭代箫韶"。

[3] 李小红：《〈鼎峙春秋〉研究》，北京出版社2016年版。20世纪四五十年代，周贻白就撰写了《〈鼎峙春秋〉与旧有传奇》一文，专门探讨清宫历史剧《鼎峙春秋》创作来源问题，梳理了历代三国题材戏曲创作概况。参见沈燮元编《周贻白小说戏曲论集》，齐鲁书社1986年版，第628—638页。

[4] 华玮：《清代戏曲中的明史再现》，中华书局2019年版，"自序"第1页。

本、内容阐述）。[1]以此为研究范围，"考察这些作品产生的社会、文化、历史脉络，描绘它们的多元性与互文性，以洞悉其创造过程、思想、艺术特点及与清代社会、政治的各种关联"。并借由这些作品探索清人的情感历史，因为"在戏剧中，经常隐含、负载着社会衡量、集体信仰以及共同经验"。[2]具体而言，《谁是主角？谁在观看？——论清代戏曲中的崇祯之死》选取《铁冠图》《桃花扇》《虎口余生》《佣中人》《芝龛记》《帝女花》等涉及崇祯之死的剧作，探问戏剧再现历史的政治意涵以及时代和演出场所对历史再现的限制及影响。[3]《新发现的〈铁冠图·白氏尽节〉》讨论了明末宁武关守将周遇吉夫妇死节方式在戏曲作品中的不同呈现。[4]《清代民间舞台上的"正德微行"：意义及历史》探讨了清代宫廷以外戏曲中的皇权书写。[5]《女性、历史与戏曲：清传奇中王翠翘故事对史传与小说的改写及其意涵》通过清代戏曲对明代史传与小说中王翠翘事迹的重写与再造，发现"历史时空、社会环境、个人生命经验、观众需求、文体特性等不同因素的相互作用及影响；而'历史真实'并非戏曲家的主要关注或创作目标，他们反倒是刻意挪借历史人物叙事，以求表现其心中自觉重要之主观情感与道德关怀"[6]。在清代中后期历史剧作家中，以"史院填词"自我标榜的蒋士铨创作观念和艺术实践独树一帜，"他的史剧在一般常见的'演史'的史剧之外，还出现了颇为现代的'咏史'的史剧"[7]。因此，《演史与咏史中的自我——论蒋士铨的三部娄妃剧》"审视清代文人戏曲家书写历史的方式及其创作动机，并重点分析他们如何形塑历史记忆、思

---

[1] 参见华玮《清代戏曲中的明史再现》，中华书局2019年版，第237—418页。
[2] 华玮：《清代戏曲中的明史再现》，中华书局2019年版，"自序"第1页。
[3] 参见华玮《清代戏曲中的明史再现》，中华书局2019年版，第3—51页。
[4] 参见华玮《清代戏曲中的明史再现》，中华书局2019年版，第52—70页。
[5] 参见华玮《清代戏曲中的明史再现》，中华书局2019年版，第71—111页。
[6] 华玮：《清代戏曲中的明史再现》，中华书局2019年版，"引言"第4页。
[7] 华玮：《清代戏曲中的明史再现》，中华书局2019年版，"引言"第5页。

考女性、自我与历史的关系，展现史心史识等问题"[1]。《临川梦》作为一部"严肃的传记剧"，引起学界的高度评价，作者认为："此剧不仅是为汤氏立传或蒋氏自况之作，实可视为清中叶正统文人对晚明汤显祖与《牡丹亭》'情''理'内涵的回顾和重省。……文学家生平与作品的巧妙串连是评价文人传记剧高低的标尺。"[2]系列文章呈现出多元观照的视角和敏锐的学术眼光，或选取重要议题，单刀直入，切中肯綮，或从细微处着眼，小中见大，发人深省，对中国古代历史剧的解读和研究开拓了新的视野。

三

综观中国古代文学作品，历史题材的创作无论从数量还是质量方面而言，无疑都占据着极其重要的地位。中国悠久的史官文化传统和汗牛充栋、佳作迭出的史传作品塑造了中国文人浓厚的历史意识，这种意识深刻影响着文学创作的题材选择、创作手法、审美追求、审美风貌。从史传散文到咏史诗、叙事诗，到历史演义、英雄传奇，再到历史题材的戏剧创作，我们会发现在诗歌、散文、小说、戏曲等几乎一切文学体裁中都能找到历史题材的踪迹。从广义的角度来讲，历史题材包含的范围是十分广阔的，因为人类历史上发生的一切事件，无论发生在政治、经济、军事、文化哪一个领域，只要通过各种途径被记录下来并得以流传，为后人所认知，那么在后人的眼中这一切无疑都是历史的存在。但是，从文学创作的角度来讲，我们对所谓历史剧题材要有所限定，因为忽略了对中国古代历史剧审美特征的把握，可能会导致历史剧与文人剧、社会剧、公案剧之间缺乏明确的界限，进而导致历史剧自身的特性被弱化，进而丧失其特殊的审美属性。

就中国古代历史剧的界定而言，如果仅仅从创作时限、主要人物、

---

[1] 华玮：《清代戏曲中的明史再现》，中华书局2019年版，"引言"第5页。
[2] 华玮：《清代戏曲中的明史再现》，中华书局2019年版，"引言"第6页。

故事情节依据等角度对中国古代历史剧的外延进行界定，而缺乏对剧作题材内容特点、历史剧独特审美价值的分析和梳理，进而将二者作为历史剧界定的标准，这样会导致历史剧作品注重依据而忽略内容的倾向，使大量历史意味不浓的文人剧、伦理剧甚至爱情剧纳入历史剧的范畴，同样不利于展现中国古代历史剧的审美特性。

笔者认为，就中国古代历史题材戏剧创作的实际而言，"历史剧"的题材和其创作内容要集中在政治、军事、外交等重大历史事件方面，而公案、社会、伦理、爱情等题材的剧作中固然不能完全摆脱重大历史事件构建的宏阔历史背景，但是它们与"历史剧"是有众多区别的，所谓的"中国古代历史剧"需具备以下几个特征。

其一，就剧作内容而言，以中国古代历史（1911年清王朝灭亡之前）上真实存在的历史人物为主角；以这些人物所从事的政治、军事、外交等活动为主要描写对象；人物形象及其历史活动有相关文献依据（包括正史、野史、改编后的其他体裁作品，包括民间传说的改造与流传），作者通过剧作刻意的"翻案文章"也可以包含在内（笔者认为，此类"翻案"历史剧或明确自我标榜"翻案"，或选择众人熟知的重要历史人物和历史事件"翻案"，且"翻案"主要着眼于对历史事件"结果"的颠覆和对历史人物命运的颠覆。历史事件的"原因"部分则一本历史原貌，呈现出明显的"同因而异果"现象，颠覆历史之情节令人一望而知，颠覆历史之意图则引人深思，此种"颠覆意图"恰恰反映了历史剧作家对于特定历史人物和事件的看法和评价，承载着他们独特的历史观念，从而令作品具有独特的价值，在历史剧群体作为一种特殊类型存在）。[1]

---

[1] 关于此类剧作是否为历史剧，尚存争议，比如茅盾《关于历史和历史剧——从〈卧薪尝胆〉的许多不同剧本说起》(作家出版社1962年版，第96页) 谈到《如是观》传奇时，认为此剧不满《精忠记》《精忠旗》忠实于历史和传说，而虚构了秦桧明正典刑、岳飞后代击退金兵等"大快人心"的情节，由于这些情节凭空构撰，因此不能算作历史剧。

其二，从作品的叙事特征和反映社会的层次与境界来讲，剧作要有较为丰富、曲折的故事情节，展示境界开阔、生动的历史场面和社会生活场景，具备反映社会历史内容足够的广度和深度。相反，戏剧情节过于简单，故事性较弱，场景闭塞，境界狭隘，旨在借助古代历史人物书写男女之情、抒发一己之牢骚，对封建家庭伦理道德和因果报应观念进行说教的作品不可归入"历史剧"。

其三，就精神内涵和审美特征而言，"历史没有美学要求，艺术有美学要求。这种要求与作者的创造性劳动的思想主旨加在一起，就必须要对历史事实进行突出、夸张、集中、删节、简略、掩盖、虚构"[1]。中国古代历史剧通过对历史材料进行剪裁、变形、加工，能够给观众和读者提供审视历史、政治和社会的独特艺术视角；能够通过多样化的艺术手段和审美风格从多种角度展示重要历史人物和重大历史事件的历史风貌，营造出历史剧作品独特的"历史感"；一定程度上表现出作者以历史观念、政治观念为核心的复杂思想意识；构建历史剧作独特的历史和文化启示意义，引发欣赏者对历史与现实的反思。所有这些，共同构成了历史剧相对于其他剧作所独具的审美价值。

狄德罗说："任何一个民族总有些偏见有待摒弃，有些恶习需要谴责，有些可笑的事情有待贬斥。任何一个民族都需要适合于他们的戏剧。"[2]一代代的剧作家们穿透历史的烟云，观照古今，纵横千年，让历史的故事和人物鲜活起来，呈现给一代代的"今人"，探寻历史与人生的奥秘，叩问国家与个体的命运，延续民族的文化和血脉，给当下以启示，这或许是历史剧拥有恒久生命力的根本原因。中国古代历史剧具备一切叙事文学作品的基本特征："作者通过讲故事的方式把人生经验的

---

[1] 余秋雨：《历史剧简论》，《文艺研究》1980年第6期。
[2] [法]狄德罗：《论戏剧诗》，徐继曾、陆达成译，载《狄德罗美学论文选》，人民文学出版社1984年版，第204页。

本质和意义传示给他人。"[1]具体到历史剧，就是作家们要通过对历史故事的讲述来传达主体更为宽泛多元、意蕴更为深厚、内涵更加丰富集中的"人生经验的本质和意义"，概而言之，要具有一种对历史和现实普遍性、社会性的人生体验。但与此同时，"伟大的叙事文学一定要有叙述人个性的介入"[2]，不同的历史剧作家对于历史题材的处理、对于历史的认知又具备独立的个人特色，这样才形成了历史剧多样化的艺术风格。当然，这句话同时启示我们，所谓叙事过程中的"个性"不仅仅存在于作家个体身上，不同时代的历史剧创作、不同群体的历史剧创作，同样具有鲜明的"个性"，这可以为历史剧创作鲜明的时代特征、群体特征提供合理的解释。历史剧作品的"戏剧性"特质要求作品"关注的是人生矛盾，通过场面冲突和角色诉怀……来传达人生的本质"[3]，这一点启示我们在研究中国古代历史剧作品"叙事"特性的过程中要对作品矛盾冲突设置、人物形象塑造、人物情感抒发和人物语言描写格外关注。

　　本书正是基于对中国古代历史剧界定及其创作特征的上述认知进而对其创作传统、创作观念和创作方法进行研究的。创作观念的论述集中在伦理教化、虚实处理、奇正之辨、寓言倾向等贯穿中国古代历史剧创作的四个基本范畴之上，揭示上述观念在元、明、清三代的不同表现。创作方法的论述以中国古代戏剧注重抒情、寓言写意的重要特征为出发点，着重分析三代历史剧作家产生于不同的政治环境、社会氛围、文化思潮土壤之上的特殊思想观念，以及在这种思想观念深刻熏染之下形成的特殊创作方式，揭示中国古代历史剧作家主观创作意图在作品主旨、内容、整体风格方面的主导作用，并紧密结合作品，对这种创作意图指导下具体的艺术呈现和艺术风貌进行详细分析，尽可能客观反映元、明、清三代历史剧创作

---

[1] [美]浦安迪：《中国叙事学》，北京大学出版社1996年版，第5—6页。
[2] [美]浦安迪：《中国叙事学》，北京大学出版社1996年版，第15页。
[3] [美]浦安迪：《中国叙事学》，北京大学出版社1996年版，第7页。

的实际，进而勾勒出三代历史剧创作观念、创作方法和艺术呈现继承、发展、新变的轨迹，展示三代历史剧创作的共有品格和不同的创作风貌，为中国古代历史剧研究和当代新编历史题材戏剧创作提供一定的参考。

元代编

第一章

元代历史剧创作概观

元代是中国古代戏剧创作的第一个黄金时代，一时作者如林，佳作纷呈。正如贾仲明为狄君厚所作吊词所云："元贞大德秀华夷，至大皇庆锦社稷，延祐至治承平世。养人才编传奇，一时气候云集。"[1]元人罗宗信《中原音韵序》云："世之共称唐诗、宋词、大元乐府，诚哉！"[2]明人对元曲之成就，亦多有肯定，如止云居士《北调万籁清音凡例》谓："曲盛于元，而北曲尤元人之长技。"[3]因此，元曲也被奉为作曲之圭臬，李开先《西野春游词序》云："传奇戏文，虽分南北，套词小令，虽有短长，其微妙则一而已。悟入之功，存乎作者只天资学力耳。然俱以金、元为准，犹之诗以唐为极也。"[4]以元杂剧为代表的中国古典戏剧创作取得了丰硕成果，"一代有一代之文学"，元杂剧所取得的高度文学成就使它成为标举有元一代最高成就的文学样式，与"楚之骚、汉之赋、六代之骈语、唐

---

[1] 钟嗣成：《录鬼簿》，载中国戏曲研究院编《中国古典戏曲论著集成》（二），中国戏剧出版社1959年版，第202页。

[2] 俞为民、孙蓉蓉编：《历代曲话汇编·唐宋元编》，黄山书社2006年版，第231页。

[3] 俞为民、孙蓉蓉编：《历代曲话汇编·明代编》第二集，黄山书社2009年版，第467页。

[4] 俞为民、孙蓉蓉编：《历代曲话汇编·明代编》第一集，黄山书社2009年版，第412页。

之诗、宋之词"并列，成为"后世莫能继焉者"。[1]然而，元杂剧不仅仅如王国维先生所言因"合言语、动作、歌唱，以演一故事，而后戏剧之意义始全"[2]，成为"中国之真戏曲出焉"[3]的标志，其洋洋大观的创作数量、丰富多彩的题材选择、独具特色的审美风貌、深刻丰厚的文化意蕴、广阔鲜活的社会历史内容、发人深思的作家情感体验……共同构建了中国古代戏剧史上无可争辩的里程碑，这些优异独特的艺术品质是她上承宋金杂剧绚烂风景的结果，也是她筚路蓝缕，赢得的自我成熟。更可贵的是这些品质一直绵延于中国古典戏剧的血脉之中，融汇在明清传奇、地方戏这另外两个辉煌时代中，元杂剧作为中国戏剧史里程碑的重要意义正在于此。

通过对元杂剧中历史题材剧作的梳理，我们会发现，元杂剧历史题材创作数量之大、题材之广、质量之高都值得特别关注。根据保守统计，元杂剧历史剧作（含存佚）在280种左右[4]，约占迄今可知元杂剧总数的五分之二（傅惜华先生《元代杂剧全目》著录元代杂剧剧目737种），这个惊人的数量使得历史题材剧作成为元杂剧诸题材中最重要的组成部分

---

[1] 王国维撰，马美信疏证：《宋元戏曲史疏证》，复旦大学出版社2004年版，"自序"第1页。

[2] 王国维撰，马美信疏证：《宋元戏曲史疏证》，复旦大学出版社2004年版，第57页。

[3] 王国维撰，马美信疏证：《宋元戏曲史疏证》，复旦大学出版社2004年版，第122页。

[4] 此数据主要依据庄一拂编著《古典戏曲存目汇考》（上海古籍出版社1982年版）、傅惜华《元代杂剧全目》（作家出版社1957年版）、邵曾祺《元明北杂剧总目考略》（中州古籍出版社1985年版）、李修生主编《古本戏曲剧目提要》（文化艺术出版社1997年版）、王季思主编《全元戏曲》（人民文学出版社1990年版）剧目说明部分统计得出。

之一。[1]

在以历史题材为创作对象的作品内部，元杂剧作家们对历史题材的兴奋点和着眼点各不相同，因此他们采撷历史材料的侧重点，改造历史材料的技法和观念也存在很大的差异。此外，作家们不同的创作风格和审美趣味，特异的人生体验、情感体验的融汇，会使得原本就异彩纷呈的历史题材在剧作中摇曳多姿。元代历史剧作品有些通过帝王爱情悲欢的书写表达人情在冷酷的政治历史面前的无奈（如白朴《梧桐雨》、马致远《汉宫秋》，可称帝妃爱情式）；有些用轻松活泼、富于生活气息的笔调展示帝王将相发迹的传奇经历（如罗贯中《风云会》[2]，可称发迹变泰式）；有的通过精心结撰的排场、昂扬的战斗激情描写风起云涌的时代里不同政治集团的龙争虎斗（如关汉卿《单刀会》，可称军事斗争式）；有的作品则用悲壮雄浑、畅快淋漓、风驰电掣之笔斥奸骂佞、快意恩仇（如纪君祥《赵氏孤儿》，可称忠奸斗争式）；有的作品则用悲凉惨痛的笔调描摹英雄末路的悲哀与无奈，引发人们的深深叹息和思索（如关汉卿《西蜀梦》，可称英雄悲剧式）；有的作品满怀对历史先贤的敬意，用沉稳庄重的笔法展示作家们对儒家正统理想道德规范（以"忠义"为核心）的追求和向往（如杨梓《霍光鬼谏》，可以称为伦理道德式）；还有的作品通过作家们痛切的人生体验展示失意文人在功名与落魄、进取与退缩、希望与失望之间的痛苦徘徊以及他们在历史和社会中的茫然无从和艰难抉择（如郑光祖《王粲登楼》，可称文人参政式）。此外，尚有一批数量可观的水浒戏也

---

[1] 元杂剧分类以题材为依据较为可行。邓绍基主编《元代文学史》（人民文学出版社1991年版，第46页）认为："近代学人对元杂剧的分类也有多种说法，比较常见的是以爱情婚姻剧、神仙道化剧、公案剧、社会剧和历史剧这类名称来叙说元杂剧的内容，这种分类虽然也未必十分妥当，但大抵约定俗成。这里也权用这种分类法来说明杂剧的内容和创作特点。"这种分类方法不过于琐细，并且可以基本涵盖所有迄今所知元杂剧作品。当然，这种分类标准也不是绝对的，因为有些作品内容比较复杂，用不同的视角来看，可能被归入不同类别。

[2] 罗贯中系元末明初人，《全元戏曲》收录此剧。

以鲜明活现、亲切粗豪的草莽英雄形象和行侠仗义、替天行道的传奇事迹"鼓动着反抗、复仇的精神"[1],揭示元代社会酝酿于下层民众之中对黑暗现实的强烈不满情绪,表达他们"柔软莫过溪涧水,到了不平地上也高声"[2]朴实而迫切的心声(如康进之《李逵负荆》,可径称水浒戏)。

关于水浒题材戏剧能否归入历史剧,学术界尚存在争议。比如邓绍基主编《元代文学史》认为:"元杂剧中的水浒戏几乎可以算作公案剧的一个分支。"[3]就题材整体而言,水浒聚义主要反映百姓揭竿而起,反抗暴政的斗争历史,反映出来的思想倾向是对统治秩序和统治阶层的不满(不仅仅是针对司法公平的不满),具有鲜明的政治色彩和历史意味。宋江起义本事及人物源流,古人及前辈学人等多有关注和考证,如明人朱有燉《〈黑旋风仗义疏财传奇〉引》云:"小说多载宋徽宗时,有宋江之徒者,亦义贼也。惟名李逵者,尤能疏财仗义。后皆归顺于宋朝,除武功大夫,分注诸路巡检使,后以平方腊有功,封节度使。《宣和遗事》中载之甚详。"[4]著名学者余嘉锡曾撰《宋江三十六人考实》,影响深远。但由于民间传说对此题材影响较为深刻,因此该题材作品呈现出比较复杂的形态,有些作品政治、军事色彩浓郁,较接近历史剧,有些偏重英雄个人遭际和出身者,更接近公案剧和社会剧,后代此题材的创作亦呈现出这一特点。因此,对于水浒题材作品需要结合作品主题和内容具体分析。推而广之,判断一部作品是否历史剧也应如此,不宜过于机械和武断。

当然,这些形形色色的作品在内容和精神内涵上是相通的,所以它们的分类与界限也只是相对的,因为有很多作品包含了多层次、多方面的

---

[1]余秋雨:《中国戏剧文化史述》,湖南人民出版社1985年版,第167页。
[2]《包待制陈州粜米》中张憨古唱词,《全元戏曲》第六卷,人民文学出版社1990年版,第94页。为行文简洁,本书元杂剧曲文凡引自《全元戏曲》者不再一一出注,如有引自其他版本者,特别注明。
[3]邓绍基主编:《元代文学史》,人民文学出版社1991年版,第54—55页。
[4]廖立、廖奔校注:《朱有燉杂剧集校注》,黄山书社2017年版,第623页。

内容，而这种交叉性和复杂性是历史剧客观存在的状态。这些历史剧展示的是历史人物身处风口浪尖、在特定历史情境中的生存状况和生命历程，他们的行为和活动为我们营造出一种浓郁的历史感，可以引发我们对历史的认识和反思，引起我们对人在漫长历史进程中、广阔的社会环境中自我定位和自我抉择的思考。历史剧区别于其他剧作的价值和艺术魅力正在此处。面对沧桑变幻的历史，试图探寻历史发展的规律，面对历史人物的命运遭际，试图探寻个人在历史中的角色和作为，这些充满理性的探寻、追问、反思无疑是沉重的。历史剧作品呈现出的历史面目无论是喜剧还是悲剧，是通俗还是高雅，是荒诞还是真实，历史本身的严肃性赋予了历史剧一种独特的"意味"，这也是为什么有些取材于明确史料记载的作品亦不能作为真正意义上的历史剧进入本书考察范围的原因。比如张敞画眉、陆绩怀橘、潘安掷果等都是耳熟能详的历史典故，但是如果把它们纳入历史剧的范畴显然并不适合。另外，还有一些作品虽然描写的是重要的历史人物，但是作品内容却不以政治、军事等重大历史事件为主，而偏重于婚姻爱情、家庭关系、嘲风弄月，或者倾向于表达庸俗、肤浅的因果报应等观念，缺乏应有的历史深度。此类作品亦不能算作历史剧，如《刘夫人庆赏五侯宴》《山神庙裴度还带》《江州司马青衫泪》《义士死赵礼让肥》《陶贤母剪发待宾》《苏东坡夜宴西湖梦》等。

　　面对元代如此众多的历史剧作品，我们不禁要产生一个疑问：元代历史剧创作数量何以如此之大，元杂剧的作者们何以如此热衷于历史题材的创作？

　　元代历史剧创作的兴盛是伴随着元杂剧的全面繁荣出现的，这固然与千百年来中国悠久的戏剧传统有着深刻的联系，但是宋金以来的说唱艺术、院本杂剧、诸宫调的艺术实践与磨炼是元杂剧在艺术上获得自身升华的重要契机和关键因素，所以元杂剧的辉煌实在很大程度上依赖于前代丰厚的艺术积累，"元剧之构造，实多取诸旧有之形式也"，"就其材质言之,其取诸古剧者不少"[1]。另外,取材于丰富的历史宝库,并对这些历史材料进行艺术加工,乃是中国通俗文学发展的一大捷径。宋代"说话"艺术中"讲史"这一门类早已十分发达,《东坡志林》卷一《涂巷小儿听说三国语》关于儿童听三国故事的记载可以透露出该题材在当时流传的深广程度。[2]不仅仅是三国故事,在元代以前,"说征战有刘项争雄,论机谋有孙庞斗智。新话说张、韩、刘、岳;史书讲晋、宋、齐、梁。三国志诸葛亮雄才;收西夏说狄青大略"(《醉翁谈录》甲集卷之一《舌耕叙引·小说开辟》)[3]。说话艺人们已经可以向听众展示如此丰富的历史内容。元代《三国志平话》《武王伐纣平话》等作品的出现更是元代通俗文学发展的一个重要标志。周密《武林旧事》之"官本杂剧段数"[4]、《南村辍耕录》[5]之"院本名目"记载的大量杂剧、院本名目中已有众多历史题材作品。对于元杂剧作家来讲,丰厚历史记载的遗存和前代、同代姊妹艺术历史题材创作的成果何尝不是杂剧创作的一股"源头活水"?

更为重要的是,元代特殊而多变的政治环境和社会环境造就了元杂剧的创作者、表演者和欣赏者这三个相对稳定的群体。尤其是作家群体的扩大和持续的创作活动是促成元代历史剧繁荣局面的重要原因,恰如王骥德《曲律》所言:"盖胜国时,上下成风,皆以词为尚,于是业有专门。"[6]杂剧创作不仅成为一时风尚,甚至拥有了专门的从业者。在屠隆看来,元代文人从事戏曲创作,并取得成就,是一种主动选择的结果:"元

---

[1]王国维撰,马美信疏证:《宋元戏曲史疏证》,复旦大学出版社2004年版,第126页。
[2]参见苏轼著,王松龄点校:《东坡志林》,中华书局1981年版,第7页。
[3]罗烨:《醉翁谈录》,古典文学出版社1957年版,第4—5页。
[4]周密:《武林旧事》,载孟元老等《东京梦华录》(外四种),古典文学出版社1956年版。
[5]陶宗仪:《南村辍耕录》,中华书局1959年版。
[6]王骥德:《曲律》,载中国戏曲研究院编《中国古典戏曲论著集成》(四),中国戏剧出版社1959年版,第147页。

中原豪杰，不乐仕元，而殁其雄心，洸洋自恣于草泽间，载酒征歌，弹弦度曲，以其雄俊鹘爽之气，发而缠绵婉丽之音。故泛赏则尽境，描写则尽态，体物则尽形，发响则尽节，骋丽则尽藻，谐俗则尽情。故余断以为元人传奇，无论才致，即其语之当家，斯亦千秋之绝技乎！"（《章台柳玉合记叙》）[1]王国维则认为："元初名臣中有作小令套数者，唯杂剧之作者，大抵布衣，否则为省掾令史之属……至蒙古灭金，而科目之废，垂八十年，为自有科目来未有之事。故文章之士，非刀笔吏无以进身；则杂剧家之多为掾史，固自不足怪也。……余则谓元初之废科目，却为杂剧发达之因。盖自唐宋以来，士之竞于科目者，已非一朝一夕之事，一旦废之，彼其才力无所用，而一于词曲发之。且金时科目之学，最为浅陋（观刘祁《归潜志》卷七、卷八、卷九数卷可知）。此种人士，一旦失所业，固不能为学术上之事，而高文典册，又非其所素习也。适杂剧之新体出，遂多从事于此；而又有一二天才出于其间，充其才力，而元剧之作，遂为千古独绝之文字。"[2]揭示了科举制度在元代的一度废止为元杂剧创作提供了更充足的创作力量。他指明元杂剧创作主体无法从事"高文典册"事业，抓住杂剧这个可以展示个人特长和才华、抒发内心抑郁的机会，投向通俗文学的创作。

关于元初废科举与元杂剧兴盛之间的关联，亦有学者提出异议和质疑。[3]如郑传寅认为，元初废科举是历史事实，元代文人仕进无门，特别是汉族知识分子备受欺压、歧视，元杂剧对此有具体真切的反映。但是，"学而优则仕"的路被堵死，并不等于说元代文人除了投身戏曲之外便

---

[1]俞为民、孙蓉蓉编：《历代曲话汇编·明代编》第一集，黄山书社2009年版，第589页。

[2]王国维撰，马美信疏证：《宋元戏曲史疏证》，复旦大学出版社2004年版，第145—146页。

[3]如唐文标《中国古代戏剧史》（中国戏剧出版社1985年版）、郑传寅《中国戏曲文化概论》（武汉大学出版社1993年版）、云峰《民族文化交融与元杂剧研究》（人民出版社2012年版）等。

"才力无所用"。很难设想,"竞于科目"已非一朝一夕的封建文人,只是因为进身之阶被堵死,为了"觅几文活命钱",便会选择他们一向贱视的"小道""末技"。若单为衣食计,摆在元代知识分子面前的,远非只有投身戏曲这一条路。戏曲文化在元代勃兴的原因主要是文化的平民化进程为元曲之繁荣铺平了道路;社会剧烈震荡所带来的文化效应为元曲之繁荣创造了良好的精神环境(包括文化超累积状态的打破、汉儒文化一度受挫、价值观念的巨大变化、国家不幸诗家幸)。[1]

但事实上,明人对元杂剧作家群体构成与杂剧兴盛之联系早已关注,其认识与王国维先生之结论多有相通之处。如元人朱经在《青楼集·序》中说:"百年未几,世运中否,士失其业,志则郁矣,酤酒载严,诗祸叵测,何以纾其愁乎?"[2]明人胡侍云:"元曲,如《中原音韵》《阳春白雪》《太平乐府》《天机余锦》等集,《范张鸡黍》《王粲登楼》《三气张飞》《单刀会》《敬德不伏老》《苏子瞻贬黄州》等传奇,率音调悠圆,气魄宏壮。后虽有作,鲜之与竞矣。盖当时台省元臣、郡邑正官,及雄要之职,尽其国人为之。中州人每沉抑下僚,志不获展,如关汉卿入太医院尹,马致远江浙行省务官,宫大用钓台山长,郑德辉杭州路吏,张小山首领官,其他屈在簿书,老于布素者,尚多有之。于是以其有用之才,而一寓之乎声歌之末,以舒其怫郁感慨之怀,盖所谓不得其平而鸣焉者也!"[3]其实不唯中国人如此,古今中外戏剧"诗人"的诞生大都有相似的原因,法国著名戏剧家狄德罗说:"什么时代产生诗人?那是在经历了大灾难和大忧患以后,

---

[1] 参见郑传寅《中国戏曲文化概论》,武汉大学出版社1993年版,第144—165页。
[2] 夏庭芝:《青楼集》,载中国戏曲研究院编《中国古典戏曲论著集成》(二),中国戏剧出版社1959年版,第15页。
[3] 胡侍:《真珠船》,载俞为民、孙蓉蓉编《历代曲话汇编·明代编》第一集,黄山书社2009年版,第208页。明人息机子《阳春奏·序》(载俞为民、孙蓉蓉编《历代曲话汇编·明代编》第二集,黄山书社2009年版,第442页)亦认为元时"中原怀才抱艺之夫,仅仅辱在傔佐,此其所以慷慨悲歌于仙吕诸宫、南吕诸调,悉诣其至极也"。

当困乏的人民开始喘息的时候。那时想象力被惊心动魄的景象所激动，就会描绘出那些未曾亲身经历的人所不了解的事物。"[1]"天才是任何时代都有的，然而有天赋的人常常无所施展而僵化，除非有非常的事变振奋起群众的精神，促成天才人物出现。这时，情感在胸中积聚酝酿，凡是具有喉舌的人都感到有说话的迫切需要，必欲畅抒胸怀而后快。"[2]两相对照，令人豁然开朗。

历史，一直是中国古代文人密切关注的对象，持续地吸引着他们的兴趣和眼光，这与中国深厚的史传传统和浓郁的史学氛围有关，更与中国的政治以及文人参政的向往与理想有关。同时，对历史的记载是中国文学发展的渊薮，对历史的文学书写也从未间断，在元代之前，诗、赋、词、小说无不囊括历史题材之创作，层出不穷，缤纷夺目。元人的散曲中，咏史名篇庄谐皆具。用杂剧来书写历史，水到渠成。在创作过程中，他们既可以对自己非常熟悉的史传作品及其艺术改造品有所依傍，又可以在才华无处施展的环境中为他们特有的历史知识积累、文化素养和艺术才能找到尽情挥洒的舞台，选择历史题材进行创作对这个特定的杂剧创作群体来说无疑是比较轻松又比较适宜，更重要的是，历史上的人物在他们笔下鲜活起来之后可以代替他们呐喊、歌哭、叹息，可以传达出他们的政治理想、道德追求乃至历史意识。

另外，从欣赏群体的审美需求和趣味来看，早在宋代，"说话"这一艺术样式之所以受到如此广泛的欢迎，不仅仅是因为它的艺术形式新颖独特，还因为它的题材和内容能吸引听众。而"讲史"可以作为其中的一个重要门类存在，足见当时"讲史"已经具有了相对稳定的欣赏群体。元代多部历史题材的"平话"（如《武王伐纣平话》《秦并六国平话》等）的出

---

[1] [法]狄德罗：《论戏剧诗》，徐继曾、陆达成译，载《狄德罗美学论文选》，人民文学出版社1984年版，第207页。

[2] [法]狄德罗：《论戏剧诗》，徐继曾、陆达成译，载《狄德罗美学论文选》，人民文学出版社1984年版，第207页。

现也可以从一个侧面反映出历史题材的通俗文艺作品在当时受欢迎的程度。元人杨维桢在《送朱女士桂英演史序》中记载了一位以"演史"著称的女子朱桂英："家在钱塘，世为衣冠旧族，善记稗官小说，演史于三国五季。因延至舟中，为予说道君艮岳及秦太师事。"[1]亦足见当时文人阶层对于包括南宋史迹在内的历史怀有浓烈的兴趣。

既然拥有如此稳定的欣赏群体，元杂剧作家们何不顺水推舟呢？在欣赏者看来，那种描写平民百姓生活的剧作固然亲切可爱，他们喜欢这种充满生活气息的作品，但他们喜欢的是这种风格，这种风格的故事载体却不应该像日常生活一样平淡，他们追求不为他们所熟知的人和事，比如紧张刺激的公案、离奇曲折的神话、波澜起伏的家庭纷争、出生入死的爱情、一波三折的婚姻等，也正因如此，元人当时也称杂剧为"传奇"，比如贾仲明为花李郎所作吊词云："乐府词章性，传奇幺末情。"[2]为顾仲清所作吊词云："见传奇举世行，向雨窗托兴怡情。"[3]与上述这些内容一样具有被"传"价值的"奇"事就包含了历史题材：叱咤风云的帝王将相、烽烟四起的战场、尔虞我诈的宫廷争斗等，这些原本远离下层百姓，笼罩着神秘面纱的场景开始通过元杂剧作家的加工展示在满怀期待的观众们面前。

当然，必须要强调的是，元代历史剧创作的繁荣更离不开搬演这些作品的优秀演员，这个群体是沟通作家和观众的媒介，正是他们用精湛的技艺和表演沟通了现实与历史的时空，用他们独特的理解和表演方式诠释着他们对历史人物、历史事件的理解，并把这种理解生动地传达给观众。夏庭芝在《青楼集》中记载："'杂剧'则有旦、末。旦本女人为

---

[1] 吴毓华编著：《中国古代戏曲序跋集》，中国戏剧出版社1990年版，第24页。
[2] 钟嗣成：《录鬼簿》，载中国戏曲研究院编《中国古典戏曲论著集成》(二)，中国戏剧出版社1959年版，第192页。
[3] 钟嗣成：《录鬼簿》，载中国戏曲研究院编《中国古典戏曲论著集成》(二)，中国戏剧出版社1959年版，第197页。

之,名妆旦色;末本男子为之,名末泥。其余供观者,悉为之外脚。有驾头、闺怨、鸨儿、花旦、披秉、破衫儿、绿林、公吏、神仙道化、家长里短之类。"[1]当时女伶可以扮演的杂剧,可能涉及历史题材者有驾头(帝王故事)、披秉(即披袍秉笏,多敷演文武大臣事)等类。南春宴"姿容伟丽。长于驾头杂剧"[2]。如珠帘秀"杂剧为当今独步;驾头、花旦、软末泥等,悉造其妙"[3]。胡祗遹《朱氏诗卷序》对伶人高超的技艺盛赞不已,其表演多涉及历史题材,扮演人物涉及历史人物:"以一女子,众艺兼并:危冠而道,圆颅而僧,褒衣而儒,武弁而兵。短袂则骏奔走,鱼笏则贵公卿……往古之事迹,历代之典刑。下吏污浊、官长公清……居家则父子慈孝,立朝则君臣圣明。……九流百伎,众美群英,外则曲尽其态,内则详悉其情,心得三昧,天然老成。"[4]元末明初,汤式在《新建勾栏教坊求赞》【二煞】中写道:"捷剧每善滑稽能戏设,引戏每叶宫商解礼仪,妆孤的貌堂堂雄赳赳口吐虹霓气。付末色说前朝论后代演长篇歌短句江河口颊随机变,付净色腆嚣庞张怪脸发乔科啫冷诨立木形骸与世违,要揉每未东风先报花消息。妆旦色舞态袅三眠杨柳,末泥色歌喉撒一串珍珠。"[5]其中,妆孤色扮演的角色可能与历史人物关系比较密切,副末色能够将前朝后代史事娓娓道来,应该也累积了大量历史故事和题材。

离奇曲折的故事情节、精妙绝伦的舞台表演能暂时吸引观众和读者

---

[1] 夏庭芝:《青楼集》,载中国戏曲研究院编《中国古典戏曲论著集成》(二),中国戏剧出版社1959年版,第7页。
[2] 夏庭芝:《青楼集》,载中国戏曲研究院编《中国古典戏曲论著集成》(二),中国戏剧出版社1959年版,第22页。
[3] 夏庭芝:《青楼集》,载中国戏曲研究院编《中国古典戏曲论著集成》(二),中国戏剧出版社1959年版,第19页。
[4] 胡祗遹著,魏崇武、周思成校点:《胡祗遹集》,吉林文史出版社2008年版,第222页。
[5] 汤式:《新建勾栏教坊求赞》,载俞为民、孙蓉蓉编《历代曲话汇编·明代编》第一集,黄山书社2009年版,第3页。

的眼球,但是并不一定能长久占据他们的心灵;可能暂时引起他们心灵的悸动,却不一定能够让他们的心灵真正感动。要真正感动一个人,触及一个人的灵魂,引发这个人的思索和回味,需要依靠作品的真情实感。元杂剧的杰作之所以具有跨越数百年而毫不褪色的艺术魅力就是因为那些作者是用心在写作,他们的作品"自然"而不做作,"摹写其胸中之感想,与时代之情状,而真挚之理,与秀杰之气,时流露于其间"[1]。如前所述,初期元杂剧作家们大多是经历残酷现实,不断回望历史的落魄文人,他们的痛切感受和生命体验并非一般人可以体会,于是在作品的字里行间会流露出这种感受和体验。剧作中的主人公就是他们的代言人,嬉笑怒骂,畅快淋漓,当这种发泄和倾吐在剧中作为历史人物的行为存在时,就具有了分外深刻的含义。

在我们阅读和欣赏的体验中,元杂剧众多作品洋溢着一种热烈、充沛、持久的情感,展示了一种蕴藏于下层的巨大情绪和力量,诸如《窦娥冤》《陈州粜米》等社会剧对这种力量表现得直接而深刻,所以这些作品在当时的历史环境中遇到的阻力可想而知。最强势的阻力来自元朝政府对杂剧创作的干预。《元史·志第五十二·刑法三》云:"诸妄撰词曲,诬人以犯上恶言者,处死。"[2]《元史·志第五十三·刑法四》云:"诸民间子弟,不务生业,辄于城市坊镇,演唱词话,教习杂戏,聚众淫谑,并禁治之。"[3]"诸乱制词曲,为讥议者,流。"[4]由此推断,在当时的条件下创作不满现实、抨击政治的社会剧作品是存在风险的,于是作家们的眼光转向历史,借古人之酒杯,浇一己之块垒。元代历史剧创作的繁荣与这种"回望历史,借助历史,重塑历史"的行为密切相关,于是,历史剧的主人公

---

[1] 王国维撰,马美信疏证:《宋元戏曲史疏证》,复旦大学出版社2004年版,第177页。
[2] 宋濂等:《元史》,中华书局1976年版,第2651页。
[3] 宋濂等:《元史》,中华书局1976年版,第2685页。
[4] 宋濂等:《元史》,中华书局1976年版,第2685页。

就理所当然地成为历史剧作家们的代言人,剧中人愤激慷慨、低回悲凉的曲词正是作家们对历史、社会、人生发自内心的感慨和体验,真挚动人。剧作主人公命运的跌宕起伏、荣辱否泰也无时无刻不牵挂着作者的心,这种发自作家内心的情绪可以猛烈冲击历史记载、道德伦理、世俗眼光的束缚和羁绊。"关目之拙劣,所不问也;思想之卑陋,所不讳也;人物之矛盾,所不顾也。"[1]与其说历史剧的创作是作家在向观众和读者讲述一个历史故事,倒不如理解为历史剧作家通过一个历史故事来展示他的情感、观念、思想和本真的心灵,而这些正是一部成功的历史剧艺术感染力的源头和精髓。元代历史剧创作的成功实践向我们证明,"抒情""写心"观念的高扬和这种观念在作品中通过特定的艺术技巧体现在叙事过程之中,成就了元代历史剧的艺术个性。

通过对元代历史剧创作进行历时的观照,我们会发现元代前期历史剧的关目和情节远没有后期那样丰富多彩,也远没有后期那样复杂,但与此形成巨大反差的是,我们现今所公认的元代历史剧杰作却多数产生于前期,而元代后期历史剧的思想深度和艺术感染力远逊于前期的作品。随着创作经验的累积,艺术手段的丰富,排场扩大化、科诨大量运用、故事容量增加等,但是致命的缺陷在于对这些要素的过分强调导致了戏剧创作手段的模式化乃至僵化,导致了作品内在意蕴和精神力量的严重流失,这种流失反过来又加速了元代后期历史剧创作活力的丧失。戏曲题材的拓展更迭,戏剧场面上的千变万化并不能掩饰内在精神意蕴的贫乏,如果我们把前期的《单刀会》《汉宫秋》《梧桐雨》和后期的《霍光鬼谏》《豫让吞炭》等作品做一比较的话,我们便能理解元代后期历史剧作品中罕有后人重视和追摹之作有其深刻原因。

历史环境、社会环境的改变引起了创作主体构成和创作观念的深刻

---

[1] 王国维撰,马美信疏证:《宋元戏曲史疏证》,复旦大学出版社2004年版,第177页。

变化。杂剧这种艺术样式自身的局限性和遭遇到的种种困境一起造成了元杂剧总体的衰微局面。作为一个组成部分的历史剧当然也无从幸免，在元杂剧总体的衰败中，元代历史剧也不可避免地走向了沉沦。

第二章

元代历史剧的创作观念

元杂剧创作的繁盛局面有目共睹,但是为当今学者深深叹息的则是"元杂剧的理论批评,实在是难以与杂剧艺术的辉煌成就相称"[1]。"从元代到明初,短短数十年间的戏剧理论批评在数量上是颇为可观的。然而,无论是燕南芝庵的《唱论》、钟嗣成的《录鬼簿》,还是周德清的《中原音韵》和朱权的《太和正音谱》,戏剧理论批评大多涉及的是资料性的和技巧性的,理论的研究还相当贫乏,元代的杂剧艺术只是在其理论的表面层次上得以抉发。"[2]此外,当时的理论家们对元杂剧作为戏剧的特质并没有很好地把握,在他们的观念中,杂剧和散曲一样,作为"曲"的文学特质要高于它的戏剧性。又兼杂剧创作当时属于"小道末技",被正统人士所排斥,整体而言,在文学传统中并未获得诗文一样的地位和关注。而从事杂剧创作的文人由于种种原因,尚缺乏自觉的理论总结、提升意识。这些都导致了元杂剧的理论总结和探讨特别是创作、批评、表演理论的研究明显滞后,在深度、广度方面都极为有限。那么,今天要探讨元杂剧历史剧的创作观念,只有从后代戏剧理论家对元杂剧相关问题的评价中寻找一些蛛丝马迹;从历史剧作品纷繁复杂的情节设置、人物形象塑造、戏曲语言的运用等几个方面进行反观并尝试予以总结。这种方式受到客观的资料限

---

[1] 谭帆、陆炜:《中国古典戏剧理论史》,华东师范大学出版社2005年版,第13页。

[2] 谭帆、陆炜:《中国古典戏剧理论史》,华东师范大学出版社2005年版,第13页。

制、主观选择和有意无意的遮蔽，带有很多局限，但这种探讨无疑是必须的、有意义的。

第一节　"厚人伦，美风化"[1]

尽管元代历史剧创作者们对剧作的创作观念并没有十分全面和条理化的认识，但是他们对自己剧作的创作价值和创作目的却有鲜明的认识，从现存剧作的内容和精神内涵来看，我们可以肯定，作者的这种认知对剧作存在着潜移默化的影响和无孔不入的渗透，对剧作的生产甚至起着决定性的作用。

元人夏庭芝《青楼集志》云："'院本'大率不过谑浪调笑，'杂剧'则不然，君臣如：《伊尹扶汤》《比干剖腹》，母子如：《伯瑜泣杖》《剪发待宾》，夫妇如：《杀狗劝夫》《磨刀谏妇》，兄弟如：《田真泣树》《赵礼让肥》，朋友如：《管鲍分金》《范张鸡黍》，皆可以厚人伦，美风化，又非唐之'传奇'，宋之'戏文'，金之'院本'，所可同日语矣。"[2]君臣、夫妇、兄弟、朋友关涉着忠、孝、节、义等伦理道德观念，杂剧一改院本"谑浪调笑"单纯的娱乐性，主动承担起了"厚人伦，美风化"的道德教化责任。在夏氏看来，对道德教化责任的承担意味着杂剧思想品格、文化品格的提升，也成为显著区别于唐传奇、宋戏文、金院本的特征。无独有偶，元代著名戏剧理论家周德清在《中原音韵序》中云："自关、郑、白、马一新制作，韵共守自然之音，字能通天下之语，字畅语俊，韵促音调，

---

[1] 夏庭芝：《青楼集·青楼集志》，载中国戏曲研究院编《中国古典戏曲论著集成》（二），中国戏剧出版社1959年版，第7页。

[2] 夏庭芝：《青楼集》，载中国戏曲研究院编《中国古典戏曲论著集成》（二），中国戏剧出版社1959年版，第7页。

观其所述，曰忠，曰孝，有补于世。"[1]从关、郑、白、马现存作品的内容和价值取向来看，尽管其中不乏酣畅淋漓的笔调，不乏对儿女风情的大量描摹，甚至不乏部分慷慨激愤、离经叛道之语，但是总体来看，内容并未脱离"曰忠，曰孝，有补于世"的范围。杨维桢亦云："其于声文缀于君臣、夫妇、仙释氏之典故，以警人视听，使痴儿女知有古今美恶成败之观惩，则出于关、庾氏传奇之变。"[2]因此，对于伦理教化的功能的主动追求成为一种占据主流的戏剧创作观念。元末明初高明在《琵琶记》的"副末开场"中直接宣称："正是不关风化体，纵好也徒然。论传奇，乐人易，动人难。知音君子，这般另做眼儿看。休论插科打诨，也不寻宫数调，只看子孝共妻贤。"[3]直至明人在重新筛选元人杂剧作品时，依然将作品的道德教化功能作为重要评价标准，如明代戏剧作家李开先《〈改定元贤传奇〉后序》（《闲居集》卷五）所强调的："传奇凡十二科……要之激劝人心，感移风化，非徒作，非苟作，非无益而作之者，今所选传奇，取其辞意高古，音调协和，与人心风教俱有激劝感移之功。"[4]如果不能符合这一标准，就只能被视为"徒作"——无意义，"苟作"——失其正，"无益而作"——缺乏正面价值。

这种正统的教化观念在浸淫于中国历史文化传统的中国文人身上是深深渗透于其血脉之中的，他们不仅仅是这种观念虔诚的鼓吹者，也是这种观念忠实的实践者，即使是身处元代这样一个的特殊时代，他们依然执着于此。在元杂剧作品中，我们能看到剧作者们有所怀疑，有所彷徨，甚至有所颠覆，但是最终封建正统道德价值观念仍是他们的唯一选择和皈

---

[1] 周德清：《中原音韵》，载中国戏曲研究院编《中国古典戏曲论著集成》（一），第175页。

[2] 杨维桢：《沈氏今乐府序》，载俞为民、孙蓉蓉编《历代曲话汇编·唐宋元编》，黄山书社2006年版，第425页。

[3] 俞为民、孙蓉蓉编：《历代曲话汇编·唐宋元编》，黄山书社2006年版，第520页。

[4] 李开先著，卜键笺校：《李开先全集》，文化艺术出版社2004年版，第462页。

依，而且在元代黑暗、混乱的社会历史条件下，那种重建封建正统道德价值观念进而重建社会政治秩序的向往和追求反而显得更加迫切真挚、主动坚决。钟嗣成满怀热情地表白他的观点："独不知天地开辟，亘古及今，自有不死之鬼在，何则？圣贤之君臣，忠孝之士子，小善大功，著在方册者，日月炳焕，山川流峙，及乎千万劫无穷已，是则虽鬼而不鬼者也。"[1]这种对圣贤忠孝的推崇和景仰之情足以让我们理解当时的下层文人对传统道德教条的信守是何等坚定，所以，我们在论及元代历史剧的创作观念时，这种根深蒂固地存在于创作主体身上的基本价值取向和道德观念对历史剧创作的影响毫无疑问是无法回避，也绝不容忽视的。

创作《秦太师东窗事犯》的孔文卿为圣门后裔，明确以弘扬纲常道德、劝化民众为己任。贾仲明为其所作吊词云："先生准拟圣门孙，析住平易一叶分，好学不耻高人问。以子称得谥文，论纲常有道弘仁。捻《东窗事犯》，是西湖旧本，明善恶劝化浊民。"[2]王仲元的杂剧创作也是如此："于公为阴德起高门，袁盎因夫人却汉文，历像演史全忠信。将贤愚善恶分，戏台上考试人伦。大都来一时事，搬弄出千载因，辨是非好歹清浑。"[3]因此，在元代历史剧中，作家们塑造了一系列性格鲜明的人物形象，通过"善"与"恶"、"美"与"丑"的强烈对比和激烈斗争表达他们的道德判断和价值取向，进而达到他们教化世人的目的。在《赵氏孤儿》中，他们高度赞扬了义薄云天、赴汤蹈火的程婴、公孙杵臼，批判了专横跋扈、奸诈狠毒的屠岸贾；在《汉宫秋》中，他们歌颂了王昭君的深明大义和爱国之情，鄙弃了背叛国家、狡猾阴险的毛延寿；在《霍光鬼谏》

---

[1] 钟嗣成：《录鬼簿》，载中国戏曲研究院编《中国古典戏曲论著集成》（二），中国戏剧出版社1959年版，第101页。

[2] 钟嗣成：《录鬼簿》，载中国戏曲研究院编《中国古典戏曲论著集成》（二），中国戏剧出版社1959年版，第202页。

[3] 钟嗣成：《录鬼簿》，载中国戏曲研究院编《中国古典戏曲论著集成》（二），中国戏剧出版社1959年版，第255页。

中，他们塑造了霍光忠心耿耿的老臣形象，同时也塑造了霍山、霍禹这两个野心勃勃的叛臣形象……总体来看，尽管这些人物形象气质特征或性格特征并不是个性化的，而是类型化的[1]，但"类型化"的人物形象具有更为鲜明的特性，更为突出的道德表征，并足以在直接、激烈的戏剧冲突中充当矛盾的一方，并将这戏剧冲突引向深入和持久，给观众和读者留下直观而深刻的印象，更符合当时缺乏必要文化素养和知识积累的广大民众的审美习惯和趣味，有利于戏剧教化功能的发挥。

元人对于戏剧教化功能的发挥未止于剧作家和观众，对于戏剧的表演者也有所期许。杨维桢《朱明优戏录》盛赞朱明傀儡表演技艺："手益机警，而辨舌歌喉，又悉与手应，一谈一笑，真若出于偶人肝肺间，观者惊之若神。"朱明还能调动群偶，搬演历史故事，"明供群木偶为尉迟平寇，子卿还朝于降臣民辟之际，不无讽谏所系，而诚非苟为一时耳目玩也。"[2]他认为朱明偶戏表演最可贵的是延续了中国戏剧可贵的"讽谏"传统和精神。他为王晔"集历代之优词有关于世道者"的《优戏录》作序时盛赞"优谏"："盖一讽之效，从容一言之中，而龙逄、比干不获称良臣者之所不及也。观优之寓于讽者，如'漆城''瓦衣''雨税'之类，皆一言之微，有回天倒日之力，而勿烦乎牵裾、伏蒲之勃也。则优戏之伎，虽在诛绝，而优谏之功，岂可少乎？"[3]对戏剧表演"谏言"功能的肯定是戏剧教化观念的一种特殊延伸和表现，它们在本质上都要求文化娱乐活动在社会道德建设、统治秩序维护方面发挥作用。

---

[1] 参见郭英德《元明清戏曲小说的角色》，载聂石樵主编《古代文学中人物形象论稿》，北京师范大学出版社2000年版，第183—233页。
[2] 俞为民、孙蓉蓉编：《历代曲话汇编·唐宋元编》，黄山书社2006年版，第426页。
[3] 俞为民、孙蓉蓉编：《历代曲话汇编·唐宗元编》，黄山书社2006年版，第427页。

第二节 "事贵翻空，不以谬悠为讳"[1]

讨论元代历史剧的创作观念，首先进入我们视野的必然是这些剧作的历史题材来源于何处？作家改造历史题材是否存在一个原则？如果存在一个这样的原则，那么它的内容和实质是什么？这一系列问题会引发所有的历史剧创作必须面对的第一个命题——虚实之辨。[2]

虚与实的思辨，贯穿了中国古代文学发展的整个生命历程，中国古代叙事理论有两个源头：其一是辉煌发达的"史传"传统和系统，从《左传》到《史记》，从《史记》到《汉书》，众多杰出的史学著作在进入文学研究视野的时候，它们在叙事艺术上展现了高超的技艺。其二是中国瑰丽奇伟的上古神话传说以及想落天外的寓言志怪作品，它们在叙事艺术上呈现了另外一种美丽的风景。"如果说，前者以'人的世界'为本位，开启了以'信实'为标志的途路，那么，后者则以'神'的或'超人的'世界为本位，拓开了以'虚化'为特征的创作进程，两者之间的交胜和融合构成了中国古代叙事艺术和理论的发展趋向。"[3]从创作实际来看，"虚构"与"真实"这两个范畴是相互交融的，呈现出彼此消长的状况，我们只能根据一部历史剧作品的内容和某些相对可信的历史记载（所有的历史

---

[1] 王国维：《曲录自序》，《王国维戏曲论文集》，中国戏剧出版社1984年版，第252页。

[2] 谭帆、陆炜认为"虚"和"实"在中国古典美学中大概具备两种内涵，第一种是作为艺术形象中的虚实关系，"实"是指艺术作品中了然可感的直接形象，而"虚"是指由直接形象所引发经由想象、联想所获得的间接形象，是中国古代诗论、画论和书法理论的重要审美原则。第二种是指艺术表现中的"虚构"和"真实"关系，这种关系主要体现在小说、戏剧等叙事艺术中。故本书所指的"虚"和"实"是指后者。参见谭帆、陆炜《中国古典戏剧理论史》，华东师范大学出版社2005年版，第150页。

[3] 谭帆、陆炜：《中国古典戏剧理论史》，华东师范大学出版社2005年版，第141页。

记载都不能完全等同于历史的原貌，这必须确认）的差异程度来评判它的虚实程度，而这种判断作为评判文学艺术作品优劣的标准是值得商榷的，因为文学作品并不能等同于历史著作，二者根本的评价标准是不同的。但是，事实上元代之后历代的剧作家和文学批评者往往对"艺术作品是否忠实于历史记载"的命题津津乐道，这也是中国古代叙事文学研究领域的一个突出现象，实际上，"虚实之辨"纠缠于题材选择和改造程度的评价层面，会导致戏剧批评忽略艺术技巧层面的问题，而倾向于对作品的道德评价，无疑这是偏颇和遗憾的。"虚构"和"真实"的关系体现在戏剧创作中，主要指向"剧作家的'主观表现'与'客体真实'的关系问题"[1]。这个问题在元代历史剧的表现可以从以下两个层面加以认识。

一方面，表现为"主观表现与客体对象客观事理的关系"[2]，主观表现是指作者在剧作之中所展示出来的主体的精神状态、思想看法，以及由此而生产出的艺术作品所呈现的特殊艺术样态。"客体对象"特指剧作家创作中所涉及的客体被改造对象，"客观事理"则是指"常理"，符合"客观事理"，就是故事的发展符合特定历史阶段和社会环境中人们对某种自然或者社会现象的认知程度，符合在这种认知程度上形成的思维、生活习惯，在他们可理解和接受的范围内。这两者比较而言，显然前者偏重个人的情感体验，后者则是社会群体性的认知状况。这个层面的关系是所有元杂剧作家都要面对的，而不仅仅限于历史题材的创作者，所以通过对元代历史剧这一层面关系的考察我们可以管窥整个元杂剧创作在这一问题上的表现。

王国维先生盛赞元杂剧："关目之拙劣，所不问也；思想之卑陋，所不讳也；人物之矛盾，所不顾也。彼但摹写其胸中之感想，与时代之情

---

[1] 谭帆、陆炜：《中国古典戏剧理论史》，华东师范大学出版社2005年版，第151页。

[2] 谭帆、陆炜：《中国古典戏剧理论史》，华东师范大学出版社2005年版，第152页。

状,而真挚之理,与秀杰之气,时流露于其间。故谓元曲为中国最自然之文学,无不可也。"[1]其中,"摹写其胸中之感想""真挚之理"很好地概括了元杂剧的主观抒情特征,而主观抒情特征当然属于主观表现的层面。与此相对应的是元杂剧作品对主观抒情性的强调导致的对客观事理的忽视:关目拙劣、思想卑陋、人物矛盾,而这些结论无一不是后人根据"客观事理"作出的判断,按照这个判断,元杂剧简直漏洞百出,不忍卒读了。但是,元人对这些东西采取了完全漠视的态度:不问、不讳、不顾,如此执着于主观表现而不以客观事理为羁绊,正是元代历史剧作家们最为突出的创作个性和魅力。值得欣慰的是,不仅仅近代学者有这样精妙的看法,明代著名戏剧理论家王骥德不但对元杂剧"曲中用事每不拘时代先后"这一违背"客观事理"的情况采取了开明态度,而且把这种行为与王维"牡丹、芙蓉、莲花同画一景","雪里芭蕉"的精妙艺术境界相提并论,认为这种自由的主观表现非"俗子"可解,"不可易与人道也"。[2]元杂剧作家们这种超脱而自由的创作状态成就了一大批天马行空、不合客观事理却极富艺术感染力的元杂剧历史剧作品。在这些作品中,历史上的英雄们具有扛鼎千钧的超人力量(如无名氏《十七国临潼斗宝》中的伍子胥),具有鬼神难测的超凡智慧(如无名氏《两军师隔江斗智》中的诸葛亮),连他们的魂灵都可以随意游走于人间、梦境(如杨梓《承明殿霍光鬼谏》中的霍光)。其中趣味,的确不可"恒以理相格"。

另一方面,在元代历史剧中,"虚构与真实"的关系还突出表现为主观表现作用下的艺术虚构和历史真实之间的关系。其一,元代历史剧取材于历史记载,并加以艺术改造,这个改造的过程就是主观表现的过程,

---

[1] 王国维撰,马美信疏证:《宋元戏曲史疏证》,复旦大学出版社2004年版,第177页。
[2] 王骥德:《曲律》,载中国戏曲研究院编《中国古典戏曲论著集成》(四),中国戏剧出版社1959年版,第147—148页。

"惟语取易解，不以鄙俗为嫌，事贵翻空，不以谬悠为讳"[1]。元代历史剧作家尽管没有明确发表类似的观点，但是他们的创作实际足以证明剧作家的创作中大胆地对历史材料进行了一系列处理，包括对历史记载的选择和扬弃、回避和填充、剥离和附会、缩略与夸张，等等，都随着作者主观表现的意愿进行。"想象，这是一种素质，没有它，人既不能成为诗人，也不能成为哲学家、有思想的人、有理性的生物，甚至不能算是一个人。"[2]对剧作家和所有的艺术家来说，强大的想象力是至关重要的。"历史家只是简单地、单纯地写下了所发生的事实，因此不一定尽他们所能把人物突出，也没有尽可能去感动人和提起人的兴趣。如果是诗人的话，他就会写出一切他认为最感人的东西。他会想象出一些事件。他可以杜撰些言词。他会对历史添枝加叶。对于他，重要的一点是做到奇异而不失为逼真；当自然容许以一些正常的情况把某些异常的事件组合起来，使它们显得正常的话，那么，诗人只要遵照自然的秩序，是可以做到这一点的。"[3]在摆脱了历史记载和"历史事实"的约束之后，元代历史剧作家们用超凡的想象力描绘出的故事曲折离奇，出人意表；塑造出的人物形象饱含激情，神采飞扬；呈现出的历史风貌庄谐皆具，蕴藉深远；展示出的审美风格洒脱自然，奔放酣畅。

其二，这种主观表现在元杂剧历史剧中还显示为强烈的抒情倾向。"元代剧作家在选取历史题材时，他们并不是为了托现和演义一个真实的历史故事，而更重要的是借'历史的亡灵'来抒写其郁积于心的现实情感。因而在'虚实'关系上，元代的历史题材杂剧乃是'以心写事'和

---

[1] 王国维：《曲录自序》，《王国维戏曲论文集》，中国戏剧出版社1984年版，第252页。
[2] [法]狄德罗：《论戏剧诗》，徐继曾、陆达成译，载《狄德罗美学论文选》，人民文学出版社1984年版，第161页。
[3] [法]狄德罗：《论戏剧诗》，徐继曾、陆达成译，载《狄德罗美学论文选》，人民文学出版社1984年版，第160—161页。

'以心运事'的,即在戏剧创作中突出剧作家的主观动机,以主体情感驾驭历史现象,相对地削弱了历史现象对戏剧创作的客体制约。"[1]可以说,元代历史剧(尤其是前期作品)的故事情节乃是作家主体情感的载体,历史剧的叙事从根本上看是服务于抒情的。但是,元代历史剧如此鲜明的抒情倾向并未改变自身作为叙事文学的属性,从另一个角度来说,这种强烈的抒情倾向恰恰是被事实证明了的出色创作手段。

综合上述两个方面的分析,我们可以看到在元代历史剧作家那里,主观表现是第一位的,而历史真实显然从属于主观表现的需要,这与客观物理对主观表现的服从是一致的。由此可见,元代历史剧创作观念中,对艺术虚构的肯定和追求远远超过了恪守历史记载和历史真实的兴趣。

对于历史剧的这种创作方式所能产生的艺术效果、观众的接受心理、对观众的影响等,狄德罗在《论戏剧诗》中的见解值得关注:"剧本中属于历史的东西,只有少数人知道;然而只要剧本写得出色,它会使一切人都感兴趣,或者无知的观众比受过教育的观众还要感兴趣些。对前一种人来说,一切都具有同等的真实性,而对后一种人来说,那些插曲只不过是逼真而已。谎言和真实竟如此巧妙地结合在一起,所以他们在接受的时候并没有丝毫反感。"[2]这段论述揭示了历史剧创作和接受的许多规律性问题,对历史真正了如指掌的人、历史剧的创作者永远是少数,但历史剧作品如果拥有足够的艺术魅力,做到"谎言与真实"的巧妙结合,一定会吸引和影响更广泛的受众,特别是文化层次较低的受众,这对我们观照中国戏曲的历史是极具启示意义的。

---

[1] 谭帆、陆炜:《中国古典戏剧理论史》,华东师范大学出版社2005年版,第156—157页。

[2] [法]狄德罗:《论戏剧诗》,徐继曾、陆达成译,载《狄德罗美学论文选》,人民文学出版社1984年版,第160页。

第三节 "古新奇事迹,皆为人做过"[1]

中国古代文学理论中,"奇"是一种重要的审美范畴,而"奇"与"真"、"奇"与"正"的关系也是一个久远的辩题。在中国古代戏剧理论中,"奇"更是一个无法回避的审美范畴,就整个古代文论而言:"'奇'是文艺作品的一种重要的审美形态,它以新奇、独特、幻异、夸诞为其主要特色。形成这种审美形态的内在机制,一方面是超现实的、幻想性的题材内容,同时更是熔铸于其中的豪迈悲愤之激情。因而所谓'奇',乃是艺术家内在情感的迸发与内在一致的高扬所显现的外在形态。质言之,'奇'在古代文论中,不是一种由技巧、形式所构筑的审美表象,而是一种融激越之情感与奇特之手法于一体的审美形态。"[2]这种说法是对"奇"在整个中国古代文论中特质的深刻的理解和揭示。对于戏剧这种较为通俗的叙事文学而言,"奇"最直接地表现为"戏剧情节的曲折多姿、变幻莫测"[3]。历经世代淘洗后涌现出的传奇题材大量出现于通俗文艺作品中,比如宋金杂剧、院本、诸宫调的许多题材为元杂剧所继承。元代文人的参与,又让元杂剧题材的新奇性得到拓展和提升。至于"奇"所包含的几个特色和"融激越之情感与奇特之手法于一体"的戏剧实践在明清传奇中得到更为精彩和全面的展示,元代历史剧的"奇"无论在创作技巧还是在主体精神的发挥上都处于开创阶段,引人注目。

求新求奇,是人们文艺欣赏时的普遍性心理期待,元人亦是如此。胡祗遹《优伶赵文益诗序》云:"醯盐姜桂,巧者和之,味出于酸咸辛甘

---

[1] 王骥德:《曲律》,载中国戏曲研究院编《中国古典戏曲论著集成》(四),中国戏剧出版社1959年版,第148页。

[2] 谭帆、陆炜:《中国古典戏剧理论史》,华东师范大学出版社2005年版,第182页。

[3] 谭帆、陆炜:《中国古典戏剧理论史》,华东师范大学出版社2005年版,第174页。

之外，日新而不袭故常，故食之者不厌。滑稽诙谐，亦犹是也。拙者踵陈习旧，不能变新，使观听者恶闻而厌见。"[1]在元代，优伶表演的观众群体不断扩大，不仅包括"膏腴阀阅、市井丰富之子弟"，"郊野山林之人，亦知谈笑，亦解弄舞娱嬉"。当时，即使是所谓的优伶贱业，也存在激烈的竞争。"诙谐一不中节，阖座皆为之抚掌而嗤笑之，屡不中则不往观焉。"胡祇遹慨叹："于斯时也，为优伶者，亦难矣哉！"在这样的环境中，优伶本人的技艺水平和创新意识、手段直接影响着他们的艺术魅力。赵文益"颇喜读，知古今，趋承士君子，故于所业耻踪尘烂，以新巧而易拙，出于众人之不意、世俗之所未尝见闻者，一时观听者多爱悦焉"[2]。他努力增加自己的知识学养，在表演中出其不意，呈现出世俗未尝见闻的新鲜内容，获得了欢迎和追捧，恰如胡祇遹的热烈赞赏："富贵贤愚共一尘，万紫千红竞时新。""抹土涂灰满面尘，难猜公案这番新。"(《赠伶人赵文益》)[3]在这样的背景下，无论是杂剧艺人还是杂剧作家，要赢得在演艺市场中的核心竞争力，都要在作品的"新奇"方面下足功夫。

因此，元代历史剧作家们对"新奇"有着明确而热烈的追求。元人在记载剧作家作品时用了这样的记录方法："前辈已死明公才人，有所编传奇行于世者"[4]在评价剧作家范康作品时说："因王伯成有李太白贬夜郎，乃编杜子美游曲江，一下笔即新奇，盖天资卓异，人不可及也。"[5]评

---

[1] 胡祇遹著，魏崇武、周思成校点：《胡祇遹集》，吉林文史出版社2008年版，第224页。

[2] 胡祇遹著，魏崇武、周思成校点：《胡祇遹集》，吉林文史出版社2008年版，第224页。

[3] 胡祇遹著，魏崇武、周思成校点：《胡祇遹集》，吉林文史出版社2008年版，第208页。

[4] 钟嗣成：《录鬼簿》，载中国戏曲研究院编《中国古典戏曲论著集成》(二)，中国戏剧出版社1959年版，第104页。

[5] 钟嗣成：《录鬼簿》，载中国戏曲研究院编《中国古典戏曲论著集成》(二)，中国戏剧出版社1959年版，第120页。

价陈宁甫作品时说:"《两无功》锦绣风流传,关目奇,曲调鲜,自按阁天下皆传。"[1]这些都充分说明作品题材之新、技法之奇受到广泛推崇和赞赏。

在历史剧创作中,这种"尚奇"的追求首先表现在题材的选择方面。元代历史剧本事发生的时代多是春秋战国、楚汉之争、三国割据、隋末唐初、五代十国等中国历史大转型、大变革、大混乱的时代,这些时刻的历史画卷分外波澜壮阔,激动人心。更重要的是,在这些风起云涌的时代里诞生了无数英雄,他们叱咤风云,纵横天下,创造了举世瞩目的英雄业绩,也留下了令后人扼腕的英雄悲剧,但无论如何,他们的经历无疑是传奇式的,是截然不同于普通大众平淡的世俗生活的,他们的传奇故事对观众来说无疑具有巨大的吸引力。

历史剧题材选择中"尚奇"倾向还有两个值得注意的亮点:历史上许多杰出的女性政治家进入了作家的创作视野,如吕太后、武则天、无盐女等,这些剧目出现在当时中国这样一个封建观念根深蒂固的男权社会中无疑也堪称文学史的一个奇观。此外,元代历史剧中足智多谋、巧舌如簧的谋士形象也是一个亮点,这些谋士辗转于不同的政治军事集团之间,发挥他们杰出的个人才能,最终成就一番功业,他们斗智斗勇、辩驳游说的场面同样机巧重重,不可谓不"奇"。

其次,元代历史剧的"尚奇"追求还表现在故事情节展开中一些新鲜技巧的尝试。王国维先生说:"元剧关目之拙,固不待言。此由当日未尝重视此事,故往往互相蹈袭,或草草为之,然如武汉臣之《老生儿》、关汉卿之《救风尘》,其布置结构,亦极意匠惨淡之致,宁较后世之传奇,有优无劣也。"[2]元杂剧在关目设置和故事情节的复杂程度上的确无法与明

---

[1] 钟嗣成:《录鬼簿》,载中国戏曲研究院编《中国古典戏曲论著集成》(二),中国戏剧出版社1959年版,第201页。

[2] 王国维撰,马美信疏证:《宋元戏曲史疏证》,复旦大学出版社2004年版,第177页。

清传奇相提并论，但是，在王国维看来仍有部分作品情节设置的精彩程度可以和明清传奇一较优劣。他列举的两部作品均为社会剧一类，然而历史剧中同样有如此惨淡经营的作品，比如《赵氏孤儿大报仇》《金水桥陈琳抱妆盒》《忠义士豫让吞炭》《庞涓夜走马陵道》等故事情节的复杂和紧张程度并不亚于《赵盼儿风月救风尘》等剧作。此外，元代历史剧作家们在创作中善于运用鬼魂、梦境这些易流于荒诞不经的文学要素，通过鬼魂和生人的交流展开故事情节，抒写作者的满腔激愤，取得了神秘而极富感染力的艺术效果，《关张双赴西蜀梦》《承明殿霍光鬼谏》等就是其中杰出的代表。

无论是题材之"奇"，还是技巧之"奇"，剧作整体神韵风貌之"奇"，生动、具体的展示需要元杂剧作家的灵心妙手、惨淡经营和高超艺术技巧的化用。王思任在《〈西厢记〉序》中对元曲作家的造奇之巧有所说明，对认识理解历史剧创作造奇之巧颇有启示："传奇一书，真海内奇观也。事不奇不传，传其奇而词不能肖其奇，传亦不传，必绘景摹情。泠提忙点之际，每奏一语，几欲起当场之骨，一一呵活眼前，而毫无遗憾，此非牙室利灵，笔巅老秀，才情俊逸者，不能道只字也。实甫、汉卿、胡元绝代隽才。其描摹崔张情事，绝处逢生，无中造有。本一俚语，经之即韵；本一常境，经之即奇；本一冷情，经之即热。人人靡不脍炙之而尸祝之，良由词与事各擅其奇，故传之世者永久不绝。"[1]俚而有韵，常中见奇，冷而可热，艺术技巧之精妙、艺术点化之神奇、艺术生机之活转实为艺术创作之关键。

中国古代戏剧理论中，"奇"的这一审美范畴"还有两层约束：'奇'与'真'的关系和'奇'与'正'的统一。这两层约束实际上又是相辅相成的，前者比较倾向于戏剧情节的真实可信，后者则强调戏剧情节在表现

---

[1] 俞为民、孙蓉蓉编：《历代曲话汇编·明代编》第三集，黄山书社2009年版，第47页。

形态中的典雅可观，而究其归趣，则是追求戏剧情节在表现内涵和表现形态上都要出之于'常理'和衡之于'常情'"[1]。"'真'与'正'的基本内核却是要使戏剧创作归于'知所惩劝'的儒教传统和艺术表现的雅正典赡。"[2]元杂剧的创作如前文所述，的确存在教化劝惩的目的，而且这种观念是一以贯之的。但是，元杂剧拥有的是"自然、真率、浓烈、恣肆的美学风貌"[3]，"人物鲜明到夸张的地步，语言酣畅到恣肆的程度"[4]。当然历史剧也不例外，从这个角度来说，元代历史剧的审美风格显然与"雅正典赡"这一"正"的审美要求是大异其趣的，但是也正是这种距离才高扬了元杂剧奇特的美学风范，成就了它的特色。而正如前所述，元代历史剧有鲜明的"尚奇"特征，作者在剧作中无所羁绊地驰骋自己的情感，对剧作的矛盾乃至"硬伤"都是毫不顾忌的，无论是典故使用中时代的错乱，还是历史事件的张冠李戴，抑或情节的荒诞离奇，都很难完全符合"戏剧情节的真实可信"这一"真"的要求，但正是这些看似稚拙的手段才促成了元代历史剧的独特美感。

　　需要警惕的，恰恰是"奇"的尺度把握问题，在中西方戏剧创作中都是如此。狄德罗说："假使一部作品中的奇异产生于多种事件的巧合；假使看到其中的神或人太凶恶或者太善良；假使事物与人物和我们所经历的或历史所揭示的过于悬殊；尤其是假使事件的联系在这里显得太异常或

---

[1] 谭帆、陆炜：《中国古典戏剧理论史》，华东师范大学出版社2005年版，第178页。

[2] 谭帆、陆炜：《中国古典戏剧理论史》，华东师范大学出版社2005年版，第179页。

[3] 谭帆、陆炜：《中国古典戏剧理论史》，华东师范大学出版社2005年版，第269页。

[4] 谭帆、陆炜：《中国古典戏剧理论史》，华东师范大学出版社2005年版，第268页。

太复杂,那么这部作品就有传奇色彩了。"[1]为了营造"奇"的审美效果,不惜刻意生硬地制造巧合和复杂的联系,过分而失真地塑造一个人的道德和品质,过于脱离观众的知识积累、生活经验、基本认知都会让"奇"走向反面,为观众所质疑。

第四节 "以意兴之所至为之,以自娱娱人"[2]

元代历史剧中作家突出的主观表现和高扬的主体精神一直为后人称道,但是主观表现和主体精神在作品中不仅仅表现为鲜明的抒情性,而且在强烈的抒情表征背后,更有作家"意兴"的深深寄托,这种寄托包含了作家对人生和社会的真实体验,包含了他们对历史现象和规律的不懈思索,也包含了他们的价值判断和道德评价。这种"意兴"的寄托从本质上来说乃是中国古代文学传统观念中"寓言精神"在历史剧中的特殊表现,这种"寓言精神"滥觞于《诗经》的"兴观群怨"和《楚辞》的"香草美人",历经老子、庄子、韩非子等寓言天才的推波助澜,终于融汇成一条在后代文学艺术创作中绵延不断的精神之河。

这种"寓言精神"的实质"是强调和追求主体对客体的超越","第一要义乃是在创作和欣赏过程中高扬主体性。……故寓言的故事和形象不必完满地追求自身的客观性和内在逻辑性,它与生活原貌没有强烈的依附关系,而其所要吸附和依赖的恰恰是创作者的主体意图和目的。因而'寓言精神'的第二个涵义即是在寓言的本体表现中'脱略形似'。再者,由于寓言有其明确的寄寓性和观念指向性,其艺术形象也就常常是某种观念的浓缩赋形,因而寓言的表现形态和美学风姿往往是类型性的和象征

---

[1] [法]狄德罗:《论戏剧诗》,徐继曾、陆达成译,载《狄德罗美学论文选》,人民文学出版社1984年版,第158页。
[2] 王国维撰,马美信疏证:《宋元戏曲史疏证》,复旦大学出版社2004年版,第177页。

化的,这是'寓言精神'的第三种涵义"。[1]就元代历史剧创作实际情况来看,我们可以从作品中读到作者复杂而多面的"寄寓",但此时的"寄寓"与明清时代戏剧作家们是存在很大区别的。明清时期戏曲理论家们明确标举戏曲的"寓言"特性,如李渔在《闲情偶寄》中就明确指出:"传奇无实,大半皆寓言耳。"[2]明清剧作家们旗帜鲜明地开展了以"寓言"为剧的创作实践,比如丘濬的《五伦全备记》明确以自己的忠孝节义观念为出发点,把剧作变成宣扬这些观念的传声筒,其"寓言"的目的性和实践性是非常明确的。而在元代历史剧作品中,这种"寄寓"的内容乃是"以意兴之所至为之"为驱动力的,这种驱动力多了几分洒脱和率性、自然与真诚,少了几分雕琢和做作、陈腐和虚伪,所以他们的"寄寓"更多的是发自内心的情感波澜,真实的人生体验。对于剧中的历史人物,他们毫不掩饰地进行道德评价,好恶之情溢于言表;对于剧中的历史事件,他们激赏浩叹,畅快淋漓。可见,无论是情感层面还是道德观念层面的"寄寓",元代历史剧作家们都在用"真诚"和"自然"打动观众,这也是元代历史剧艺术魅力经久不衰的根本原因。

我们可以充分肯定元代历史剧作品中饱含了作家们深深的寄托,这种寄托包含了太多的内容,但是基本可以归结为两大主调,即"缅怀"与"不平"。"元代戏剧家大致通过惩治、缅怀、隐遁等方式来排遣特定时代给予他们的整体性郁闷……众多的历史剧则是体现了缅怀功能的艺术规程。不断地通过历史事件和历史形象,在观众群中提醒着亡国之痛,煽动着复仇之志,渲染着强梁之气。"[3]历史剧作家们对历史的缅怀首先表现为对历史上英雄人物的缅怀,怀念能给他们带来安定和幸福、代表公平和正义、具有超凡智慧和惊人力量的完美英雄形象,在黑暗的社会现实中可以

---

[1] 谭帆、陆炜:《中国古典戏剧理论史》,华东师范大学出版社2005年版,第167页。
[2] 李渔:《闲情偶寄》卷一《词曲部上·审虚实》,载《李渔全集》第三卷,浙江古籍出版社1992年版,第15页。后文凡引自此本者不再一一出注。
[3] 余秋雨:《中国戏剧文化史述》,湖南人民出版社1985年版,第206—207页。

为他们带来光明；他们还缅怀国力昌盛的光辉时代，渴望社会与国家的长治久安，向往封建王朝一洗衰颓后的新兴气象；他们还缅怀个人能够建功立业、出将入相、大展宏图的时代……而所有这一切在当时似乎都已成为遥不可及的幻梦。

面对残酷到令他们失望的现实，他们一方面通过剧作编织出一幅幅华丽的历史图景，一幕幕喜庆的历史幻梦来给心灵些许安慰。但是，与此形成强烈对比的另一面，是为排解梦醒时分的痛苦汹涌而出的磊落不平之气，这种不平之气贯穿在几乎所有的元代历史剧作品里：曾经叱咤风云的英雄，生命何以被玩弄于小人之手？（如《哭存孝》中的李存孝、《西蜀梦》中的张飞）忠臣义士为维护正义何以需要付出毁灭自身的代价？（如《赵氏孤儿》中的公孙杵臼）王朝兴衰的重任何以要让纤弱女子来背负？（如《汉宫秋》《梧桐雨》）满腹经纶、才高八斗的文人何以时乖运塞，终身不遇？（如《荐福碑》《王粲登楼》）奸邪何以总有机会毁灭善良？丑恶为何总要善良付出沉痛的代价？残酷的历史和现实总是与他们的愿望背道而驰，希望与失望之间的落差，夹杂着对历史痛苦而执着的思索，从作家们的笔下倾泻而出，融入历史剧的字里行间，感动了一代又一代的观众和读者。

历史剧"意兴所至"的过程寄托了太多痛苦与无奈的情绪，"自娱娱人"的戏剧创作目的则会给历史剧增添一抹轻松的色彩。历史风云、征伐战斗、王朝兴衰尽收笔端，文驭万将，笔扫千军，历史人物活现于纸上，指点江山，激扬豪情，心头快意足以自娱。当作品展现于舞台，风行于市井，同好赞赏，民众追捧，自成"娱人"之功。贾仲明评价教坊勾管张国宾时说："教坊总管喜时丰，斗米三钱大德中，饱食终日心无用。捻汉高《歌大风》，《薛仁贵》衣锦峥嵘。《七里滩》头辞主，《汗衫记》孙认公，朝野兴隆。"[1]张国宾创作中，历史题材非常醒目，所记四部作品中，

---

[1] 钟嗣成：《录鬼簿》，载中国戏曲研究院编《中国古典戏曲论著集成》（二），中国戏剧出版社1959年版，第190页。

《七里滩》(述严子陵拒绝汉光武征召出仕事)、《歌大风》、《薛仁贵》(分别演刘邦、薛仁贵衣锦还乡事)三部均为历史剧,而从记载来看,身为教坊管理者的他乐在其中,历史剧创作成为太平时节"饱食终日"之余的消遣和娱乐。元杂剧娱乐性的发挥,来源于作品新奇的故事题材和独出心裁的演绎,"插科打诨"的技巧是最直接、最具代表性和创造性、体现"娱乐性"的创作手段。比如郑光祖《虎牢关三战吕布》中就大量使用科诨,塑造了孙坚的滑稽形象,为紧张对峙的军事斗争情节增添了轻松的喜剧氛围:"我做将军世稀有,无人与我做敌手,听得临阵肚里疼,吃上几钟热烧酒。……为某能骑疥狗,善拽软弓、射又不远,则赖顶风对南墙、箭箭不空。虽然我为大将,全无寸箭之功。""湛湛青天不可欺,八个螃蟹往南飞。则有一个飞不动,看了原来是尖脐。某长沙太守孙坚是也。某十八般武艺,无有不拈,无有不会。上的马去,常川不济;听的厮杀,帐房里推睡。元帅升帐,威势全别,不知天文,不晓地理。凡为元帅,须要机谋,批吭捣虚,为头说谎,调皮无赛。俺这里先排百员衡油嘴,密排千队奶奶军。辕门战鼓掉了腔,助阵锣敲全不响。帐前打两面引军旗,旗上描成哈叭狗;左先锋手持两面刀,右先锋拿着精光棍。人人奋勇,吃食拼命当先;个个威风,奸狡贼滑无比。休言人敢帐前喧,便有那虾蟆过时,他也吖吖的叫。"通过语言的夸张变形、混搭重组、要素置换、谐音荒诞、对比反差,令人忍俊不禁。[1]

如果说作者的"自娱"在元杂剧其他题材中主要指向"自我娱乐",那么在历史题材剧作中,更多地包含"自我疏解"的成分,疏解心头的不平之气,疏解沉重的历史缅怀。疏解的方式一是通过剧作中情感的宣泄,二是剧作有意设置的大团圆结局。这种大团圆的结局迎合了"娱人"的目的,要取悦下层大众,最佳的方式不是把悲剧进行到底,而是为悲剧缀上一个喜剧的尾巴,至少要营造一种热闹喜庆的气氛,诸如惩奸除恶、伸张

---

[1] 参见郭伟廷《元杂剧的插科打诨艺术》,中国社会科学出版社2002年版。

正义、加官进爵、歌舞升平、觥筹交错……这些处理固然僵化老套，但这是下层百姓们心中善良、纯真的理想，也是剧作家们明知不能达到却也不愿放弃的向往，因为人们始终需要为个体生命的延续、群体的生存发展提供前进的希望。从更表层的意义上讲，仅就内容和情节而言，历史剧展示给观众的是不为他们所熟知的宫廷生活、军事活动、政治斗争、英雄传奇……仅仅是对这些新奇事迹的观摩也足以让他们产生一种审美的愉悦。

  这种愉悦一直可以延续到对元代历史剧后期作品的欣赏中，可是，在大多数后期的历史剧作品中，我们看到："过去的怒吼变成了谏劝，过去的决绝变成了期待，过去的审判变成了调解，过去的突破变成了恪守……勃勃英气变成老气横秋，孤注一掷变成老谋深算，铤而走险变成温文尔雅，破口大骂变成袍笏参奏。"[1]元代历史剧丧失了可贵的"不平之气"，遮盖了可贵的"缅怀"与思索所包裹的精神光芒，历史剧在艺术技巧上些许的进步并不能挽回剧作因内在精神的缺失走向衰落的必然趋势。

---

[1] 余秋雨：《中国戏剧文化史述》，湖南人民出版社1985年版，第273页。

第三章
元代历史剧的创作方法

王国维先生对元杂剧"佳处"曾有一段经典评价:"元剧最佳之处,不在其思想结构,而在其文章。其文章之妙,亦一言以蔽之,曰:有意境而已矣。何以谓之有意境?曰:写情则沁人心脾,写景则在人耳目,述事则如其口出是也。"[1]元杂剧写情、写景、述事方面的杰出表现的确营造了独特的戏剧审美意境,但是真正使这些作品流传数百年,时至今日仍然对读者和观众保持深刻感染力和吸引力的远远不止这些。因为"如果一部文学作品内容丰富,并且人们知道如何去解释它,那么我们在这作品中所找到的,会是一种人的心理,时常也就是一个时代的心理,有时更是一种种族的心理"[2]。元杂剧(包括所有真正成功的文学作品)经久不息的艺术魅力便根源于作家们生活的特殊时代,根源于特殊时代所包含的深厚社会历史内容,根源于他们对那个时代天才的艺术把握。

在元代历史剧的创作中,作家们广泛选取历史题材,因材制宜,充分熔铸了自己的创作天分和精神寄托,采取了灵活多样的叙事策略,他们敢于把时代的精神、百姓的诉求、人民的愿望当作斤斧历史材料的工具;他们勇于将悲剧的现实和悲剧的情怀当作反思和缅怀历史的苦酒,倾

---

[1] 王国维撰,马美信疏证:《宋元戏曲史疏证》,复旦大学出版社2004年版,第177页。
[2] [法]丹纳:《〈英国文学史〉序言》,转引自余秋雨《中国戏剧文化史述》扉页,湖南人民出版社1985年版。

入欣赏者的心灵；他们也执着于高擎封建道德的旗帜，在社会性的迷茫和混乱中充当重建封建社会正常秩序的旗手；他们同样毫不掩饰地挥洒着"一代文人有厄"的痛楚之泪，挥洒着故国之思的凄凉之泪，挥洒着民族压迫的不平之泪，挥洒着英雄末路的悲哀之泪，挥洒着对爱情消逝的同情之泪……

第一节 书写今日：特殊时代精神的熔铸

法国文艺理论家丹纳说："要了解一件艺术品，一个艺术家，一群艺术家，必须正确地设想他们所属的时代的精神和风俗概况。这是艺术品最后的解释，也是决定一切的基本原因。"[1] 正因为如此，面对元代历史剧作品，我们必须用心灵去体认作家们身处的特殊时代，体认那个时代的风俗和时代精神。"所谓时代精神，指的是代表一个时代的本质和主流的思想感情。"[2] 元代历史剧作家们是伟大的，因为时至今日我们在作品中不仅仅听到了这些艺术家的声音，"在传到我们耳边来的响亮的声音之下，还能辨别出群众的复杂而无穷无尽的歌声，像一大片低沉的嗡嗡声一样，在艺术家四周齐声合唱"[3]。元王朝一统天下的近百年堪称中国历史上极为特殊的一个时代，这个时代给予元杂剧作家们一笔特别的艺术财富，他们身处下层百姓之中，了解百姓的生活，理解百姓的诉求，同情百姓的遭遇，倾听百姓的声音。当他们把历史写入剧作的时候，百姓的声音、时代的精神会不断激荡着他们的思绪，冲击他们的思想防线，使他们摆脱种种严苛的束缚（包括特殊社会政治环境和正统的艺术规范两个方面），历史人物、历史事件仅仅成为他们艺术创作的工具和思想情绪的载体，驾驭这些历史材料的是作家们心底最真实的声音，这种声音属于整个时代，属于他们所

---

[1] [法] 丹纳：《艺术哲学》，傅雷译，人民文学出版社1963年版，第7页。
[2] 郭英德：《元杂剧与元代社会》，北京师范大学出版社1996年版，第182页。
[3] [法] 丹纳：《艺术哲学》，傅雷译，人民文学出版社1963年版，第6页。

处于的和他们所代表的那个广大的群体。恰如顾肇仓所言："元杂剧虽然取材于不同的来源，但有一共同之点，就是：作品里或从正面，或从侧面，或多或少地总可以让我们嗅到一些时代的气息，听到一些广大人民直接或间接的呼声，这是我们读作品时普遍感觉得到的。"[1]

郭英德在《元杂剧与元代社会》一书中说："元杂剧的时代精神，以聪明无益的怨愤和自由怀疑的思想为实质内容，以复仇反抗的斗志、救世拯民的苦恼和避世超脱的希求为表现形态。"[2]如果这种说法是对有元一代杂剧作品时代精神的整体把握，那么充盈于元代历史剧作品中的时代精神则有着更为丰富而具体的内容：其一是激进的反抗精神、热切的英雄情结，同时表达着对民族和解与和平稳定局面的追求；其二是参与政治、建功立业、实现个人价值的迫切渴望，同时展示怀才不遇的牢骚、仕途坎坷的痛楚以及功名无益的消极态度。正是这些特征鲜明而又暗含矛盾的时代精神通过作家们的笔触无孔不入地渗透到元代历史剧的创作之中，成全了元代历史剧血肉丰盈的故事与情感，独特的艺术风貌和丰厚的精神文化内涵。

第一主调的回响。

在很多元代历史剧作品中，我们都能感受到一种被剧作家刻意展示和渲染的强烈民族意识，突出地表现为对赵宋江山的深深留恋。当然，这种意识并非凭空而来，那是个王朝更迭的混乱时代，赵宋王朝作为百姓心中毋庸置疑的文明正统承载了民族的自豪与自尊，宋王朝创造了可以与前代媲美的高度物质文明和精神文明，但是从建国之初一直到黯然退出历史舞台的两百多年中，内忧外患，争战绵延不断，生存遭受了无数次威胁——宋辽对峙、金兵入侵、西夏骚扰，元朝军队长驱直入……却几乎没有还手之力，屡次以屈辱求和告终，广大百姓在饱经战乱之苦的同时还要

---

[1] 顾肇仓：《元代杂剧》，作家出版社1962年版，第104页。
[2] 郭英德：《元杂剧与元代社会》，北京师范大学出版社1996年版，第183页。

承受沉重的经济负担，最终蒙古贵族的铁蹄踏破了江南偏安朝廷的歌舞升平，南宋政权在风雨飘摇中结束了自己的生命。元朝统治者征服了富庶的江山，却难以征服坚韧的文明。被征服区的百姓被元朝的民族歧视政策抛入了元代社会的下层，政治权利、司法教育等多方面的利益都受到严重损害。巨大的落差和屈辱让他们眷恋着逝去王朝的背影，缅怀着曾经的辉煌时代，渴望扬眉吐气。元杂剧作家们多为下层文人[1]，与百姓们有相同的遭遇，同时还承受着被抛入社会底层的耻辱，报国无门，满腹不平。于是，他们在剧作中通过对历史题材的选择和改造、故事情节的设置、历史人物行动和语言的描写挥洒这种时代的情绪。

值得关注的是，元代历史剧作家们对汉朝的历史表现出强烈的兴趣，这是因为，在他们的心里，汉朝的生死存亡并不仅仅是一个王朝的盛衰问题，在某种意义上，象征了民族和文明的命运。所以他们热衷于选取相关的题材，并有意把汉朝置于空前的危机之中，或是遭遇外族入侵，或者处于权奸的威胁之下，或是出于分崩离析的前夜，在这种危机之中，王朝的生存问题尖锐地摆在了人们面前。《锦云堂暗定连环计》（无名氏）中，王允一出场便表达了对汉家江山的深深担忧："则为这汉家宇宙，好着俺两条眉锁庙廊愁，恰便似花开值雨，怎的个叶落归秋。"（第一折【混江龙】）思前想后，计无所出，焦虑万分："急切里称不的王允心，酬不了吾皇愿。擒不到董太师，立不起汉山川。"（第二折【南吕·一枝花】）元刊本《关大王单刀会》（关汉卿）中，作者借关羽之口，把军阀争夺转化为对国家正统的维护，大义凛然地表白了"汉家天下"的正统性和神圣不可侵犯：

---

[1] 据郭英德《元杂剧作家身份初探》（见《元杂剧与元代社会》附录一）的考察，元杂剧作家多为儒吏，现知的九十一位作家中曾为州牧以上高级官僚的十人，布衣终生、悠游江湖、行医业贾者十四人，为进士或府学生员者三人，教坊四人。除此之外，人数最多的是为县尹以下的下级官吏，共有三十五人。其余二十五人行事不详。由此可见，元杂剧作家除去极少数高级官僚外，大多数都生活于社会下层。

"汉高皇图王霸业,汉光武秉正除邪,汉王允把董卓诛,汉皇叔把温侯灭。是皇亲,合情受汉朝家业。则你那吴天子,是俺刘家甚枝叶?请你个不克己的先生自说!"(第四折【沉醉东风】)义正词严,一连使用了五个"汉"字,显然意在唤起观众的亡国之痛。《两军师隔江斗智》一剧中,作者通过孙权之妹的一番表白认可刘备代表的汉家的正统性:"他本是汉皇帝室亲支派,少不得将吴魏并做了刘家世界。"(第四折【收尾】)作者巧妙地以对立势力代言的方式表达了自己鲜明的政治意图和见解。

除去对"汉"字的有意曲解和强调,作家们还将描写的着力点转向了刚刚灭亡的赵宋王朝。最重要的代表非《赵氏孤儿大报仇》(纪君祥)莫属,在这部剧作中,韩厥为了保存"赵氏门中一条根"杀身成仁;公孙杵臼怀抱"凭着赵家枝叶千年永,晋国山河百二雄"的坚定信念舍生取义;程婴为了保留"赵氏"一点血脉,不惜献出自己亲人的生命,视死如归。这种义无反顾的勇气同样表现在《金水桥陈琳抱妆盒》之中,所不同者陈琳和寇承御用生命保护和捍卫的乃是赵宋王朝的继承人,这种保护和捍卫比《赵氏孤儿》更具明确的政治指向性。《谢金吾诈拆清风府》(无名氏)全剧终结处,作者通过长国姑之口发出了这种政治指向的强音:"直把宋江山扶持到万万古。"

剧作家们不但有意通过或隐或显的豪言壮语表达强烈的民族意识,他们还通过英雄人物形象的塑造、英雄事迹的展示来表达和升华民众反抗压迫的情绪。在第一个层面上,表现为对入侵者的同仇敌忾和保家卫国的巨大勇气,在第二个层面上表现为广大民众对黑暗统治的激烈反抗,主要表现为忠奸斗争。

就第一个层面来说,历史剧作家们塑造了一系列保家卫国、大义凛然的英雄,经过剧作家精心的艺术加工之后的英雄们通过不同的方式自觉地维护着国家和民族的尊严。历史剧作家们把他们的形象夸张变形,赋予他们超人的力量、超人的智慧;一再歌颂他们抗击外侮、保家卫国的丰功伟业;深入描绘他们赴汤蹈火、视死如归的壮烈事迹。《昊天塔孟良盗骨》（朱凯）一剧中杨令公为抗击辽兵，撞死在李陵碑前；《地藏王证东窗事犯》（孔文卿）中的岳飞抗金战功赫赫，惨遭陷害；《杨六郎调兵天门阵》（无名氏）中杨景大破天门阵、杀退番兵；《狄青复夺衣袄车》（无名氏）中狄青征西，显示了抗击侵略的坚定决心；《保成公径赴渑池会》（高文秀）中蔺相如不辱使命，维护了赵国的利益；《摩利支飞刀对箭》（无名氏）、《薛仁贵荣归故里》（张国宾）、《功臣宴敬德不服老》（杨梓）三部剧作中，作者不拘泥于历史记载，借助民间传说，分别描写了薛仁贵、尉迟敬德两位唐朝名将回击高丽挑衅行为的英雄事迹。

如果说历史剧作家们通过上面这些作品展示了面对侵略表现出的阳刚之气，那么通过阴柔的女性形象的塑造来展示这种抗争精神则别有一种特殊的感染力。这个形象以《破幽梦孤雁汉宫秋》中的王昭君为代表，这一形象的塑造从多方面诠释了历史剧作家们如何通过高度的叙事技巧将时代精神汇入作品之中。就历史记载而言，王昭君所处的汉元帝时代是汉朝国力较为强盛的时代，匈奴经过武帝时期的打击已经元气大伤，实力远逊于汉朝，以呼韩邪单于为代表的匈奴贵族此时主动要求与汉朝和解，向汉王朝求婚是和解和示好的一种方式。但是在马致远的笔下，汉朝与匈奴的实力对比是番强汉弱，面对匈奴的威胁，满朝文武束手无策，汉元帝万般无奈之下不得不忍痛割爱，令王昭君远赴匈奴和亲。作者的这种番强汉弱的有意设置凸显了矛盾的尖锐性，成为剧作中王昭君的形象生长的艺术土壤。首先，剧中王昭君不再如史书所载主动请求和亲，而是迫于匈奴的威胁而与元帝分别，这就使强权压迫的意味大大增强；其次，作者有意把王昭君从一个考虑个人前途的普通宫女塑造为深明大义、爱国忠君、有强烈民族气节的杰出女子，宁为玉碎，不为瓦全，以放弃生命为反抗方式来表明自己对民族和国家的忠诚。马致远通过汉元帝的唱词表达了这种明确的倾向："看今日昭君出塞，几时似苏武还乡？"在马致远的眼中，王昭君这样一个柔弱女子的民族气节是可以和苏武相提并论的！经过剧作家的一番改造，王昭君成为民族意识、反抗精神、英雄情结这三种时代精神的综合体和承载体,她的言行成为这种时代精神的艺术诠释。

不能忽略的是,《汉宫秋》的结尾透露给我们一个真实存在却被淹没在时代强音中的声部。这个声音没有高涨昂扬的情绪,而是一种追求民族和解、和平稳定局面的冷静和理性的期待。民族和解和安定生活是百姓朴实而真切的期待和向往,作为一种时代的呼唤,同样被历史剧作家们融入了剧作。《汉宫秋》末尾,作者让匈奴单于因昭君之死而深受感染,主动与汉朝和解,希望"依还的甥舅礼,两国长存",唱响了民族和解的歌声。具有喜剧色彩的是,《薛仁贵荣归故里》中的高丽王发动挑衅战争时,早就做好了两手准备:"今拨与摩利支十万军马……单搦大唐名将出马。若杀的俺家过,俺家情愿随着一十六国,与大唐家年年进贡;若杀俺家不过,俺为上邦,他为下邦,要他反来进贡于俺,有何不可?"可见,民族矛盾、国家之间的矛盾在历史剧作家和广大百姓看来并非不可调和,有简单直接的解决方式,甚至带有几分轻松戏谑的气氛,因此民族和解也并非遥不可及的梦想。和平与稳定符合广大民众的利益,正如《两军师隔江斗智》中孙刘联姻后,孙夫人所唱的那样:"从今后做了个弄丸的宜僚我只从中儿立,直着他两下里干戈再不起。"剧作家们正是通过对人物语言和事件的大胆变形和想象把这种心理和追求传达给了观众和读者。

就第二个层面而言,广大民众不满于统治者黑暗腐朽统治对人民造成的种种伤害,试图进行激烈的反抗,元代历史剧作家对这种时代诉求和心理进行了大量反映。《赵氏孤儿》一剧中,作者为了揭示权奸当道、君主昏庸的状况,详细描写了屠岸贾为了一己之私利,不惜陷害忠良,杀害众多无辜婴儿,残忍成性,令人发指。仁人志士并没有因此而屈服,前赴后继,宁死不屈,直到沉冤昭雪,报仇雪恨,剧作所力图渲染的对恶势力毫不妥协的斗争精神和不惜一切代价的复仇意愿令人动容。假如说《赵氏孤儿》代表了"居庙堂之高"的忠奸斗争(此类剧作尚有关汉卿的《关张双赴西蜀梦》《邓夫人苦痛哭存孝》及无名氏《庞涓夜走马陵道》等,同样通过忠奸斗争诠释了复仇精神),那么数量可观的水浒戏则反映了"处江湖之远"的平民阶层自发的抗争精神。在吏治腐败、贪污横行的元代社会里,漏洞百出的法律规范已不足以保障善良民众的正当权利,他们备受侮辱与损害,"替天行道"、为国为民的江湖义士就代表了一股来自民间的正义力量,他们自觉充当了维护社会公义和百姓利益的角色,在历史上留下了一抹亮色。元代历史剧作家在时代和百姓的呼声中塑造了富于叛逆精神和反抗精神的绿林英雄群像:《黑旋风双献功》中的李逵,《同乐院燕青博鱼》中的燕青,《鲁智深喜赏黄花峪》中的鲁智深,《争报恩三虎下山》中的关胜、徐宁、花荣等,剧作家们正是通过这些鲜活而富有个性的艺术形象和他们传奇的事迹表达着对公平正义、政治清明的不懈追求。

第二主调的声音。

从元杂剧中命运坎坷文士身上,我们可以窥见元代文人的窘境。这种窘境表现为满腹才华无处施展的无奈,建功立业梦想的破灭,屈居社会下层的愤懑。隋唐以来确立的科举制度是中国文人参与政治的主要途径,这个制度促使他们怀抱治国平天下的社会责任感,怀抱实现自身价值的功名欲望,不断催促着他们皓首穷经,青灯黄卷,期待着有朝一日飞黄腾达,建立不朽的功业。但元代科举制度曾一度停止,重要行政机构为贵族所把持,又兼民族歧视和压迫政策,文人进身机会和途径十分有限。面对迷茫无望的前途,他们只能发出"儒人颠倒不如人"(语见石君宝《鲁大夫秋胡戏妻》)的无奈慨叹。文人进身通道的阻塞仅仅是一个最有代表性的社会现象,弥漫于整个时代的是一种"聪明无益的怨愤"情绪,这种情绪透露给我们的时代信息是:这个时代压抑和埋没人才。历史剧的作家们只好把目光投向历史人物,通过对他们的经历的描写来表达充溢于时代的不满与愤懑。

在历史剧中,作家们开始编织一跃冲天的幻梦,在这种幻梦中,他们雕塑了历史上功臣名将的群像:《十八国临潼斗宝》中的伍子胥、《田穰苴伐晋兴齐》中的田穰苴、《后七国乐毅图齐》中的乐毅、《吴起敌秦挂帅印》中的吴起,包括苏秦、张仪、韩信、张良、尉迟恭、关羽、张飞、诸葛亮，等等，不一而足。这些英雄人物通过杰出的政治军事才能获得了千古声誉，创造了彪炳史册的辉煌，他们的荣誉和辉煌就是作家们梦想的彼岸。于是，剧作中的他们表现出高度的自信和近似自负的自我肯定。剧作家们赋予文人的往往不仅仅是杰出的文学才能，同时还有杰出的军事政治才能，所以剧作的主人公常以运筹帷幄的谋士和战功赫赫的武人形象出现。只有剧作中的寄托和宣泄才能让他们从苦闷和压抑中得到短暂的喘息。郑光祖《醉思乡王粲登楼》中王粲对功名视若囊中之物："趁着这鹏鹗西风万里秋。非拙计，岂狂游？凭着我高才和这大手……稳情取谈笑觅封侯。"无名氏《冻苏秦衣锦还乡》中，作者在第一支曲子里便展示了文人们风发的意气："凭着我七尺身躯八斗才，那怕他十谒朱门九不开。休想我白首困尘埃。凭着这兵书也那战策……我直着夺得一个可兀的锦标来。"(楔子【仙吕·赏花时】)张国宾《薛仁贵荣归故里》中，薛仁贵有着明确的目标和过人的自信："凭着您孩儿学成武艺，智能双全，若在两阵之间，怕不马到成功。"关汉卿《尉迟恭单鞭夺槊》中的武将们："全仗匣中三尺剑，会看唾手取封侯。""一个待功标汗简，一个待名上凌烟。""英雄慷慨"，堪定"社稷兴衰"；作为"文武双全将相才"可以"扫荡云霾，肃靖尘埃"，最终"一日转千阶"。剧作中主人公的一番番表白证明这种对功名的强烈追求和向往是席卷元代社会一种普遍性的社会心理。而在戏曲舞台上，的确也上演着一幕幕顷刻天壤的奇景："眼前幻作名利场，东驰西骛何仓惶。栖栖犹是蓬蒿客，须臾唤作薇垣郎。"(赵半闲《勾栏曲》)[1]

"王侯将相宁有种乎？"元代历史剧作家们对平民发迹的经历津津乐道，以韩信、张良等为代表的一大批出身平民的汉初功臣成为这种观念的寄托。《张子房圯桥进履》(李文蔚)、《汉高皇濯足气英布》(尚仲贤)、

---

[1] 俞为民、孙蓉蓉编：《历代曲话汇编·唐宋元编》，黄山书社2006年版，第225页。

《萧何月下追韩信》（金仁杰）等作品就描写了这些人平民而将相、富有传奇色彩的发迹经历，这种描写很大程度上有自我安慰的成分。《单鞭夺槊》中，剧作家借杜如晦之口说："想当日韩元帅，乞食那漂母，若不是萧何举荐元戎作，则那汉王怎把重瞳蹙？显见的忠良多在寒门出。"高文秀《须贾大夫谇范叔》中，范雎的两段唱词则更全面地展示了元代下层人士的入世心态："凭着俺仲尼书、仓颉字、周公礼、子产文辞，奈家贫不遇人驱使，怎肯道是无用也于才思。"（楔子【仙吕·端正好】）"常则是半生忙，不遂我平生志，居陋巷甘分随时，今日个和使臣冠盖相随次。离魏国，到临淄，凭喉舌，决雄雌；休战阵，免兴师……管成就这公事。"（楔子【幺篇】）

当然，幻梦只能是一时的心理慰藉，现实的冰冷与残酷才是真实的存在，元代历史剧作家们对于求取功名路途中的种种坎坷与阻碍是深有体会的，在剧作中，他们精心结撰了淋漓畅快的曲词表达愤懑和不满，通过戏剧主人公坎坷的经历写出了他们功名路上的艰辛和阻碍。马致远《半夜雷轰荐福碑》、郑光祖《醉思乡王粲登楼》堪称此类剧作的代表。《半夜雷轰荐福碑》中张镐揭示了自己的尴尬处境："我本是那一介寒儒，半生埋没红尘路。则我这七尺身躯，可怎生无一个安身处？"（第一折【仙吕·点绛唇】）而走投无路的困境又使他发出了不平的呼声："这壁拦住贤路，那壁又挡住仕途。如今这越聪明越受聪明苦，越痴呆越享了痴呆福，越糊突越有了糊突富。则这有银的陶令不休官，无钱的子张学干禄。"（第一折【幺篇】）《醉思乡王粲登楼》中王粲同样愤愤不平："我怎肯空隐在严子陵钓滩？我怎肯甘老在班定远玉关？……我则待大走上韩元帅将坛。我虽贫呵乐有余，便贱呵非无惮，可难道脱不的二字饥寒？"（第一折【仙吕·那吒令】）"黄钟毁弃，瓦缶雷鸣"的滑稽现实激起了作家们愤激的批判情绪，这些不平与批判哪里是回溯历史？分明刺向了当时的社会！剧作家们不平的情绪足以动人，他们笔下文人进身过程中的一波三折、坎坷遭际更足令我们同情。《醉思乡王粲登楼》一剧中，作家为了凸显文人难遇的主题，先后安排了面见蔡邕遭受侮辱—投奔刘表不为所用—流落荆州巧遇曹植等三个重要情节，使故事于柳暗花明之际又突然跌入谷底，展示了王粲功名路上遭受的一次次打击。《半夜雷轰荐福碑》中，作者安排了更为复杂的故事情节，使张镐的进身路途远比王粲艰辛：村居教书—谒见黄员外，黄身死—谒见刘仕林，刘仕林身亡—受封吉阳县令，被张浩冒名顶替—惨遭张浩追杀—蛰居荐福寺，雷轰荐福碑—走投无路之际被点中状元。故事情节一波未平、一波顿起，在跌宕起伏中，主人公似乎一直在被命运捉弄，丝毫不能自主，一次次徘徊于失望与希望之间，这似乎昭示着文人们历史的宿命，但引起人们浩叹的绝不是命运之神的无情，而是社会与历史的无情，这也正是此类历史剧带给我们独特的历史反思。

当主观的热切追求遭遇冰冷的现实，人们往往有两种应对的方式：一种是积极的，愈挫愈勇，屡败屡战；而另一种则是消极的，通过逃避或别寻出路消解现实苦难。历史剧作家们在作品中不但激赏追求功名的执着勇气，同时也为失意文人提供了解脱的方式：隐遁。但剧作中主人公隐遁的原因并非这些人志大才疏，而是由于他们在剧作家笔下早已成为看破了功名富贵、参透了仕途艰险的明智之人，就这样，一群还未曾实现功名之梦的文人，因一种从未切身体验的感受主动地选择了放弃。这种思想倾向在马致远《西华山陈抟高卧》、宫天挺《严子陵垂钓七里滩》中有集中反映。陈抟洞悉天机、才能出众，而且有关心"苦恹恹天下生灵"的儒家情怀，但是在作者笔下，他又出离地超脱："三千贯二千石，一品官二品职，只落的故纸上两行史记。无过是重裀卧列鼎而食。虽然道臣事君以忠，君使臣以礼，哎，这便是死无葬身之地，敢向那云阳市血染朝衣……本居林下绝名利，自不合划下山来惹是非，不如归去来分。"（第三折【滚绣球】）严子陵则对功名仕途充满了畏惧之情："则为你搬调人两字功名，驱策人半世浮生。一个是楚霸王拔山举鼎，乌江岸剑抹了咽颈。"（第三折【脱布衫】）"富贵荣华，草芥尘埃。唱道禄重官高，衡是祸害，凤阁龙楼，包着成败。"（第四折【鸳鸯煞】）"一个秦李斯在云阳中灭族，汉张良辞朝归去，都则为玉带上挂金鱼。"(第二折【小桃红】)一幕幕功臣名将兔死狗烹的悲惨结局，君王的喜怒无常，伴君如伴虎的畏惧之情，促使他们走向深山野谷，寄情于山水之间，采取与世无争的隐士生活态度，以求自保。这种追求功名不得便走向逃避的方式固然消极，固然有文人自我安慰的色彩，显得苍白无力，但这毕竟也是元杂剧作家们通过作品提供给他们自己和所有不遇之人的一种解脱方式，这种方式是他们生活的时代给予的，无从回避，别无选择。但文人修齐治平的执着终究无法熄灭他们建功立业的心头之火，恰如《录鬼簿》所记廖毅绝句："浩浩凌云志，巍巍报国心，忠魂与潮汐，万古不消沉。"[1]感慨激烈，令人动容。这些历史剧作品是元代文人对历史的重塑，渗透着他们的历史意识和政治诉求，也是为他们自己书写的一部心灵之史，为我们观照古代文人的境遇、在历史中的彷徨提供了独特视角。

第二节　眼泪的力量：悲剧精神与道德精神的张扬

综观元杂剧的创作，我们会发现，中国的戏剧舞台上并不缺乏悲剧，王国维先生说："明以后传奇，无非喜剧，而元则有悲剧在其中。就其存者言之，如《汉宫秋》《梧桐雨》《西蜀梦》《火烧介子推》《张千替杀妻》等，初无所谓先离后合、始困终亨之事也。其最有悲剧之性质者，则如关汉卿之《窦娥冤》、纪君祥之《赵氏孤儿》，剧中虽有恶人交构其间，而其蹈汤赴火者，仍出于其主人翁之意志，则列之于世界大悲剧中，亦无愧色也。"[2]姑且避开王先生对明传奇见解的偏颇之处不谈，我们需要注意的是在他所列举的7种悲剧中，历史题材占去了5种（《张千替杀妻》《窦娥

---

[1] 钟嗣成：《录鬼簿》，载中国戏曲研究院编《中国古典戏曲论著集成》（二），中国戏剧出版社1959年版，第126页。
[2] 王国维撰，马美信疏证：《宋元戏曲史疏证》，复旦大学出版社2004年版，第177页。

冤》除外），这固然不能说明元代历史剧均为悲剧，但是结合现存历史剧作品来看，大量作品中都弥漫着浓重的悲剧气息，而这种气氛的营造则当为剧作家悲剧的情怀使然。其实，明人沈德符对于元代历史剧的悲剧风格已有所感知："杂剧如《王粲登楼》《韩信胯下》《关大王单刀会》《赵太祖风云会》之属，不特命词之高秀，而意象悲壮，自足笼盖一时。"[1] 尽管此类历史剧的结局不免落入"始困终亨"的大团圆俗套，但是，喜剧的尾巴不过是剧作家们寻求心理安慰的一点表示，而他们刻意营造的悲剧情节和悲剧气氛，蕴含其中的悲剧精神及其所能引起的心灵震撼和反思才是最宝贵、最具有艺术感染力的部分，那个喜剧的尾巴往往不但不会给人以安慰，还会使悲剧的力量得到反弹，造成读者和观众更强烈和深刻的悲剧感受。

作家们在元代历史剧中毫无保留地向我们揭示了国家遭受颠覆的悲剧、民族遭受凌辱的悲剧、英雄遭受迫害的悲剧、文人遭受压抑的悲剧、爱情遭受毁灭的悲剧……在从社会到人生，从历史到现实，从群体到个体的一幕幕悲剧中，我们看到真、善、美的力量如此脆弱，假、丑、恶的势力如此嚣张；真、善、美被无情地毁灭，假、丑、恶却大行其道；真、善、美的抗争需要付出牺牲自身的代价，而假、丑、恶则"野火烧不尽"。但正是这种人们最不愿意接受的现实才最足以唤醒他们麻木的灵魂，激起他们昂扬的斗志，引起他们深深的思索。这正是杰出的历史剧作家和作品高扬悲剧精神的深心所在。

关汉卿《关张双赴西蜀梦》《邓夫人苦痛哭存孝》、狄君厚《晋文公火烧介子推》、孔文卿《地藏王证东窗事犯》、无名氏《随何赚疯魔蒯通》、朱凯《昊天塔孟良盗骨》等堪称英雄悲剧，主人公多为忠臣良将，但大多以悲惨死亡为结局。

---

[1] 沈德符：《顾曲杂言》，载中国戏曲研究院编《中国古典戏曲论著集成》（四），中国戏剧出版社1959年版，第215页。

作者对作品悲剧气氛的营造采取了多种策略。首先，他们综合利用了鬼魂和梦境这两个古人看来神秘的因素，让作品的悲剧气氛更加浓重。《孟良盗骨》中，杨令公的鬼魂出现在六郎的梦境中，叙述自己惨遭陷害，绝境身亡的悲惨经历："想着俺做一世雄，肯投降苟自容？拼的个触荒碑一命终。至今草斑斑血染红，一灵儿还怕恐。"（第一折【后庭花】）他要寻求自身的清白，对自由、复仇热烈向往："俺为甚么泪频挥，也只要你心暗懂，早遣那嘉山太仆来争哄。把这宣花巨斧轻轮动，免着俺昊天塔上长酸痛。您若是和番家忘了戴天仇，可不俺望乡台柱做下还家梦。"（第一折【寄生草】）《西蜀梦》中张飞鬼魂的出现也是作家的精心安排，如果说以生者的角度来观察世界、体察人情过于平淡庸常，那么以一个死者的眼光来回望过去、表白一腔怨愤与怀念之情的时候，作品的悲剧气氛就得到了空前的加强。这样一位昔日勇冠三军、横刀立马、豪气冲天的将军如今竟然"壮志消磨，暮年折挫，今日向匹夫行伏落"（第三折【醉春风】），死于小人之手，变成了游荡的孤魂，"有国难投""壮志难酬"，无所凭附，由于身为鬼魂，阴阳相隔，空怀一腔怨愤和对结拜兄弟夫人情义，无奈到"皂朝靴踏不响玻璃甃，白象笏打不响黄金兽"（第四折【叨叨令】）。这些细节的呈现造成如此强烈的反差，令观众同情心痛，无法坦然接受。但剧作家还是一再向观众强调——这就是冰冷的现实，英雄的结局就是如此悲惨，读者与观众的心理期望与剧作现实的对立与冲突在鬼魂出场后空前强烈，作品的悲剧气氛也随之得到了空前的加强，作家预期的艺术效果得以实现。

作家在英雄悲剧中采取的第二种策略是通过他者对屈死英雄盖世功绩的侧面追述和他们的不平和愤怒来反衬英雄命运的悲剧性，引发观众的反思。《赚蒯通》一剧中，作者通过蒯通一系列的行为和语言，从侧面描写了一代功臣韩信的悲惨结局，揭示了封建统治者"狡兔死，走狗烹；飞鸟尽，良弓藏"的险恶之心。对于萧何"太平本是将军定，不许将军见太平"的想法，蒯通早已洞悉，所以他劝说韩信明哲保身，但是韩信一意孤行，最终被陷害致死。对此，他一腔义愤地追述韩信的功绩："想起那韩元帅葫芦提斩在法场,将功劳簿都做招伏状,恰便似哑妇倾杯反受殃。枉了这五年间把烟尘荡,才博的个三齐王,又不得终身享。哎,谁知你这宰相厅前,倒做了闹市云阳。"(第四折【挂玉钩】)进而质问萧何(实际也指向了刘邦):"只要你个萧丞相自去思量,怎生的屈杀了什大功臣被万民讲。"(第四折【鸳鸯煞】)《哭存孝》中的邓夫人对夫君被屈杀悲愤不已:"可怎生帐前空挂着虎皮袍?枉了你忘生舍死立唐朝!枉了你横枪纵马过溪桥!兀的是下梢,枉了你一十八骑破黄巢!"(第四折【收江南】)愤怒之余,迸发出了复仇的火焰:"也是你争弱,拿住你该剐该敲!聚集的人员好闹,准备车马绳索,把这厮绑了,五车裂了,可与俺李存孝一还一报!"(第四折【太平令】)

　　元代历史剧塑造的悲剧英雄形象中,除去居庙堂之高的忠臣贤将,还有居于民间、出身低微的义士。历史剧作者们选择他们为主角有其深意:他们没有过人的政治军事力量,没有高贵的血统,没有统治者的特权,相对于前者而言,他们居于弱者的地位,但是他们为了善良和正义而战,拼搏抗争,赴汤蹈火,至死不渝。正因为如此,这些出身卑微的弱者们视死如归的英雄行为、不屈不挠的斗争勇气、可歌可泣的献身精神和他们的悲剧才具有悲壮惨烈、感人至深的强大力量。此类作品以《赵氏孤儿》和《抱妆盒》为代表。在这些作品中,作者把小人物置于政治斗争的风口浪尖之上,置于比他们强大数倍的敌对力量面前,通过他们斗争细节的展示来表现他们的智慧和勇气,展示他们所做出的巨大牺牲和悲剧性的反抗历程。

　　《赵氏孤儿》一剧着重描写了藏孤出宫、太平庄搜孤两个戏剧冲突最为突出的场次,在程婴夹带赵氏孤儿试图逃出宫门一折中,作者详细描写程婴接受盘查时的心理活动,深入刻画了韩厥救护孤儿前后激烈的思想斗争,直到引颈自刎,杀身成仁。第三折太平庄搜孤,作者设计了奸诈的屠岸贾逼迫程婴、拷打公孙杵臼的场面描写,动人心弦,而公孙杵臼老人和程婴幼子为保孤儿先后丧生的悲壮场面,程婴强压心头悲痛的苦楚,无疑都强化了作品的悲剧气氛。

与《赵氏孤儿》类似,《抱妆盒》一剧中,作者着力描写的陈琳出宫和拷问寇承御两折,陈琳接受生性多疑的刘皇后盘查,险境重重。《赵氏孤儿》中,程婴面对的是韩厥这位最终良心发现的忠义之士,而陈琳面对的刘皇后是阴谋的始作俑者。第三折中,陈琳被逼拷打寇承御,与程婴被逼拷打公孙杵臼一样,面临艰难的抉择和心灵的折磨,但无奈之下,他们只能选择忍痛为之。作者用这些细节的设计唯一指向是:义士们忍辱负重、忍垢含屈、奋不顾身,乃至舍生取义的悲剧性抗争。此类作品的悲剧意义在于一个深深的疑问:维护正义何以要付出毁灭善良如此沉重的代价?

元代历史剧的悲剧精神在反映改朝易代、动荡离乱、家国衰亡的悲剧中得到了另外一种展示。这种悲剧性的体验与宋元改朝易代的特定时代现实密切相关。作家们通过个人悲剧命运的呈现来展示国家的悲剧命运,最杰出的代表就是马致远的《破幽梦孤雁汉宫秋》和白朴的《唐明皇秋夜梧桐雨》,这两部剧作为帝妃爱情悲剧承载了历史悲剧,在中国古代历史剧创作中具有开创性和典范性的意义。在这两部作品中,作家们用绝大多数的笔墨来描写帝妃的深厚情感,并让这种情感贯穿全剧始终,情感的发展历程与历史的发展进程紧紧结合在一起,并且相互渗透,相互作用,情感的萌生、发展、消亡的过程成为王朝的命运的"晴雨表"。《汉宫秋》中"一半儿为国忧民,一半儿愁花病酒"的汉元帝与王昭君情深意笃,却因匈奴威胁,满朝文武的无能,被迫放弃了心爱的妃子,换取国家的安全。而《梧桐雨》中"朝纲倦整""待痛饮昭阳,烂醉华清"的唐明皇与杨贵妃海誓山盟,却被渔阳鼙鼓惊破霓裳羽衣舞,仓皇出逃途中,唐明皇迫于兵谏被迫将杨贵妃缢死马嵬坡。两者的情节结构有惊人的相似:爱情的成熟(国家陷入混乱威胁)—爱情的破灭(国家重回安定状态),这样一种模式从表面看来似乎是"女人祸国论"的诠释,但是事实上马致远、白朴的历史观念远不是如此局限,他们提供给我们更多元、深刻的历史批判与反思:堂堂汉朝何以以一女子和亲换取所谓的和平?开元盛世何以瞬间冰消雪融,以牺牲一个女子的生命安定军心?剧作家告诉我们:造成国家和民族悲剧的罪魁祸首乃是昏庸享乐的皇帝、自私无能的臣子，而女子不过是这种恶劣政治的牺牲品，这些女子生命的逝去才是真正的悲剧，这是民族和国家的耻辱与悲哀。皇帝们雨打梧桐、雁鸣哀哀中的刻骨思念固然充满了悲剧的气氛，但是这种对妃子的思念中，是否还包含汉元帝与唐明皇对政治现实的无奈，对自身政治作为的悔恨？在皇帝们零落的泪雨背后是剧作家们对王朝兴衰的惆怅感慨，是他们对历史兴亡的真诚探求，是他们对无辜生命消逝的深深同情。正是这些情绪激励着他们以崇高的悲剧精神来审视历史，艺术地加工历史，让观众和读者在悲剧中咀嚼苦涩的过去，更加清醒而理性地面对现实人生。

前文我们曾经谈到元代历史剧叙事观念从根本上来说有"厚人伦，美风化"的教化倾向，这种的倾向一方面是剧作家特殊身份和社会地位使然，另一方面则有利于应和主流价值观，拓宽通俗文学在社会上传播的范围。艺术家的道德观念是所有艺术创造都要面临的问题。狄德罗说："如果道德败坏了，趣味也必然会堕落。真理和美德是艺术的两个朋友。你想当作家吗？你想当批评家吗？那就请首先做一个有德行的人。如果一个人没有深刻的感情，别人对他还能有什么指望？而我们除了被自然中的两项最有力的东西——真理和美德深深地感动以外，还能被什么感动呢？……你应对事物形成正确的概念，把你的行为去对照你的职责；把你自己培养成为一个善良的人，不要以为学习为人之道而付出的劳动和光阴对于一个作家来说是白费的。从你将在你的性格、作风中建立起来的高尚道德品质里散发出一种伟大、正义的光彩，它会笼罩你的一切作品。……假使你要描写道德，而自己对此并不热中，那么你能用什么方法来谈论它，以使别人对它产生热爱呢？"[1]

综观绝大多数元杂剧作品，无论偏重什么题材，作家们在其中总是

---

[1] [法]狄德罗：《论戏剧诗》，徐继曾、陆达成译，载《狄德罗美学论文选》，人民文学出版社1984年版，第227—228页。

有所倾向，表达着自己的价值取向和道德判断，总体而言，宣扬的是他们心目中传统的儒家伦理道德：忠、孝、节、义，等等。在历史剧作品中，作家们同样秉持了强烈的道德精神，他们试图用传统道德的力量感染读者和观众，从而有益于社会，而这种道德精神突出地表现在"忠义"（二者往往有着千丝万缕的联系和相互渗透）二字上，以"忠义"为核心的道德精神贯串于元代历史剧的创作之中，作家们对历史人物和他们的事迹加以艺术加工，使这些人物和作品成为特定道德观念的载体。

作家们有意塑造了众多"忠臣"形象，他们忠于自己的国家和朝廷（封建时代对国家和朝廷的忠心往往表现在对君主的忠诚上），为了维护它们的利益全力以赴，不惜一切代价。关羽为了汉家天下不惜单身深入龙潭虎穴（关汉卿《单刀会》），过五关、斩六将，寻找刘备（无名氏《关云长千里独行》）；蔺相如为了赵国的利益，冒险出使秦国（高文秀《渑池会》）；王昭君为汉家天下，忍痛放弃自己的幸福，远嫁匈奴，投河自尽（《汉宫秋》）；杨令公为了抗击外来入侵，保护宋室江山，碰碑而亡（《昊天塔》）；寇承御为保留赵宋王朝的血脉，不惜撞阶自尽（《抱妆盒》）……这些赤心臣子用悲壮惨烈的行为显示着自己的忠诚。

元代历史剧的作家们并不满足于此，用更具匠心的策略将"忠"的境界推向极致。《承明殿霍光鬼谏》中，作者笔下的霍光对皇帝和国家的忠诚不像多数英雄一样，到献出生命为止，他的忠诚从生前一直延续到死后，从生人一直延续到身为鬼魂，连死亡都无法阻止。为了高扬"忠"的道德观念，作家使用了"鬼魂入戏"的手段，霍光生前为了汉王朝的利益对宣帝多番劝谏，宣帝不从。他死后得知叛乱阴谋，就通过自己的鬼魂向宣帝告密，最终平定了自己的儿子霍山、霍禹的叛乱。如果说他生前数番进谏的忠心耿耿已经令人感佩，那么他死后对王朝不变的赤诚、坚定的信念操守和大义灭亲的行为则令人动容，他的"忠"也因此被极力渲染。剧作家安排鬼魂出场，进行"生者和死者的对话"，有利于凸显历史剧道德伦理教化功能。

历史剧中同时出现了大量的"义士"形象，他们多为下层人物，但是却有非同一般的道德操守和忠义之心，他们以生命为代价维护着心中的正义和公理。《赵氏孤儿》中的程婴不过是个草泽医生，但是他不满奸臣当道、忠臣受害的丑恶现实，毅然挺身而出，冒危险救孤儿出宫，继而献亲子换下孤儿，忍辱负重抚养孤儿成人，他为正义所付出的巨大牺牲和肉体精神遭受的双重痛苦深深感动了历代观众和读者。李寿卿《说鱄诸伍员吹箫》塑造了一系列与程婴相类的下层义士，为了掩护仓皇出逃的伍子胥，助其完成复仇大业，浣纱女、渔父闾丘亮不惜自尽身亡，鱄诸不惜抛弃家庭，随伍子胥踏上复仇的道路。明人徐复祚为此剧称赞、感慨："直道之在人，是是非非，不容泯灭。……古人重义，故之死而不顾。"[1]

元代历史剧作家确实塑造了一大批义薄云天、令人钦佩的义士，但是他们激情飞扬的道德说教中同样存在着糟粕和陈腐。如郑廷玉《楚昭公疏者下船》为了展示昭公所谓的道德境界，设计了逃亡途中昭公择人下船的场景，他为了减轻船载重量，保留自己手足兄弟的生命，先让妻子跳入水中，然后抛弃自己的亲生骨肉，这种看似震撼人心的"大义"举动，隐隐透出统治者的无情。《伍员吹箫》中鱄诸妻子的自刎同样在大义凛然的背后透出愚昧。但是，这种道德追求上的缺陷只能归咎于作家们时代和思想的局限，并不能掩盖他们孜孜追求的精神光芒。

元代历史剧作家用道德精神进行艺术创作不仅仅表现为对伦理道德的直接宣扬，还在于对违背道德的人物和行为不遗余力的批判。他们塑造了一系列违背道德良知的反面人物形象，作者通过插科打诨、自我表白的喜剧手法把他们的丑态纤毫毕现地呈现在观众面前。《汉宫秋》中奸诈狠毒、背主求荣的毛延寿自我表白道："为人雕心雁爪，做事欺大压小。全凭谄佞奸贪，一生受用不了。"(楔子)《哭存孝》中嫉贤妒能、外强中干的

---

[1] 俞为民、孙蓉蓉编:《历代曲话汇编·明代编》第二集，黄山书社2009年版，第320页。

康君立、李存信的自我夸耀无疑是对自己最大的讽刺："撒因答剌孙，见了抢着吃。喝的莎塔八，跌倒就是睡……俺两个不会开弓蹬弩，亦不会厮杀相持；哥哥会唱，我便能舞……我是李存信，他是康君立；两个真油嘴，实然是一对。"（第一折）如果说这种滑稽幽默的自我揭发中暗含了作者对小人奸臣的愤恨和鄙弃，那么直抒胸臆式的批评和咒骂则是这种情绪无法遏制的火山喷发。《汉宫秋》中，作者借汉元帝之口对畏首畏尾、见风使舵的无能臣子进行了无情批判："兴废从来有，干戈不肯休。可不食君禄，命悬君口。太平时，卖你宰相功劳；有事处，把俺佳人递流。你们干请了皇家俸，着甚的分破帝王忧？那壁厢锁树的怕弯着手，这壁厢攀栏的怕擷破了头。"（第二折【牧羊关】）"少不得满朝中都做了毛延寿！"愤怒、失望、无奈之情溢于言表。《赵氏孤儿》中，公孙杵臼对阴险狠毒的屠岸贾怒火满腔："你道是古来多被奸臣弄，便是圣世何尝没四凶？谁似这万人恨千人嫌一人重。他不廉不公，不孝不忠，单只会把赵盾全家杀的个绝了种。"（第二折【隔尾】）《哭存孝》中，邓夫人对杀害丈夫的奸邪小人康君立、李存信发出了悲愤的咒骂："则您那康君立狠绝，则您那李存信似蝎蜇；可端的凭着他劣缺，端的是今古皆绝。"（第三折【十二月】）一腔腔悲愤的怒号分明是对于一切不义、一切丑恶、一切违背道德行为的严正声讨，也正是元代历史剧作家们的道德精神在作品中发出的振聋发聩的强音。

第三节　沁人心脾：情感艺术感染力的开掘

明代戏剧理论家吕天成在《曲品》中说："杂剧但撷一事颠末，其境促；传奇备述一人始终，其味长。"[1]这种说法指明了杂剧体制本身的一大局限，由于篇幅体制所限，杂剧很难展开境界开阔宏大、过于复杂曲折的

---

[1] 吕天成：《曲品》，载中国戏曲研究院编《中国古典戏曲论著集成》（六），中国戏剧出版社1959年版，第209页。

故事情节。这对于历史剧的创作来说是一个很大的"瓶颈",剧作家们如何才能在有限的篇幅内展示历史的面貌,揭示历史的精神,引发观众的思考呢?精彩的情感描写(这些情感多为表面看来与沉重的历史存在一定距离的私人化情感,如爱情、亲情、友情等)是元代历史剧创作的一个重要"法宝"。强烈的抒情倾向是元杂剧乃至中国古代戏剧一个共同的特征,曲以抒情为主,白以叙事为要,曲与白密不可分,结合"科""介"等戏剧要素,相互补充,相互作用,共同完成完整的戏剧情节。

"在复杂的剧本里,就引起兴趣来说,布局的作用比台词的作用大;与此相反,在简单的剧本里,台词的作用比布局的作用大些。"[1]"在戏剧艺术中最重要的也是最困难的部分之一,岂不就是使技巧隐而不现吗?"[2] 元杂剧之"曲"直抒胸臆,可以最直接地打动读者和观众。因此,精妙、富于感染力而又出自胸臆、仿佛自然流淌的曲词,是最考验作家技巧的部分。明人何良俊对情感描写的艺术感染力有深刻的认识:"大抵情辞易工。盖人生于情,所谓'愚夫愚妇可以与知者'。观十五国风,大半皆发于情,可以知矣,是以作者既易工,闻者亦易动听。"[3] 元人胡祗遹在《黄氏诗卷序》中提出的"九美说"对优秀演员提出要求:"发明古人喜怒哀乐、忧悲愉佚、言行功业,使观听者如在目前,谛听忘倦,惟恐不得闻。"[4] 他深刻地认识到了演员塑造人物形象重在尽量真实地表现剧中主人公的情感,只有表现"喜怒哀乐、忧悲愉佚"这些人们能够共同体验的情绪才能引起读者和观众的共鸣。而能让人们切实体验的这些情绪无疑应当是再普通不过的"人之常情",这些看似平凡的情感在历史剧作品中表面上似乎与严

---

[1] [法]狄德罗:《论戏剧诗》,徐继曾、陆达成译,载《狄德罗美学论文选》,人民文学出版社1984年版,第170—171页。

[2] [法]狄德罗:《论戏剧诗》,徐继曾、陆达成译,载《狄德罗美学论文选》,人民文学出版社1984年版,第180页。

[3] 何良俊:《曲论》,载中国戏曲研究院编《中国古典戏曲论著集成》(四),中国戏剧出版社1959年版,第7页。

[4] 胡祗遹著,魏崇武、周思成校点:《胡祗遹集》,吉林文史出版社2008年版,第224页。

肃的历史主题存在距离，但是从实际的艺术效果来说则起到了升华历史剧主题、强化历史剧艺术感染力的积极作用。

《汉宫秋》《梧桐雨》堪称元代历史剧的扛鼎之作，它们都以帝妃爱情为载体，采用相似的情节结构模式，开创了中国古代历史剧一种独特而意味深长的创作方式。两部作品将家国兴亡与男女爱情的萌生与破灭紧密结合，并且揭示了它们之间的互动关系，在儿女情长中描绘了一幅幅广阔的历史图景。《汉宫秋》中，昭君入宫是汉元帝政治缺陷的后果（受韩延寿蒙蔽，刷选宫女），而昭君得宠（爱情成熟）则是国家受到威胁的间接动因（毛延寿为逃避汉元帝制裁，向匈奴单于进谗，出卖昭君和汉朝），昭君出塞和自沉黑龙江（爱情破灭）使得国家重新走向安定（单于受到感动，决定与汉朝和解，并交出毛延寿）。《梧桐雨》的故事情节模式与此非常类似。杨贵妃被选入宫（爱情的萌发起点）同样标志着唐明皇政治堕落的开始，贵妃专宠和情定长生殿（爱情的成熟）意味着唐王朝的统治陷入严重危机（安禄山不满杨国忠打压，惦记杨贵妃，起兵叛乱），而杨贵妃被缢马嵬坡（爱情的终结）则成为唐王朝苟延残喘的契机（稳定了军心，使唐王朝获得平定叛乱的资本）。在作者笔下，爱情发展与历史发展的步伐是环环相扣、彼此呼应的，缠绵悱恻的爱情场景承载了沉重的历史，使历史呈现出一个独特视角下的别样风情。

这两部历史剧最值得后人称道的还有剧作家高超的语言技巧，真挚凄凉、清丽婉转的曲词营造出诗意化的悲剧气氛，把男女主人公的爱情悲剧描写到了极致，感人至深。孟称舜在《古今名剧合选》中评价《梧桐雨》时谓："此剧与《孤雁汉宫秋》格套既同，而词华亦足相敌。一悲而豪，一悲而艳，一如秋空唳鹤，一如春月啼鹃，使读者一愤一痛，泾泾乎不知泪之何从，固是填词家巨手也。"[1] 二剧对读，同中有异，内蕴无穷。

---

[1] 俞为民、孙蓉蓉编：《历代曲话汇编·明代编》第三集，黄山书社2009年版，第497页。

《汉宫秋》第三折，汉元帝目送昭君远去，唱出了满心的眷恋和痛楚：

【梅花酒】呀！俺向着这迥野悲凉：草已添黄，兔早迎霜；犬褪得毛苍，人搠起缨枪，马负着行装，车运着糇粮，打猎起围场。他、他、他伤心辞汉主；我、我、我携手上河梁。他部从入穷荒，我銮舆返咸阳。返咸阳，过宫墙；过宫墙，绕回廊；绕回廊，近椒房；近椒房，月昏黄；月昏黄，夜生凉；夜生凉，泣寒螀；泣寒螀，绿纱窗；绿纱窗，不思量！

【收江南】呀！不思量除是铁心肠。铁心肠也愁泪滴千行。美人图今夜挂昭阳，我那里供养，便是我高烧银烛照红妆。

《梧桐雨》中，面对香消玉殒的杨贵妃，"君王掩面救不得"，唐明皇的痛苦与无奈摧心裂肺：

【殿前欢】他是朵娇滴滴海棠花，怎做得闹荒荒亡国祸根芽！再不将曲弯弯远山眉儿画，乱松松云鬓堆鸦。怎下的磕磕磕马蹄儿脸上踏，则将细袅袅咽喉掐，早把条长挽挽素白练安排下。他那里一身受死，我痛煞煞独力难加。

【太清歌】恨无情卷地狂风刮，可怎生偏吹落我御苑名花！想他魂断天涯，作几缕儿彩霞。天那！一个汉明妃远把单于嫁，止不过泣西风泪湿胡笳。几曾见六军厮践踏，将一个尸首卧黄沙。

诸如此类精雕细琢、令人感动的曲词在这两部剧作中还大量存在，这些曲词都极力渲染帝妃爱情的深刻性与纯洁性，读者和观众在直觉上体会到的是普通男女之间爱情的美好与真挚，所以这种情感的破灭极易引起他们对男女主人公爱情悲剧命运的深深同情。但是仅仅有精彩的唱词表现男女情感这个相对狭隘的主题还远远不够，剧作家们的最终目的在于通过爱情呈现历史的面貌，为此他们需要运用更为丰富和具体的策略，使这些精美的曲词服务于历史剧主题。

明代剧论家王骥德说："作曲，犹造宫室者然，工师之作室也，必先定规式……前后、左右、高低、远近，尺寸无不了然于胸中，而后可施斤斫。作曲者，亦必先分段数，以何意起，何意接，何意作中段敷衍，何意作后段收煞，整整在目，而后可施结撰。"[1]不同于王国维对于元杂剧结构的看法，袁宏道认为，元曲大家结构处理极为出色："元之大家，必胸中先具一大结构，玲玲珑珑，变变化化，然后下笔，方得一出变幻一出，令观者不可端倪，乃为作手。"[2]《汉宫秋》和《梧桐雨》的结构安排别具特色：前三折（含楔子）叙事，第四折集中抒情。由于主要的故事情节在前三折已经基本完成，所以第四折中并没有复杂的故事情节，而是男主人公内心情感的集中宣泄，这种单纯的抒情唱段看似剥离于故事情节之外，不免有生硬连缀之嫌。但是如果我们仔细分析，就会发现这是剧作家的匠心和高明所在，也是全剧之精华所在。正如徐复祚对《梧桐雨》第四折所作的评价："一时名士，虽马致远、乔孟符辈，至第四折往往强弩之末，若此折越更陡健，何云弱乎？"[3]在剧作末尾通过主人公悲凉情感的宣泄延续和强化了剧作整体的悲剧风格，为读者和观众提供了回顾故事情节、探究悲剧动因的契机，集中揭示了作品爱情悲剧与历史悲剧的双重性质，成功实现了悲剧的审美功能和认识功能。

《汉宫秋》第四折中，汉元帝秋夜观昭君图形，慨叹"高唐梦苦难成""更有个人孤另"，对和亲远走的昭君念念不忘，秋雁声声凄楚的鸣叫

---

[1] 王骥德：《曲律》，载中国戏曲研究院编《中国古典戏曲论著集成》（四），中国戏剧出版社1959年版，第123页。

[2] 袁宏道：《〈紫钗记〉总评》，载俞为民、孙蓉蓉编《历代曲话汇编·明代编》第二集，黄山书社2009年版，第413页。

[3] 俞为民、孙蓉蓉编：《历代曲话汇编·明代编》第二集，黄山书社2009年版，第353页。

更令他心烦意乱;《梧桐雨》第四折中,唐明皇同样是在秋夜面对杨贵妃真容,"把太真妃放声高叫""半襟情泪湿鲛绡",窗外"打梧桐叶凋""滴人心碎"的阵阵秋雨让他痛苦不堪。秋夜、深宫、雁声、雨声,作者选取了这一系列清冷的意象与主人公冷落的心境相配合,情因景浓,景因情悲,相互生发,写出了刻骨铭心的男女相思之情。

除去特殊意象的运用、特定环境的描写,这两部作品还成功运用了主人公的梦境来描写爱情。《汉宫秋》中剧作家特意设置了汉元帝的梦境:昭君私自从北地逃回,但又被番兵强行掠走。这个梦境从本质而言显示了汉元帝希望迎回昭君、奇迹出现的强烈心理动机,同时也显示了他理性中对既定事实的无奈与绝望,这种情感上强烈希望与理性中明知的必然绝望之间形成了一种对立与冲突,这种对立与冲突会使我们对元帝的挚诚和无奈寄予同情。《梧桐雨》中,唐明皇梦到的是杨贵妃邀他长生殿饮宴,宴未齐备,贵妃却突然消失。贵妃与昭君入梦相比,出现和消失都显得缥缈、神秘、不可捉摸,而梦醒后的唐明皇却分明知道贵妃已死的残酷现实,梦醒时分的痛楚分外真切,读者至此会对二人失落的情感扼腕叹息。但作家们的用意远不是如此简单,正是在对情感凭吊的过程中,对历史反思的倾向也潜滋暗长了。

《汉宫秋》中汉元帝唱道:"多管是春秋高,筋力短,莫不是食水少,骨毛轻?待去后,愁江南网罗宽;待向前,怕塞北雕弓硬。"(第四折【白鹤子】)这表面看来是对大雁的描写,实际却是其自身无奈命运的写照,是被迫和亲的王昭君悲惨命运的写照,是无数饱受欺凌却无力保护自己的百姓命运的写照,他们进退维谷、左右为难,在苦难中挣扎徘徊,我们可以从中窥见作品的历史意蕴。《梧桐雨》第四折中,唐明皇更为明显地表露了政治历史倾向:"寡人有心待盖一座杨妃庙,争奈无权柄谢位辞朝。则俺这孤辰限难熬,更打着离恨天最高。在生时同衾枕,不能够死后也同棺椁。谁承望马嵬坡尘土中,可惜把一朵海棠花零落了。"(【呆骨朵】)他对马嵬坡前"主弱臣强"的情势痛心疾首,耿耿于自己"无权柄"的政治状态。这些细节和唱词可以被视为或明或暗的政治语言，其所代表的历史意蕴自不待言。作者精心设计的两个梦境同样有深刻的启示性意义，通过这两个梦境，我们不难想到汉元帝"守着那皓齿星眸，争忍的虚白昼"，与昭君"梨花月底登楼，芙蓉烛下藏阉""愁花病酒"的糜烂生活；我们不难忆起唐明皇与杨贵妃"七宝金钗盟厚意，百花钿盒表深情"的山盟海誓，"朝歌暮宴，无有虚日"的堕落生活。通过汉匈纷争、安史之乱这些恶劣政治后果的描写，作者对所谓的帝妃"爱情"和宫廷生活表现出强烈的怀疑。启发广大的观众和读者与他们一起展开对历史的反思：是什么造成了国家的衰落和民族的屈辱？是红颜祸水，是昏君谗臣，还是敌人的强悍？是什么造成了帝妃的爱情悲剧？是悬殊的社会身份，是政治的困境，是国家的兴亡，是民族的对立，还是皇帝的昏庸、臣子的奸诈与无能？这些都是历史摆在我们面前的严肃课题。也正在此时，两部剧作的历史内蕴和作为历史剧的价值，借助男女情感破灭的悲凉气氛更加深刻隽永地展现在我们面前。看似游离于叙事之外的抒情，出色地发挥了它升华历史主题、引发历史反思的作用。

人类丰富的情感体验中普遍而易动人者除去爱情还有很多，诸如亲情、友情、乡情等，元代历史剧的作家们同样重视这些情感类型对历史剧创作的特殊作用，他们进行了大胆的实践，通过置身其中的主人公们对这些情感的尽情抒发诠释着历史的厚重与广阔，复杂与深刻。"一般来说，一个民族愈文明，愈彬彬有礼，他们的风尚就愈缺乏诗意；一切都由于温和化而失掉了力量。"[1]"诗需要的是巨大的、野蛮的、粗犷的气魄。"[2] 元杂剧的情感表达绝不给人以"温和"之感，而是在一唱三叹中酝酿得如此浓烈、醇厚、炽热，汹涌澎湃于读者和观众的眼前。

---

[1][法]狄德罗：《论戏剧诗》，徐继曾、陆达成译，载《狄德罗美学论文选》，人民文学出版社1984年版，第205页。

[2][法]狄德罗：《论戏剧诗》，徐继曾、陆达成译，载《狄德罗美学论文选》，人民文学出版社1984年版，第206页。

关汉卿在《哭存孝》一剧中以邓夫人为贯穿故事情节始终的主人公，通过她和李存孝深厚的夫妻之情，描写了一幕英雄悲剧。作为李存孝的妻子，她关心丈夫的安危，并且勇于维护丈夫的利益，在丈夫受到奸人谗害的时候，她冷静沉着，据理力争；在丈夫被害身亡之后，她满怀悲愤，为丈夫报仇雪恨。她性情刚烈如火，富有英豪的气概，正义凛然，但又不失女子缠绵悱恻的似水深情。在丈夫被害身亡之后，她痛不欲生：

【双调·新水令】我将这引魂幡招飐到两三遭，存孝也，则你这一灵儿休忘了阳关大道。我扑簌簌泪似倾，急穰穰意如烧；我避不得水远山遥，须有一个日头走到。

【水仙子】我将这引魂幡执定在手中摇，我将这骨殖匣轻轻的自背着。则你这悠悠的魂魄儿无消耗，（带云）你这里不是飞虎峪那，（唱）你可休冥冥杳杳差去了！忍不住、忍不住痛哭嚎咷，一会儿赤留乞良气，一会儿家迷留没乱倒。天那，痛煞煞的心痒难挠！

在关汉卿笔下，邓夫人的眼泪不仅是妻子为丈夫而流，更是观照历史的后人为一位悲剧英雄而流，对亲人的眼泪可以感动读者和观众，对英雄的眼泪则足以震撼他们的心灵。武艺高强，横行疆场、功勋卓著的一代英雄惨死于两个无能的奸诈小人（李存信、康君立）之手，屈死于一个醉醺醺的昏庸将领（李克用）之手，愤愤不平而毫无还手之力，多么残酷的现实，多么无情的历史，多么滑稽的景象，面对这所有的不平与邪恶，邓夫人呼唤复仇，但英雄的生命无可挽回，英雄的业绩烟消云散，在愤怒的呼喊和无奈的慨叹中，剧作给我们留下了对历史沉重的思索。

关汉卿的《单刀会》通过一位盖世英雄的情感波澜给读者和观众带来一种对历史更为复杂的体验。关羽面对大江，心潮起伏，浩叹感慨，耐人寻味：

【双调·新水令】大江东去浪千叠，引着这数十人驾着这小舟一叶。不比九重龙凤阙，这里是千丈虎狼穴。大丈夫心别，来，来，来！我觑的单刀会似村会社。

【驻马听】依旧的水涌山叠，年少周郎何处也？不觉的灰飞烟灭，可怜黄盖转伤嗟。破曹樯橹当时绝，鏖兵江水犹然热，好交我心下情惨切：这是二十年流不尽英雄血！[1]

【新水令】一曲歌罢，荡气回肠，关羽意气风发的英雄形象如在目前。作为英雄，他傲视群雄，不惧艰险，抱着必胜的信心单刀赴会，他的勇武和自信令人振奋。但是这种昂扬的情绪在曲中急转直下，迅速转入了截然相反的一种情感基调中。【驻马听】一曲充满了悲壮沉郁的气氛，惨切之情、伤嗟之意，与前一曲慷慨昂扬的姿态形成了鲜明的对比，这种对比表现了关羽复杂的英雄心境：一方面自负于超凡的英雄实力和英雄业绩，另一方面又伤心于时间的无情与历史的残酷；一方面向往单刀会建功立业，另一方面又慨叹功名流水的必然；一方面念念不忘卓著的战斗功勋，另一方面又不乏悲天悯人的情怀……短短百字的情感表露包含了太丰富的历史感受，绝非寥寥数语可解，值得后人慢慢体味。

除去上述的几类情感描写，历史剧作品中的主人公们还表露了浓浓

---

[1] 王季思主编《全元戏曲》收录此剧脉望馆本、元刊本两个版本，此处据《全元戏曲》所整理元刊本。查《古本戏曲丛刊四集》所收《元刊杂剧三十种》本书影及蓝立蓂校注《汇校详注关汉卿集》(中华书局2006年版)，可如卢前、郑骞、徐沁君、宁希元、王季思、吴国钦诸家校点整理此剧时，都对底本略有改动。《全元戏曲》所附元刊本较之底本，亦有改动之处。此剧底本残缺，曲文为：【新水令】大江东去□□□□□□□□□舟一叶。不比九重龙凤阙，这里是千□□□□□□□□□，来，来，来，我觑的单刀会似村会社。【驻马听】□□□□年少周郎何处也？不觉灰飞烟灭，可怜□□□□□□□□当时绝，鏖兵江水尤然热，好交我心下□□□□□□□不尽英雄血！（□表示残缺或漫漶不清之处）

的乡情和深深的亲情。《王粲登楼》作为描写古代文人进身仕途，参与政治的代表作，对这两种情感都有精彩的描写。王粲在追求功名的过程中遇到多次挫折，沉郁困顿之际，登上了溪山风月楼，满腔抑郁，无处寄托，而此时能够给主人公的凄凉心境些许安慰的恐怕只有家乡和母亲了。只有这两者才是可以永远信赖和寄托的稳定存在，是他们受伤的心灵可以暂时逃避的处所，是他们永远的眷恋和重新奋起的动力。

【迎仙客】雕檐外红日低，画栋畔彩云飞，十二栏干栏干在天外倚。我这里望中原思故里，不由我感叹酸嘶，越搅的我这一片乡心碎。

【红绣鞋】泪眼盼秋水长天远际，归心似落霞孤鹜齐飞。则我这襄阳倦客苦思归，我这里凭阑望，母亲那里倚门悲。争奈我身贫归未得。

【普天乐】楚天秋，山叠翠，对无穷景色，总是伤悲。好教我动旅怀，难成醉。枉了也壮志如虹英雄辈，都做助江天景物凄其。气呵做了江风淅淅；愁呵做了江声沥沥；泪呵弹做了江雨霏霏。[1]

这两种普遍性的情感人人皆有体会，可通可感，所以也极易动人，但这不是剧作家的终极目的。展示身处历史旋涡和社会旋涡中的文人寻找自身社会定位、实现个人价值过程中的徘徊和苦闷、痛苦与反思，才是此类历史剧的独特价值和特殊功能所在。

王国维先生慨叹："元人之于曲，天实纵之，非后世所能望其项背也。"[2] 通过对元代历史剧的一番考察，我们会发现，元杂剧令"三百年

---

[1] 此剧现存脉望馆《古名家杂剧》本（此本据郑骞考证，有何煌据李开先抄本校订字迹，故别加整理校录）、《元曲选》本、《酹江集》本。此据王季思主编《全元戏曲》所收《元曲选》本录入，略去科白。

[2] 王国维撰，马美信疏证：《宋元戏曲史疏证》，复旦大学出版社2004年版，第180页。

来，学者文人……见元剧者，无不加以倾倒"[1]绝非偶然。它所开辟和代表的介于雅俗之间的独特审美风范成为后代曲家孜孜以求的境界。元杂剧的辉煌不仅因为天时、地利、人和的因缘际会，不仅因为无数剧作家付出的心血和真情，也不仅因为中国戏剧丰厚的艺术积累……它是多种要素和原因共同作用的结果。元代剧作家艺术创造不但为中国古代历史剧创作提供了一批具有经典意义的作品，同时也通过这些作品积累了宝贵的创作经验，这些是中国古代历史剧迈向下一个辉煌的基石。

---

[1] 王国维撰，马美信疏证：《宋元戏曲史疏证》，复旦大学出版社2004年版，第177页。

明代编

第一章
明代历史剧创作概观

如果说元代历史剧在短短百年之间迅速的繁盛与辉煌展示了中国古代历史剧这条大河汹涌澎湃的壮观，那么明代历史剧则向我们展示了这条大河深厚沉着的绵延。从明代开始，中国古代戏剧创作进入了"传奇"[1]时代，"传奇"作为一种新兴的戏剧体制，显示出蓬勃的生命力，吸引着各阶层文人投入到创作之中，明末著名戏曲家冯梦龙云："《荆》《刘》《蔡》《杀》而后，坊本彗出，日益滥觞。高者浓染牡丹之色，遗却精神，卑者学画葫芦之样，不寻根本，甚至村学究手摭一二桩故事，思漫笔以消闲；老优施腹烂数十种传奇，亦效颦而奏技。"（《墨憨斋重定双雄记传奇叙》）[2]此语虽因不满传奇创作状况而言，但传奇创作之盛从中可见一斑。

明代历史剧的创作和发展伴随着"传奇"体制的孕育、萌芽、成熟、

---

[1] 关于"传奇"这一名词作为明清戏曲体裁名称的辨析及其内涵详见郭英德《明清文人传奇研究》第一章"明清文人传奇的历史演进"及《明清传奇史》之"绪论"。明代前期处于传奇生长期的数部历史剧作品今人著录存在分歧，比如《宝剑记》《东窗记》《连环计》《双忠记》等作品在李修生主编《古本戏曲剧目提要》中均著录于明代戏文部分，而郭英德编著《明清传奇综录》（河北教育出版社1997年版）及《明清传奇史》相关部分则将它们称为"传奇"。本书为论述方便，将明前期属于戏文向传奇过渡样式的作品亦称传奇，不做"戏文"和"传奇"名称上的严格区分。

[2] 冯梦龙：《墨憨斋定本传奇》，魏同贤主编《冯梦龙全集》第12—13册，江苏古籍出版社1993年版，第479页。

发展形成了一条相对清晰的脉络，明代传奇历史剧作家们通过艰辛的艺术探索和实践，为后代留下了大批优秀作品，诸如《宝剑记》（李开先）、《浣纱记》（梁辰鱼）、《鸣凤记》（无名氏）、《精忠旗》（李梅实原本，冯梦龙改定）、《冬青记》（卜世臣）、《磨忠记》（范世彦）、《崖山烈》（朱九经）、《回春记》（朱葵心）、《清忠谱》（李玉）[1]等，它们显示出比元代历史剧更为丰厚的历史内蕴，显示出更加大胆的艺术创新精神，显示出更加深刻复杂的思想内涵。这些优秀的作品和它们背后数量更为可观的作品展示了中国古代历史剧的另一番风致，并一起为中国古代传奇历史剧巅峰之作《长生殿》《桃花扇》积累了可贵的创作经验。从这个意义上说，我们不能仅仅惊叹于艺术之河的壮阔与汹涌，而更应珍视这条河流的沉着与绵延。

公元 1368 年，明王朝建立，结束了元末军阀割据、战乱不已的局面，这对于长期遭受民族压迫、饱经饥荒兵乱摧残的各族百姓来说，无疑是一个渴盼已久的解脱之机。朱明王朝建立后的最初近百年戏曲创作演出相对沉寂。明初统治者严苛的文化政策对整个明代戏剧尤其是历史剧的创作造成了极其深远而复杂的多面影响。朱元璋和朱棣在加强君主专制和思想控制方面可谓不遗余力，朱元璋确立了程朱理学在朱明王朝政治思想和文化领域的崇高地位，制定了严格的八股取士制度，笼络人心。朱棣则颁布《五经大全》《四书大全》《性理大全》，刊行天下。从此，"巍峨耸立的节孝牌坊，金碧辉煌的义门旌表，伦理教化的高文典章，'代圣贤立言'的诗赋八股，到处标帜着理学原则对人类精神生活和世俗生活的独断统治"[2]。尽管明初的统治者们并没有完全禁绝戏曲的演出，甚至可以把高

---

[1] 此剧创作年代学界尚有不同看法，《古本戏曲剧目提要》之《清忠谱》条（张云生撰，文化艺术出版社1997年版，第396页）云："写作时间尚难确定，似写于明亡之后。"郭英德先生《明清传奇史》（第370页）认为"传奇作于明末，刊于清初"。吴伟业《清忠谱序》（吴伟业著，李学颖集评标校《吴梅村全集》，上海古籍出版社1990年版，第1214页）云："逆案既布，以公事填词传奇者凡数家，李子玄玉所作《清忠谱》最晚出。"据此语推断，此剧似当作于明代末年。

[2] 郭英德：《明清传奇史》，江苏古籍出版社2001年版，第23页。

明的《琵琶记》喻为富贵家不可无的"山珍、海错"[1]，对"亲王之国，必以词曲一千七百本赐之"[2]。但是对于民间戏曲创作和演出的内容，他们却存有极大的戒心，试图通过严厉的法令进行限制和引导。清董含《三冈识略》卷一引《遁园赘语》所录洪武二十二年（1389）三月二十五日榜文："娼优演剧，除神仙、义夫节妇、孝子顺孙、劝人为善及欢乐太平不禁外，如有亵渎帝王圣贤，法司拿究。"[3]洪武三十年（1397）五月刊本《御制大明律》云："凡乐人搬做杂剧戏文，不许妆扮历代帝王后妃、忠臣烈士、先圣先贤神像，违者杖一百；官民之家，容令妆扮者与同罪。其神仙道扮，及义夫节妇，孝子顺孙，劝人为善者，不在禁限。"[4]从这两条禁令的内容来看，原本就以"帝王后妃"和"忠臣烈士"为主角的历史剧创作的合法性受到约束和质疑，所以此时历史剧创作的荒芜也就不难理解了。此后，对敢于收藏、传诵、印卖"亵渎帝王圣贤之词曲、驾头杂剧"的人士，明成祖朱棣居然下旨"但这等词曲，出榜后，限他五日，都要干净，将赴官烧毁了，敢有收藏的，全家杀了"（《客座赘语》卷十《国初榜文》）[5]。这条法令无疑几乎要断绝历史剧的创作。但从另一个角度来说，明初统治者对于劝人为善、"孝子顺孙"、"义夫节妇"之类作品的推崇无疑大大强化了明代前期戏剧创作中的封建伦理意识，这种意识深深地渗透到有明一代的历史剧创作之中。

---

[1] 徐渭:《南词叙录》，载中国戏曲研究院编《中国古典戏曲论著集成》（三），中国戏剧出版社1959年版，第240页。

[2] 李开先:《闲居集》卷六《张小山小令》后序，载李开先著，卜键笺校《李开先全集》，文化艺术出版社2004年版，第533页。

[3] 王利器辑录:《元明清三代禁毁小说戏曲史料》，上海古籍出版社1981年版，第12页。

[4] 王利器辑录:《元明清三代禁毁小说戏曲史料》，上海古籍出版社1981年版，第13页。

[5] 顾起元:《客座赘语》卷十《国初榜文》，《明代笔记小说大观》第二册，上海古籍出版社2005年版，第1463页。

明代成化以后，社会文化格局的划时代转型逐步消融了禁锢历史剧创作的坚冰，"心学"的兴起开始打破程朱理学的禁锢，李梦阳、何景明大力倡导的文学"复古"运动开始冲击百年以来沉闷的文坛。社会风气趋于浮靡，士风也开始追求物质享受和感官娱乐，"文人自我意识的高涨和主体精神的张扬，促成了不可抑止的文化权力下移的趋势，以文人为主角的社会文化模式逐渐取代了以贵族为主角的社会文化模式"[1]，文人对戏曲创作的染指是他们在这种权力下移的过程中做出的精心而慎重的选择，同时，他们成为明代传奇体制规范化和最终兴起的生力军，他们的艺术实践大多从改编前人的作品开始。嘉靖之前的多部历史剧中，周礼改编有《东窗记》，王济改编有《连环计》，沈采改编有《千金记》，确知完全属于原创者唯有《双忠记》(姚茂良)，而阙名的《金丸记》《金印记》《古城记》《草庐记》《举鼎记》《和戎记》《投笔记》《白袍记》《金貂记》等作品则可能大多出自下层文人之手，或者仅经过了下层文人甚至仅仅粗通文墨人士的改动，这些剧作继承了政治军事斗争和英雄传奇两类历史剧传统题材，戏曲语言鄙俚粗豪，情节多以民间传说为蓝本，不乏直率朴拙的民间审美趣味，所体现的思想意识和历史观点也较为单纯浅显。

嘉靖初年（1522）到万历十四年（1586），处于生长期的传奇显出了勃勃生机[2]，明代历史剧的创作在这个时期获得了重大突破。一系列极富开创性的作品裹挟着文人创作的激情、深刻的历史思索、鲜明的政治意识走上了历史剧的舞台。张凤翼是这个时期创作历史剧数量最多的作家，他

---

[1] 郭英德：《明清传奇史》，江苏古籍出版社2001年版，第26页。
[2] 郭英德将明清传奇分为生长期：明成化初年（1465）至万历十四年（1586）；勃兴期：明万历十五年（1587）至清顺治八年（1651）；发展期：清顺治九年（1652）至康熙五十七年（1718）；余势期：清康熙五十八年（1719）至嘉庆二十五年（1820）；蜕变期：清道光元年（1821）至宣统三年（1911）。

的《红拂记》"佳曲甚多,骨肉匀称"[1],"演习之者遍国中"[2],"《灌园》亦俊洁,《窃符》亦豪迈"[3](按:《灌园》与《窃符》分别指张凤翼所作《灌园记》与《窃符记》,今皆存,张氏历史剧作品尚存《虎符记》及残本《庱廖记》)。他的历史剧作品大多比较拘泥于相关历史文献记载,剧作甚至保留了文献原有的诸多细节描写,"表现出作者运用史实的审慎态度、倾慕风致的生活情趣和信守礼教的创作思想"[4]。与张凤翼不同,李开先的《宝剑记》尽管被徐复祚评为"'按龙泉'阕亦好,余只平平"[5],被沈德符讥为"不娴度曲……生硬不谐"[6],但是这部作品在历史题材改造和再创作的过程中所体现的对历史和政治的深刻认知、痛苦的人生体验和思索、积极的精神探求,却足以令其成为一部开一代风气之先的优秀历史剧作,"透露时代风会,表达时代主题,从此揭开了中国戏曲史上的新篇章"[7]。姜大成在《〈宝剑记〉后序》中认为李开先改编《宝剑记》是因为"古来抱大才者,若不得乘时柄用,非以乐事系其心,往往发狂病死",故"借此以坐消岁月,暗老豪杰"[8],雪蓑渔者在《〈宝剑记〉序》中亦认为李氏如困于槽枥之下的千里马:"其志常在奋报也,不得不啮足而悲鸣。""有

---

[1] 徐复祚:《曲论》,载中国戏曲研究院编《中国古典戏曲论著集成》(四),中国戏剧出版社1959年版,第237页。

[2] 沈德符:《顾曲杂言》,载中国戏曲研究院编《中国古典戏曲论著集成》(四),中国戏剧出版社1959年版,第208页。

[3] 徐复祚:《曲论》,载中国戏曲研究院编《中国古典戏曲论著集成》(四),中国戏剧出版社1959年版,第237页。

[4] 郭英德:《明清传奇史》,江苏古籍出版社2001年版,第98页。

[5] 徐复祚:《曲论》,载中国戏曲研究院编《中国古典戏曲论著集成》(四),中国戏剧出版社1959年版,第236页。

[6] 沈德符:《顾曲杂言》,载中国戏曲研究院编《中国古典戏曲论著集成》(四),中国戏剧出版社1959年版,第203页。

[7] 郭英德:《明清传奇史》,江苏古籍出版社2001年版,第112页。

[8] 李开先著,卜键笺校:《李开先全集》,文化艺术出版社2004年版,第1034页。此序《闲居集》亦收,且云"托姜松涧为之言"。

所托焉,以发其悲涕慷慨抑郁不平之衷。"[1]与《宝剑记》作者李开先罢官闲居后的郁郁类似,另外一部极富开创性的历史剧代表作《浣纱记》的作者梁辰鱼同样空怀满腔政治热情,一生落魄,报国无门,故而选择了游历四方、混迹于青楼酒肆的方式,以求解脱。但《浣纱记》呈现出一种与《宝剑记》迥然不同的审美风格,显示出更为多元的思想内涵:"功名失意的愤懑感情、兴亡代谢的历史哲理和情服从理的人性观念。"[2](按:此处的情特指爱情而言,《浣纱记》中范蠡和西施的爱情也是作品描写的重点)从艺术角度来说,《浣纱记》树立了传奇戏曲融男女爱情与历史兴亡于一体的优秀典范,延续了元杂剧《汉宫秋》与《梧桐雨》的艺术精髓,并将之成功运用于中国长篇戏曲体制,深刻影响了清代中国古代历史剧的经典《长生殿》和《桃花扇》的创作。如果说《宝剑记》《浣纱记》是通过回溯早已逝去的历史表达自己对历史和人生的独特反思与认知,那么无名氏的《鸣凤记》[3]则勇敢地将眼光凝聚在满目疮痍的现实政治中,用血腥惨烈的朝堂斗争唤起人们对现实政治的关注,对权奸罪恶的憎恶之情,对忠臣烈士英勇抗争行为的同情与支持,体现出强烈的政治参与意识和忧患意识。因其创作表演时间与所描写的事件发生的时间间隔极短,故亦被称为"时事剧"。《鸣凤记》的产生开启了明代后期政治时事剧创作的风气,一大批反映明代朝廷忠奸斗争和家国兴亡的剧作应运而生,这种风气一直延

---

[1] 李开先著,卜键笺校:《李开先全集》,文化艺术出版社2004年版,第928—929页。此序《闲居集》亦收,且云"改窜雪蓑之作"。
[2] 郭英德:《明清传奇史》,江苏古籍出版社2001年版,第123页。
[3] 焦循《剧说》卷三云:"《鸣凤》传奇,弇州门人作,惟《法场》一折是弇州自填。"中国戏曲研究院编《中国古典戏曲论著集成》(八),中国戏剧出版社1959年版,第136页。周亮工《书影》(载俞为民、孙蓉蓉编《历代曲话汇编·清代编》第一集,黄山书社2008年版,第406页)记载:伶人金凤曾以色幸于严东楼(严嵩之子严世蕃),严嵩倒台后,金凤在《鸣凤记》中"涂粉墨身扮东楼矣"。侯方域《马伶传》(载俞为民、孙蓉蓉编《历代曲话汇编·清代编》第一集,黄山书社2008年版,第442页)记载兴化部、华林部两大戏班曾同时搬演《鸣凤记》。

续到明末清初。[1]

从万历十五年（1587）开始，传奇创作进入了勃兴期，"博观传奇，近时为盛。大江左右，骚、雅沸腾；吴、浙之间，风流掩映"[2]。传奇创作呈现出百花齐放的局面。与此相对应，明代历史剧的创作也出现一大批异彩纷呈、风姿各异的作品，这种情况的出现，根源于中晚明社会政治与经济的深层变革、思想领域多元声音的交响与变奏以及敏感的社会风气急剧消长的变化，"心学"思潮与"实学"思潮在广大文人阶层流行过程中各领风骚并交互作用，深刻地改造和影响着传奇创作主体的思想观念和艺术追求[3]，导致了历史剧创作内容和风格的多元化。这个时期影响较大的历史剧代表作有《义侠记》（沈璟）、《冬青记》（卜世臣）、《三祝记》（汪廷讷）、《义烈记》（汪廷讷）、《霄光记》（徐复祚）、《彩毫记》（屠隆）、《量江记》（佘翘）、《金莲记》（陈汝元）、《惊鸿记》（吴世美）、《麒麟罽》（陈与郊）、《灵宝刀》（陈与郊）、《八义记》（无名氏）、《望云记》（金怀玉）等。这一时期历史剧与生长期相比增加了新的题材，最突出的表现是以文人型政治家为主角的传记性历史剧数量增加，传统的文人剧开始沾染浓厚的政治色彩，成为历史剧中别具特色的一个类别。如苏轼（《金莲记》）、李白（《彩毫记》）、狄仁杰（《望云记》）、范仲淹（《三祝记》）等人均成为作品的主人公。此外，水浒题材的再创作（如《灵宝刀》以林冲为主角，《义侠记》以武松为主角）和旧题材的改编与创作（如《精忠记》改编自《东

---

[1] 郭英德认为明代天启年间到清代顺治年间乃是时事剧创作的鼎盛时期，此期仅可考之本事者约有42种。详见《明清传奇史》（江苏古籍出版社2001年版）第302—308页相关论述。

[2] 吕天成：《曲品》卷上《右具品》，载中国戏曲研究院编《中国古典戏曲论著集成》（六），中国戏剧出版社1959年版，第211页。

[3] "心学"思潮对晚明传奇创作的影响集中体现为基于"主情思潮"而提出的"近情动俗""逞奇争巧"观念；"实学"思潮对传奇创作的影响主要表现为伦理教化功能和社会实用功能。详见郭英德《明清传奇史》（江苏古籍出版社2001年版）第133—145页相关论述。

窗记》,《八义记》敷演赵氏孤儿事）也是历史剧创作的重要组成部分。

在明亡前的二十余年间，内忧外患，政局动荡，历史剧创作呈现出了鲜明时代特征，大量的时事剧于此时产生，其中较著名者有《冰山记》（陈开泰）、《清凉扇》（王应遴）、《中流柱》（王元寿）、《鸣冤记》（盛于斯）等（以上作品皆佚）。今日尚存之《喜逢春》（清啸生）、《磨忠记》（范世彦）、《清忠谱》（李玉）全方位揭露了魏忠贤、客氏及其党羽祸国殃民的罪状，描写了忠臣义士与阉党不屈不挠、前赴后继的惨烈斗争[1]；《回春记》（朱葵心）记录了明朝灭亡之时北京城破，崇祯殉国的事迹[2]，抒发了下层文人在国破家亡之际试图力挽狂澜、复国雪耻的迫切忧国之情。这批时事剧的产生显示出历史剧作家们对黑暗政治的深恶痛绝和对国家命运的严重关切和深深忧虑。这种创作情绪同样曲折地体现在另外一些作品中，《崖山烈》通过宋末元初一代忠臣文天祥悲壮的抗元事迹来抒发作者面对山河破碎、王朝倾覆的悲剧，满怀悲愤却无能为力的痛切之情。汤子垂的《续精忠》描写了岳飞余部牛皋和岳家后人岳雷、岳电与权奸秦桧及其后代秦熺的不懈斗争。《青虹啸》（邹玉卿）取材于三国故事，敷演东汉末年以董承、董圆、司马懿等为代表的一批忠臣反抗奸相曹操的悲壮事迹。苏州派作家李玉的《清忠谱》描写了东林党人周顺昌与阉党的激烈斗争，市民英雄走上了历史剧的舞台，为历史剧创作吹来一股清新的风气。此外，这个时期较著名的历史剧作品尚有融合了男女风情剧因素的水浒戏《翠屏山》（沈自晋）、《水浒记》（许自昌）；著名通俗文学作家冯梦龙则成功改编了《新灌园》（张凤翼原本）、《精忠旗》（李梅实原本）、《量江记》（佘翘

---

[1] 张岱《陶庵梦忆》"冰山记"条云："魏珰败，好事者作传奇十数本，多失实，余为删改之，仍名《冰山》。城隍庙扬台，观者数万人，台址鳞比，挤至大门外。"载俞为民、孙蓉蓉编《历代曲话汇编·明代编》第三集，黄山书社2009年版，第518页。

[2] 该剧作于崇祯甲申年崇祯殉国之后，剧中第九折《忠孝矢志》暗场处理崇祯殉国事。借兵卒禀报："不好了，不好了，京城已破，圣驾已幸煤山，今闻公车晏驾。"

原本）三部历史剧作品，孟称舜的《二胥记》和无名氏的《倒浣纱》虽然取材较为传统，但是在创作中却体现出了独具一格的历史视角和追新逐异的艺术个性。

依据明代传奇历史剧的主要内容和创作意图，我们可以把明代历史剧大致分为忠奸斗争型（主要描写朝堂上以忠臣为代表的正义力量与以权奸为代表的邪恶力量展开的激烈斗争，如《鸣凤记》《磨忠记》）、英雄传奇型（主要描写英雄人物建功立业、发迹变泰的传奇式经历，如《千金记》《水浒记》）、个人传记型（以历史人物一生主要经历为中心敷演其毕生政治遭遇及历史功绩，如《望云记》《金莲记》）、军事斗争型（主要描写不同政治集团之间为争夺政治利益而开展的军事、外交斗争，如《草庐记》《古城记》）、国家兴亡型（主要描写国家的兴衰治乱，表达作者对历史兴亡的见解与看法，如《浣纱记》《崖山烈》）、帝妃爱情型（以帝王和后妃爱情为主线贯穿政治军事斗争，如《和戎记》《惊鸿记》）六种类型。[1] 不同类型的历史剧呈现出不同的审美风范，显示出历史剧作家们对复杂的历史题材不同的理解与阐释，体现出作家们改造历史题材技巧上的差异，但都是思想与艺术双重探索和艰辛努力的结果。"传奇十部九相思"揭示了传奇创作中儿女风情剧盛行的状况，明代传奇历史剧的创作虽然没有像风情剧那样风行的盛况，但作为中国戏剧发展和历史剧发展进程中不可或缺的一环，它们的光彩无法被淹没，它们中的优秀者亦足以在文学艺术史上留下深深的印记。

---

[1] 有部分作品内容比较复杂，兼有不同类型的特性，故此种分类方法亦是相对而言。比如《宝剑记》便介于忠奸斗争型和英雄传奇型之间。

第二章

明代历史剧的创作观念

与元代戏剧创作兴盛，戏剧理论相对滞后的情况不同，明代戏剧的成就不仅仅表现为数量巨大的优秀作品的出现，同时还表现为一批优秀戏剧理论著作的诞生。这批戏剧理论著作无论深度和广度都较元代有了极大的拓展。[1] 更为可贵的是，这些戏剧理论著作的作者往往也是优秀的传奇作家[2]，所以这批戏剧理论著作熔研究性与实践性于一炉，对当时的乃至后代的戏剧创作都有着积极的指导意义和深远的影响。这些理论著作对涉及历史剧创作观念的几个重要范畴从不同角度给予了精到的分析。同时，它们的见解和理论主张之间存在着差异与重合，而且有比较明显的借鉴、争议、变化、发展，这些都有利于勾勒出明代传奇历史剧创作观念相关范畴发展流变相对清晰的轨迹。

---

[1] 首先，元代戏剧理论著作数量较少，独立的戏剧理论著作凤毛麟角，许多理论片段式地出现在非专门的戏剧理论著作中。其次，涉及问题相对局限，大多侧重于戏曲作家、戏曲演员的记录评述、曲词写作、演唱方法等，对作品"戏剧性"的理论把握比较缺乏。而明代以王骥德《曲律》为代表的大批戏剧理论著作都涉及了作品"戏剧性"方面的问题，戏剧作为叙事文学一种类型的特征受到了重视，所以围绕戏剧作品的"叙事"技巧产生了很多精辟的论断。

[2] 如《南词叙录》的作者徐渭、《词谑》的作者李开先、《曲律》的作者王骥德、《曲品》的作者吕天成、《远山堂剧品》的作者祁彪佳等均是优秀的戏曲作家。

第一节　"若于伦理无关紧，纵是新奇不足传"[1]

如果说在元代相对自由的思想氛围中，历史剧乃至所有的剧作"厚人伦，美风化"的观念更多地出于作家们自发的道德责任感，那么明代历史剧创作中封建伦理道德观念的空前统一与强化则受到了更多外部原因的深刻影响。明代初年统治者采取的一系列政治措施确立了程朱理学在社会思想领域的绝对权威，充盈着道学气的理学说教堂而皇之地占据中国古代戏剧舞台，元代历史剧中对"真善美"个性化的追求开始被"忠孝节义"的僵化图解侵蚀，元代历史剧的鲜活与奔放在明代历史剧中也转化为庄重与深沉。

丘濬的教化传奇《五伦全备忠孝记》首开明代传奇创作道德伦理教化的风气，波及了历史剧创作。《五伦全备忠孝记》第一出《副末开场》云："发乎性情，生乎义理，盖因人所易晓者以感动之。搬演出来，使世上为子的看了便孝，为臣的看了便忠……善者可以感发人之善心，恶者可以惩创人之逸志，劝化世人，使他有则改之，无则加勉……虽是一场假托之言，实万世纲常之理。"这种风气使"明清两代绝大多数的传奇作品都明确标榜伦理教化的主旨，即使是那些离经叛道的'专说风情闺怨'的'淫词艳曲'，也一本正经地贴上伦理教化的标签"[2]。要说明历史剧对伦理教化的必然皈依，我们不妨先观察儿女风情剧的创作情况，男女风情题材的敏感性在于它们在道学家们看来不合于冠冕堂皇、一本正经的伦理教化宗旨，在大庭广众下搬演，往往会"坏人心术"，导人邪淫，所以风情剧作家们出于各种目的，对自己作品的伦理教化功能进行了刻意的强调。云水道人《蓝桥玉杵记》凡例首条云："本传原属霞侣秘授，撰自云水高师，

---

[1] 丘濬：《五伦全备忠孝记》，载《古本戏曲丛刊初集》，商务印书馆1954年版，影印明世德堂刊本。凡引自此本者不再一一出注。

[2] 郭英德：《明清传奇史》，江苏古籍出版社2001年版，第82页。

首重风化，兼寓玄诠，阅者斋心静思，方得其旨。"[1]孟称舜《〈娇红记〉题词》云："传中所载王娇、申生事，殆有类狂童淫女所为。而予题之'节义'，以两人皆从一而终，至于没身而不悔者也。两人始若不正，卒归于正，亦犹孝己之孝，尾生之信，豫让之烈。"[2]"正""孝""信""烈"，无一不符合伦理规范。更有甚者，竟然搬出了最高统治者为风情剧的创作提供合法性，如陈洪绶《〈节义鸳鸯冢娇红记〉序》："则子塞此辞，所以言乎其性情之至也，而亦犹之乎体明天子之广励教化之意而行之者也。"[3]有些作家对于无法起到教化作用的创作甚至主动放弃，比如王骥德自述："余为杂剧，每得数语，辄拈管书之，积且盈帙。因自笑无裨大道，不如且已，遂为阁笔。"[4]

与儿女风情剧比较而言，历史剧的取材大多是重要的历史事件，重大的军事政治斗争，剧作的主人公自然而然是以王侯将相、英雄豪杰为代表的重要历史人物，历史人物的道德品质与封建伦理的条条框框有着千丝万缕的联系，历史剧的内容大多描写这些历史人物可歌可泣的忠义行为、彪炳史册的非凡功业、流芳百世的高风亮节，而所有这些都无法摆脱渗透数千年、深入民族血液的封建伦理观念。上溯到先秦时代，"《春秋》经典隐寓褒贬和垂戒来世的叙事功能，不仅成为中国历代写史遵循不易的准则，而且积淀为历代文人传承不绝的历史道德意识……传奇生长期的历史剧延续了这一传统，大多也是溯本于道德史观的，以阐扬忠孝节义为天职，以惩劝世道人心为本务，表现出与教化传奇殊途同归的艺术趋向"[5]。其实，何止生长期的传奇如此，这种趋向从元代开始，一直绵延于

---

[1]云水道人：《蓝桥玉杵记》，载《古本戏曲丛刊初集》，商务印书馆1954年版，影印本。

[2]朱颖辉辑校：《孟称舜集》，中华书局2005年版，第559页。

[3]朱颖辉辑校：《孟称舜集》附录二，中华书局2005年版，第618页。

[4]王骥德：《曲律》，载中国戏曲研究院编《中国古典戏曲论著集成》（四），中国戏剧出版社1959年版，第181页。

[5]郭英德：《明清传奇史》，江苏古籍出版社2001年版，第91页。

明代乃至清代的历史剧创作中，而且波及各个阶层。明初贵族戏剧家朱有燉《〈黑旋风仗义疏财〉传奇引》云："尝谓仁义之道，在天地间，人人皆具此心。但以物欲交蔽，而有不善存焉。……此可见天理人心，虽下愚夷狄，亦未尝泯绝于仁义之道也。……然亦可使人知彼下愚无赖之徒，尚能知仁义忠顺之一端耳。世之君子，忍能违一毫于仁义忠顺耶？"[1]《双忠记》的作者姚茂良虽然只是落魄士子，但他直接表明自己的创作意图："典故新奇，事无虚妄，使人观听不舍。闾阎之间，男子效其才良；闺门之内，女子慕其贞烈，将见四海同风，咸归尊君亲上之俗，岂小补哉？"[2]相较而言，《薛仁贵跨海征东白袍记》民间色彩极为浓郁，沿袭了有关薛仁贵的民间传说，从其文学语言来看，作者应当是文化层次较低、生活于社会下层的文人。恰如王骥德所言："古曲自《琵琶》《香囊》《连环》而外，如《荆钗》《白兔》《破窑》《金印》《跃鲤》《牧羊》《杀狗劝夫》等记，其鄙俚浅近，若出一手。岂其时兵革孔棘，人士流离，皆村儒野老涂歌巷咏之作耶？"[3]即便如此，"村儒野老"也以宣扬忠孝节义为己任，其开场【西江月】云："论此一本传奇，诸人皆晓所遇，君臣有义，夫妇有节，为子有孝，今日搬演一回，真是一回搬动一回新。"收场诗云："天之宝日月星辰，地之宝五谷丰登，国之宝忠臣烈士，家之宝孝子顺孙。"[4]

及至明朝中后期，以《牡丹亭》《娇红记》等一系列作品为代表，"情"得到了广泛的关注和张扬。如张琦《情痴寤言》对"情"的极力推崇："人之有生也，眉宇现乎外，血性注乎内，情缘煎其中，岂惟儿女子，虽彼豪杰、通儒，豁达自负者，无所感则已，一涉此途，行且靡心就其维

---

[1] 廖立、廖奔校注：《朱有燉杂剧集校注》，黄山书社2017年版，第623—624页。
[2] 姚茂良：《张巡许远双忠记》，载《古本戏曲丛刊初集》，商务印书馆1954年版，影印明富春堂刊本。凡引自此本者不再一一出注。
[3] 王骥德：《曲律》，载中国戏曲研究院编《中国古典戏曲论著集成》（四），中国戏剧出版社1959年版，第151页。
[4] 阙名：《薛仁贵跨海征东白袍记》，载《古本戏曲丛刊初集》，商务印书馆1954年版，影印明富春堂刊本。

系,谁能漠然而游于漭瀁之乡哉?……人,情种也;人而无情,不至于人矣,曷望其至人乎?情之为物也,役耳目,易神理,忘晦明,废饥寒,穷九州,越八荒,穿金石,动天地,率百物,生可以生,死可以死,死可以生,生可以死,死又可以不死,生又可以忘生,远远近近,悠悠漾漾,杳弗知其所之。"[1]生动而深刻地阐释了"情"存在的普遍性、深刻性和拥有的强大力量。流风所及,历史剧创作也深受渗透和影响。多篇为孟称舜的《二胥记》所作的序言仍然持续了教化观点,但精神内涵由于"情"的质素的加入而有所新变:

嗟乎!君臣、父子、夫妇、朋友之间事,何一而不本于诚者哉?(孟称舜《〈二胥记〉题词》)[2]

天下忠孝节义之事,何一非情之所为?故天下之大忠孝人,必天下之大有情人也。(马权奇《〈二胥记〉题词》)[3]

从上面的序言我们可以看出,此时的历史剧作家们已经开始注意情与理的调和,为严肃的伦理教化蒙上一层温情脉脉的面纱:将君臣父子夫妇朋友之间的伦理规范和"诚"相联系,将"忠孝"和"情"互相生发,与洪昇《长生殿》"看臣忠子孝,总由情至"的论点不谋而合。

在注重情理调和之余,明代历史剧作家对建立于戏剧艺术感染力基础上的教化功能有了更为深入、明确的理性认识:

古人往矣,吾取古事,丽今声,华衮其贤者,粉墨其愿者,奏之场上,令观者藉为劝惩兴起,甚或扼腕裂眦,涕泗交下而不能已,此

---

[1] 张琦:《衡曲麈谭》,载中国戏曲研究院编《中国古典戏曲论著集成》(四),中国戏剧出版社1959年版,第273页。
[2] 朱颖辉辑校:《孟称舜集》卷三,中华书局2005年版,第560页。
[3] 朱颖辉辑校:《孟称舜集》附录二,中华书局2005年版,第619—620页。

方为有关世教文字。(王骥德《曲律》卷四《杂论第三十九下》)[1]

今度曲登场,使奸夫、淫妇、强徒、暴吏种种之情形意态,宛然毕陈;而热心烈胆之夫,必且号呼流涕,搔首瞋目,思得一当以自逞,即肝脑涂地而弗顾者,以之风世,岂不溥哉?(吕天成《〈义侠记〉序》)[2]

委巷小夫,目不识之。无于优俳谐谑间,一见忠孝感人事,未有不悲愤流连,泪簌簌数行下,即其人亦不自知其何繇者。(宋之绳《〈二胥记〉叙》)[3]

曲之中有言夫忠孝节义、可钦可敬之事者焉,则虽骏童愚妇见之,无不击节而忭舞;有言夫奸邪淫慝、可怒可杀之事者焉,则虽骏童愚妇见之,无不耻笑而唾詈。(祁彪佳《孟子塞五种曲序》)[4]

明代末年,历史剧创作中的此种倾向不但没有减弱,反而因为激烈变化的政治环境和江河日下的王朝危机得到了空前加强。历史剧作家们试图通过对朝政的事与历史兴亡的回溯惩创人心,挽救王朝的衰颓。范世彦为取材于魏忠贤劣迹的历史剧《磨忠记》作序云:"不过欲令天下村夫鏊妇、白叟黄童睹其事,极口痛骂忠贤,愈以显扬圣德,如曰为善究竟得芳,为恶究竟得臭,一言一动,皆有鬼神纠察,借以防范人心,又其

---

[1] 王骥德:《曲律》,载中国戏曲研究院编《中国古典戏曲论著集成》(四),中国戏剧出版社1959年版,第160页。
[2] 沈璟:《义侠记》,载《古本戏曲丛刊初集》,商务印书馆1954年版,影印明继志斋刊本。
[3] 朱颖辉辑校:《孟称舜集》附录二,中华书局2005年版,第620—621页。
[4] 朱颖辉辑校:《孟称舜集》附录二,中华书局2005年版,第621—622页。据徐朔方《论孟称舜的戏曲创作》(《戏曲研究》第33辑)、黄仕忠《孟称舜〈贞文记〉传奇的创作时间及其他》(《浙江大学学报(人文社会科学版)》2009年第1期)》考证,《孟子塞五种曲序》伪托祁彪佳之名,非祁氏之作。

剩意,则是编未必无益于世云。"[1]而通俗文学的集大成者冯梦龙则抱有更为坚定的教化观念,他认为:"古传奇全是家门正传,从忠孝节义描写性情。"[2]因此,他十分强调戏曲的社会教化功能:"传奇之衮钺,何减春秋笔哉!世人勿但以故事阅传奇,直把作一具青铜,朝夕照自家面孔!可矣。"[3]他通过对前人作品的改编活动,大大增加了作品伦理教化的成分,对于这些改动,他津津乐道:"自余加改窜,而忠孝志节在,种种具备,庶几有关风化,而奇可传矣。"[4]与《磨忠记》创作时间大致同期的《崖山烈》选材极为特殊,以文天祥为主线描写了宋元易代史实,在这样一部与明清易代史实相呼应的作品中,作者依然试图以"忠孝"挽救伦理纲常,其末出【清江引】曲云:"论人生纲常事,需全操,东海何难蹈,千秋正气昭,万古清名耀,休轻觑小,排场都是忠和孝。"[5]

从明代传奇历史剧所塑造的艺术形象来看,满腔忠义却被逼上梁山的林冲(《宝剑记》)、忠君爱国却惨遭屠戮的杨继盛(《鸣凤记》)、赤胆忠心却被逼自刎的伍子胥(《浣纱记》)、功勋累累却蒙冤惨死的岳飞(《精忠记》)、辛苦遭逢却赤心不改的文天祥(《崖山烈》)……他们悲壮的事迹足以令人动容,他们无一不是恪守封建伦理的典范,他们身上无一例外地闪耀着封建社会忠臣良将品质的光芒,所有这些才是明代历史剧作家们极力彰显、张扬之处。

---

[1] 范世彦:《魏监磨忠记》,载《古本戏曲丛刊二集》,商务印书馆1955年版,影印明崇祯间刻本。后文凡引自此本者不再一一出注。
[2] 魏同贤主编:《冯梦龙全集》第12—13册,江苏古籍出版社1993年版,第1375页。
[3] 魏同贤主编:《冯梦龙全集》第12—13册,江苏古籍出版社1993年版,第99页。
[4] 魏同贤主编:《冯梦龙全集》第12—13册,江苏古籍出版社1993年版,第3页。
[5] 朱九经:《崖山烈》,载《古本戏曲丛刊二集》,商务印书馆1955年版,影印清抄本,后文凡引自此本者不再一一出注。

第二节　从"有意驾虚"[1]到"若良史焉"[2]

明代历史剧作品对历史题材的虚实处理体现出较为复杂的观念,总体而言,从前期到后期大致发生了一个从"有意驾虚"(承认艺术虚构)到"若良史焉"(重视史实依据)的转化过程。但是,我们必须明确,这个转化过程只是就作品总体倾向而言,并不能涵盖明传奇创作前后两期所有的作家和作品的创作观念。在这两个时期,对于虚实处理的命题始终存在着不同的声音,大多数历史剧作家对艺术虚构并没有采取完全否定的态度,而是在艺术虚构的程度上有所保留,体现出较为宽容的艺术眼光。

明代前期的历史剧创作继承了元代历史剧"事贵翻空,不以谬悠为讳"的开放心态,一开始就保留了鲜明的虚构意识。这与金元以来戏曲创作的传统是密切关联的,洪九畴《〈三社记〉题辞》,曾评论说:"金元以旋,多称引往事,托寓昔人,借他酒杯,浇我垒块,自可随意上下,任笔挥洒,以故剧曲勘诸史传,往往不合。"[3]一如《新刻出像音注苏英皇后鹦鹉记》第一折【鹧鸪天】所云:"戏曲相传已有年,诸家搬演尽堪怜。无非取乐宽怀抱,何必寻求实事填。身有限,景无边,及时行乐莫流连。"[4]以娱乐性为要,不执着于"实事"。

此时出现的大批历史剧大多为宋元戏文旧作改编后的作品,很大程度上保留了这些作品原有的创作形态。如阙名的《金丸记》以元杂剧《金水桥陈琳抱妆盒》为蓝本,此剧多出于艺术虚构,正史无刘后使宫人溺死太子等事,亦未见陈琳、寇承御之名,《金丸记》则保留了《抱妆盒》虚

---

[1] 吕天成:《曲品》卷上,载中国戏曲研究院编《中国古典戏曲论著集成》(六),中国戏剧出版社1959年版,第209页。
[2] 胡应麟:《少室山房笔丛》,上海书店出版社2001年版,第426页。
[3] 其沧:《三社记》,载《古本戏曲丛刊三集》,文学古籍刊行社1957年版,影印明刊本。
[4] 阙名:《新刻出像音注苏英皇后鹦鹉记》,载《古本戏曲丛刊初集》,商务印书馆1954年版,影印明富春堂刊本。

构的主要关目和情节（如陈琳以妆盒夹带太子出宫、被逼拷打寇承御等）。周礼在宋元阙名戏文《秦太师东窗事犯》的基础上改编而成的《东窗记》，"剧中情节多采诸野史杂传，与正史多不合……剧云钦赐岳飞玉带、锦旗，为秦桧所匿，史则载岳飞亲受精忠旗。剧叙岳飞单骑独归，后欲屈招，恐二子领兵报怨，遂招之同入狱，史传无此事"[1]。经过对史传记载的改变，作者通过隐匿玉带锦旗一事突出了秦桧嫉贤妒能的奸臣本质，通过岳飞招子赴死的惨烈行为表彰岳飞对君王的耿耿忠心，从艺术上取得了更加震撼人心的效果。《和戎记》不但保留了元杂剧《破幽梦孤雁汉宫秋》的故事梗概（按：《汉宫秋》对于史传相关记载已经有了相当大的改变，如毛延寿点破昭君画像事、昭君投江事，皆为正史所未载），而且在艺术虚构上有所迈进，增加了萧善音代昭君远嫁匈奴、元帝复娶昭君之妹王秀真之事，尽管从艺术角度来说这些情节设置并不完全成功，但是从另一个角度证明了明代前期此类作品改造历史题材的艺术勇气。此外，如取材于三国故事的《古城记》《草庐记》等也更多地保留了民间传说的痕迹，主要依据为《三国志平话》及元明间同题材剧本。主要人物关羽、刘备、诸葛亮的事迹多与正史记载不合（按：诸如关羽过五关斩六将事、刘备被困黄鹤楼事、诸葛亮借东风事皆为正史所未载）。同期作品如《举鼎记》《白袍记》《金貂记》等亦较多保留了"尚虚"倾向。[2]

与上述诸剧的创作观念不同，部分文人的改编和创作体现出对史实的尊重态度，通过对同一题材创作的对比，会显示出更直观、明显的差异。赵氏孤儿题材在元明两代戏曲创作中都受到关注，甚至保留下了演出

---

[1] 郭英德编著：《明清传奇综录》，河北教育出版社1997年版，第12页。
[2] 罗宗强《明代文学思想史》（中华书局2019年版，第300—339页）将明代历史演义小说所反映的文学思想概括为：似真非真、非真似真的创作倾向（用真的历史虚构故事，借虚构故事演绎历史）；亦雅亦俗的情趣追求（易于被士人接受，也适合民间口味）；主要事件在历史提供的线索之内，而想象越出历史提供的线索之外，虽敷演历史而实由艺术之创造；功利与娱乐兼重的创作动机。这些特点对于我们观照明代历史剧及至中国古代历史剧提供了重要的参考视角。

此剧的详细记录。[1] 阙名《重订赵氏孤儿记》开篇【满江红】云:"咏月披云,诗曲赋得趣,偏得惯,诨砌科乔,这般学识。毕竟世情多孟浪,何妨肺腑为编捻。闲观处,撰掇一曲新词,真奇特。有欢笑,有离析,无灵异,无奇绝。按父子恩情,君臣忠直。休言打动众官人,直甚感动公侯伯。"[2] 其创作态度明显比较轻松、开放,并不纠结于史实,而以娱乐和审美趣味为重要旨归。祁彪佳对徐叔回所作《八义记》(按:非现存汲古阁刊本《八义记》)进行评论时说:"传赵武事者有《报冤记》,又有《接缨记》,此则以《八义记》名。记中以程婴为赵朔友,以獒犬在宣孟侍宴之际,以韩厥生武而不死于武,以成灵寿之功,皆本于史传,与时本稍异。"[3] 对于此本细节本于史传则颇为肯定,体现了浓厚的文人趣味。

梁辰鱼创作《浣纱记》时,将《左传》《史记》《吴越春秋》《越绝书》的相关记载作为剧作故事情节的主要来源;华山居士作《投笔记》则主要把《后汉书》对班固的记载当作创作的主要依据。二者均没有采取更多的民间传说,所以大体而言属于尚实之作。金怀玉所作的《望云记》尽管"词未佳",但由于其"纪梁公妙事殆尽,演甚好"[4] 而得到吕天成的肯定,

---

[1] 李开先《词谑·词乐》(载俞为民、孙蓉蓉编《历代曲话汇编·明代编》第一集,黄山书社2009年版,第391—392页)记载了颜容演出《赵氏孤儿》的细节:"颜容,字可观,镇江丹徒人,全之同时也。乃良家子,性好为戏。每登场,务备极情态;喉音响亮,又足以助之。尝与众扮《赵氏孤儿》戏文,容为公孙杵臼,见听者无戚容,归即左手捋须,右手打其两颊尽赤,取一穿衣镜,抱一木雕孤儿,说一番,唱一番,哭一番,其孤苦感怆,真有可怜之色,难已之情。异日复为此戏,千百人哭皆失声。归,又至镜前,含笑深揖曰:'颜容,真可观矣!'"

[2] 阙名:《重订赵氏孤儿记》,载《古本戏曲丛刊初集》,商务印书馆1954年版,影印明世德堂刊本。

[3] 祁彪佳:《远山堂曲品》,载中国戏曲研究院编《中国古典戏曲论著集成》(六),中国戏剧出版社1959年版,第67页。

[4] 吕天成:《曲品》,载中国戏曲研究院编《中国古典戏曲论著集成》(六),中国戏剧出版社1959年版,第248页。

祁彪佳对此剧"演狄梁公事甚备"也表示赞赏。[1]姚茂良独立创作的《双忠记》更明显地体现了尊重历史记载的倾向，作者在剧作第一折表明了自己的尚实观念："幽怀无可托，搜寻传记，考究忠良，偶见睢阳故事，意惨情伤，便把根由始末，都编作律吕宫商，《双忠传》天长地久，节操凛冰霜……事无虚妄，使人观听不舍。"他依据《新唐书》和《旧唐书》的相关记载，基本从实叙写了安史之乱中张巡、许远死守城池、杀身取义的悲壮故事。

在历史题材创作中，对于古事、时事的处理需要有所区别。洪九畴《〈三社记〉题辞》云："夫传记之作，盖以信今而传后也……若今时用当世手笔谱当前情事，正如布帛菽粟随人辨识，稍一语非是，一毫非真，便与其人其事相远，群起而攻其伪且诞，宜矣。故传近事与传昔人，其难易相去政不啻十倍也……所谓以当世手笔写当前情事，正复与其人其事不甚相远，洵足以信今而传后矣。"[2]他的见解在人物传记型历史剧和时事剧创作中得到了很好的体现。阙名《鸣凤记》剧中所演多系实录，当采自朝廷邸报并依据亲身见闻而作。被吕天成评为"纪诸事甚悉，令人有手刃贼嵩之意"[3]。范世彦为时事剧《磨忠记》作序云："且秽恶万状，载于诸名公奏疏者，睹之令人毛发都竖……是编也，举忠贤之恶，一一暴白，岂能尽罄其概。"由此可见作者对史料采集也较为审慎。冯梦龙《墨憨斋新订精忠旗传奇叙》云："旧有《精忠记》，俚而失实，识者恨之。从正史本传，参以《汤阴庙记》事实，编成新剧，名曰《精忠旗》。"他对《精忠记》的改编以"正史本传"和"庙记"为本，力图改变旧作"俚而失实"的状

---

[1] 参见祁彪佳《远山堂曲品》，载中国戏曲研究院编《中国古典戏曲论著集成》（六），中国戏剧出版社1959年版，第106页。

[2] 洪九畴：《〈三社记〉题辞》，载《古本戏曲丛刊三集》，文学古籍刊行社1957年版，影印明刊本。

[3] 吕天成：《曲品》卷下，载中国戏曲研究院编《中国古典戏曲论著集成》（六），中国戏剧出版社1959年版，第249页。

况。[1]吴伟业在为李玉之《清忠谱》作序时云:"李子玄玉所作《清忠谱》最晚出,独以文肃与公相映发,而事俱按实,其言亦雅驯;虽云填词,目之信史可也。"[2]可见,在明末清初知识分子心目中,对历史事实的尊重程度和忠实程度乃是评价一部历史剧成功与否的重要标准,历史剧作品的历史价值受到了空前的重视。

但事实上有明一代主张建立于史实基础上的适度虚构的声音一直没有停止,许多剧作家对于适度的艺术虚构一直保持着较为宽容的态度,早在李开先创作《宝剑记》时便说:"诛谗佞,表忠良,提真托假振纲常。"(第一出【鹧鸪天】)[3]这一观点逐步得到了历史剧作家们的普遍赞同,虚实之间出现了调和的趋势,这种趋势更符合历史剧创作的实际,是创作实践的经验之谈。王世贞在观看了《关侯斩貂蝉》传奇后发出了"兹事岂必真,可以快千里"[4]的感叹。

谢肇淛明确肯定了戏剧作为文艺作品的虚构特性:"凡为小说及杂剧戏文,须是虚实相半,方为游戏三昧之笔,亦要情景造极而止,不必问其有无也。"他对戏剧创作中过于倚重史传的倾向进行了辛辣的讽刺:"近来作小说,稍涉怪诞,人便笑其不经,而新出杂剧,若《浣纱》《青衫》《义乳》《孤儿》等作,必事事考之正史,年月不合、姓字不同,不敢作也,如此则看史传足矣,何名为戏?……近来文人好以史传合之杂剧而辨其谬讹,此正是痴人前说梦也。"[5]胡应麟从他对"戏"内涵的理解出发,肯定戏曲创作的虚构性:"凡传奇以戏文为称也,亡往而非戏也,故其事欲谬

---

[1] 参见魏同贤主编《冯梦龙全集》第12—13册,江苏古籍出版社1993年版,第367页。
[2] 李玉撰,陈古虞、陈多、马圣贵点校:《李玉戏曲集》附录,上海古籍出版社2004年版,第1790—1791页。
[3] 李开先著,卜键笺校:《李开先全集》,文化艺术出版社2004年版,第931页。
[4] 王世贞:《见有演〈关侯斩貂蝉〉传奇者,感而有述》,载俞为民、孙蓉蓉编《历代曲话汇编·明代编》第一集,黄山书社2009年版,第524页,"里"疑当作"秋"。
[5] 谢肇淛:《五杂组》,上海书店出版社2009年版,第313页。

悠而亡根也，其名欲颠倒而亡实也。反是而求其当焉，非戏也。"[1]陈继儒则从创作者、欣赏者互动的角度来探讨戏曲创作中艺术虚构的神奇作用："自古词场狡狯，偏要在真人前弄假，却能使真人认假成真；偏要在痴人前说梦，却能使痴人因梦得觉。"[2]言简意深，揭橥"真""假"的辩证、转化，发人深省。

在《墨憨斋新订精忠旗传奇叙》中，冯梦龙说："编中长舌私情，及森罗殿勘问事，微有妆点。然夫妇同席，及东窗事发等事，史传与别记俱有可据，非杜撰不根者比。方之旧本，不径庭乎？"[3]尽管他一贯主张重史尚实，对凭空杜撰尚心存芥蒂，力图说明自己的改编工作有凭有据，但是，他也不得不承认剧作中艺术虚构不可避免的存在。明代戏曲理论的集大成者王骥德从古今戏剧创作虚实处理对比的角度，表达了自己的观点："古戏不论事实。亦不论理之有无可否，于古人事多损益缘饰为之，然尚存梗概。后稍就实，多本古史传杂说略施丹垩，不欲脱空杜撰。迩始有捏造无影响之事以欺妇人、小儿者，然类皆优人及里巷小人所为，大雅之士亦不屑也。"[4]"剧戏之道，出之贵实，而用之贵虚。"[5]他的观点对历史剧创作的启示是：艺术虚构是成功的历史剧创作不可或缺的要素，但是，这种虚构要建立在尊重史实（尤其对于重大历史题材的相关史实）的基础上，不能轻易伤其筋骨，加以改窜，因为历史剧作为一种特殊的戏剧类

---

[1] 胡应麟：《少室山房笔丛》，上海书店出版社2001年版，第425页。但事实上，胡应麟作为文人对于历史剧本事考辨仍极有趣味，如他对于《单刀会》依据元朝"村学究"所编吴蜀演义创作，不符合史书记载，颇不以为然。

[2] 陈继儒：《题徐文长批点昆仑奴杂剧》，载俞为民、孙蓉蓉编《历代曲话汇编·明代编》第二集，黄山书社2009年版，第237页。

[3] 魏同贤主编：《冯梦龙全集》第12—13册，江苏古籍出版社1993年版，第367页。

[4] 王骥德：《曲律》，载中国戏曲研究院编《中国古典戏曲论著集成》（四），中国戏剧出版社1959年版，第147页。

[5] 王骥德：《曲律》，载中国戏曲研究院编《中国古典戏曲论著集成》（四），中国戏剧出版社1959年版，第154页。

别，要求作家的创作具备一定的审慎性和严肃性，要兼顾剧作的社会影响，将艺术虚构保留在适度的范围之内。祁彪佳《〈全节记〉序》展示了他对此剧题材虚实处理的方法：

> 苏子卿十九年匈奴，从容全节，较逢比尤难。至于嚼雪得生，羝羊得乳，人也而天矣。……子卿奇迹，《史》《汉》业有全传矣。文人学士，无不扼腕而想见其人，然妇竖不识也。于是谱之声歌，借优孟衣冠，以开子卿之生面。……其构局必取境于新，故不入俗。其构词必合法于古，故不伤雅。零金碎玉，化为舌上青莲，试一演之，穷愁萧瑟之景，与慷慨激烈之概，历历如睹。……世以武人目少卿，少卿且不受，而况以败将目之乎。所惜少一死耳。记中状义诀自到一段，为少卿速驾，自是补天手。传者因少卿书"胤子无恙"之语，遂有子卿娶胡妇事。丈夫立身光明俊伟，此正见其行权济经之处，不必为之讳也。白雁上林，风人之致，又何妨以假作真哉。[1]

在此剧中，祁彪佳对于苏武、李陵事迹的取舍主要根据正史记载，据实敷演，但同时又对某些题材的适当剪裁和虚构，对真假虚实的处理以作品的艺术感染力为评判标准，灵活权变。比如娶胡妇是立身光明俊伟的苏武"行权济经之处，不必为之讳也"。而对于李陵身陷绝境被俘，"所惜少一死"，作者则加入"义诀自到一段，为少卿速驾"，以为补天之手。"以假作真"，全为成就"白雁上林，风人之致"。既尊重了历史记载，又体现了作者的创作意图。如此可以改变历史剧创作中"事事考之正史，年月不合、姓字不同，不敢作也"的倾向，挽救历史剧作品"若良史焉，古意微矣"[2]缺乏风致的处境。

---

[1] 祁彪佳著，黄裳校录：《远山堂明曲品剧品校录》，上海出版公司1955年版，第273—274页。

[2] 胡应麟：《少室山房笔丛》，上海书店出版社2001年版，第426页。

特别值得一提的是，后代历史剧创作中有面目极为特殊一类的"补恨"之作，其实，明代作家已有此类冲动。吕天成《曲品》评《精忠记》传奇时云："此岳武穆事，词简净。演此令人眦裂。予欲作一剧，不受金牌之召，直抵黄龙府，擒兀尤，返二帝，而正秦桧法，亦一大快事也。"[1]张彝宣《倒精忠》（又名《如是观》）即吕天成创作思路的实践，值得关注。

程羽文在《〈盛明杂剧〉序》中说："凡天地间，知愚、贤否、贵贱、寿夭、男女、华夷有一事可传，有一节可录，新陈言于牍中，活死迹于场上，谁真谁假，是夜是年，总不出六人搬弄。状忠孝而神钦，状奸佞而色骇；状困窭而心如灰，状荣显而肠似火；状蝉脱羽化，飘飘有凌云之思，状玉窃香偷，逐逐若随波之荡。"[2]戏剧作为综合艺术，最终要在舞台上接受观众的检验，剧作要吸引更多观众，不仅需要有"可传""可录"的适当题材，"新陈言于牍中"的文学技巧，而且需要演员"活死迹于场上"的表演技巧，观众对作品"谁真谁假"的认知不仅仅取决于剧本对其题材的虚实处理，还取决于作品承载情感的真假和演员场上表演的"真假"、传神程度。周之标《吴歈萃雅·又题辞》云："余论时曲，而惟耽其情真境真，则凡真者尽可采，不问戏曲、时曲也。时曲者，无是事有是情，而词人曲摩之者也。戏曲者，有是情且有是事，而词人曲肖之者也。有是情，则不论生旦丑净，须各按情，情到而一折便尽其情矣。有是事，则不论悲欢离合，须各按事，事合而一折便了其事矣。自古忠臣之忠，烈士之烈，义士之义，节妇之节，以至于佞臣之口，谗人之舌，昏主之丧国，荡子之丧家，冶妇之丧节，何一不具？何一不真？"[3]亦如邹迪光《词林逸

---

[1] 吕天成：《曲品》，载中国戏曲研究院编《中国古典戏曲论著集成》（六），中国戏剧出版社1959年版，第227页。

[2] 沈泰、邹式金辑：《盛明杂剧》，中国书店2012年影印版。

[3] 俞为民、孙蓉蓉编：《历代曲话汇编·明代编》第二集，黄山书社2009年版，第418—419页。

响序》所说:"不征事实,独肖神情。壮士听而徘徊,幽人闻之堕泪。"[1]历史剧作品追求人情之真,追求人事之真,方能塑造出神情毕肖的人物,通过他们的事迹吸引观众,用他们的情感表达打动观众。这种关注历史剧艺术感染力的视角与当代历史剧作家郭启宏、郑怀兴等人"传历史之神""传人物之神"的主张和实践是相通甚至一致的。

第三节 "厌常喜新"[2]与"演奇事,畅奇情"[3]

明代戏剧作家们不仅将他们所创作和规范的长篇戏曲剧本明确标举为"传奇",而且从精神内核上体现着求新求奇的明显倾向。他们的戏剧理论著作从不同层次和角度明确阐述了求新求奇的创作观念,所谓"传奇,传奇也,不过演奇事,畅奇情"(削仙□:《〈鹦鹉洲〉序》)[4],这种倾向和观念盛行于有明一代的戏剧创作中,历史剧创作自然也无法超脱于风气之外。

王骥德在《曲律》中说:"若今新戏日出,人情复厌常喜新,故不过数年,即弃阁不行,此世数之变也。"[5]所谓"世数之变"无疑是指明代中后期伴随着人性解放思潮而为之大变的社会风气,人们开始明确地追求世俗的欢乐,追求个性的解放,追求新鲜事物的刺激,为满足广大读者和观众求新求奇的审美趣味,包括戏曲、小说在内的俗文学作品(相对于诗文而言)对作品故事情节、人物形象的传奇性给予了高度的重视,作家们普

---

[1] 俞为民、孙蓉蓉编:《历代曲话汇编·明代编》第一集,黄山书社2009年版,第748页。
[2] 王骥德:《曲律》,载中国戏曲研究院编《中国古典戏曲论著集成》(四),中国戏剧出版社1959年版,第155页。
[3] 陈与郊:《鹦鹉洲》,《古本戏曲丛刊二集》,商务印书馆1955年版,影印明刊本。
[4] 陈与郊:《鹦鹉洲》,《古本戏曲丛刊二集》,商务印书馆1955年版,影印明刊本。
[5] 王骥德:《曲律》,中国戏曲研究院编《中国古典戏曲论著集成》(四),中国戏剧出版社1959年版,第155页。

遍认为只有新奇的作品才具有蓬勃的生命力和足够的吸引力。创自民间下层人士的《薛仁贵跨海征东白袍记》开场即云："一段新奇故事，须交羽省驰名，三千里在腹中存。正是华筵开四座，惊动五灵神。……真是一回搬动一回新。"[1]由文人群体精心结撰的杂剧汇集而成的《盛明杂剧》凡例一提出的编选标准是："此集只词人一脔，然非快事韵事、奇绝趣绝者不载。"[2]可见，"新奇"作为戏曲创作中一种普遍性的追求得到明代各个层次、各个体裁戏曲作家的认同。

从"求新"的角度来讲，明代历史剧作品创作的题材固然与前代有所重合，但是，大量前人剧作未涉及的历史人物和历史事件进入了作家有意识的创作之中。如张凤翼的历史剧系列《红拂记》《窃符记》《虎符记》《灌园记》直接取材史传，少有对前人剧作的依傍。张凤翼之后，明代社会求新风气日盛，文人历史剧作家的求新意识更为高涨，屠隆的《彩毫记》(李白为主角)、陈与郊的《麒麟罽》(韩世忠为主角)、金怀玉的《望云记》(狄仁杰为主角)、佘翘的《量江记》(樊淑清为主角)、陈汝元的《金莲记》(苏轼为主角)乃至寰宇显圣公的《麒麟记》(孔子为主角)等都体现了鲜明的创新意识。明代历史剧求新意识的另一重要标志是时事剧的创作，发生于本朝本代的重大政治事件，相去不过数年的政治人物走上历史剧的舞台不啻为一大奇观(如《鸣凤记》中的严嵩父子、杨继盛、夏言，《磨忠记》中的魏忠贤、客氏、杨涟，《喜逢春》中的毛士龙、左光斗，《清忠谱》中的周顺昌等人)。时事剧作家们在作品题材方面体现的求新意识和创作勇气令人钦佩。

另外，"求奇"观念也是明代剧作家们的普遍共识，相关见解比比皆是。夏尚忠《〈彩舟记〉叙》云："天下有奇品，而后有奇见闻，即见闻之

---

[1] 阙名：《薛仁贵跨海征东白袍记》，《古本戏曲丛刊初集》，商务印书馆1954年版，影印明富春堂刊本。
[2] 沈泰、邹式金辑：《盛明杂剧》，中国书店2012年影印版。

奇，而寓于言，斯足以骇人耳目，传今古为不磨。"[1]倪倬《〈二奇缘〉小引》云："传奇，纪异之书也，无奇不传，无传不奇。"[2]茅暎《题〈牡丹亭〉记》云："第曰传奇者，事不奇幻不传，辞不奇艳不传。其间情之所在，自有而无，自无而有，不瑰奇愕眙者亦不传。"[3]明代戏剧作家们为寻找奇异的故事素材费尽苦心："今日欲作一传奇，毋论好手难遇，即求一典故新采可动人者，正亦不易得耳。"[4]就历史剧创作而言，作家们也在努力寻找奇人奇事，逢明生在为陈与郊的《灵宝刀》所作的序言中说："自小说稗编兴，而世遂多奇文、奇人、奇事。然其最毋逾于《水浒传》。而《水浒》林冲一段为尤最。其妇奇，其婢奇，其伙类更奇，故表而出之，以为传奇。不独此也，传中有府尹，有孙佛儿，不惮熏天炙手之权谋，而能昭雪无罪，又奇之奇者也。"[5]他认为此剧的高明之处在于选择了林冲、林冲之妻张贞娘、侍女锦儿等这样一些富于传奇性的主要人物，梁山好汉这个富于传奇性的群体以及他们不为人们熟知的传奇经历。佘翘对自己创作《量江记》的动机也有所说明："余故不喜填词，间制一二种，义取于章既往、鉴方来而已，不欲以声律自见也。今夏烦暑，掩肩偶披《宋史》樊淑清传，因惟淑清亦吾郡一奇士，郡令不闻，所以表异者。里中人或多不悉其事，辄复假传奇以章之。"[6]他认为樊淑清乃"奇士"，他的传奇事

---

[1] 汪廷讷：《环翠堂乐府彩舟记》，《古本戏曲丛刊二集》，商务印书馆1955年版，影印明刊本。
[2] 许恒：《笔耒斋订定二奇缘传奇》，《古本戏曲丛刊三集》，文学古籍刊行社1957年版，影印明刊本。
[3] 汤显祖：《牡丹亭》，《古本戏曲丛刊初集》，商务印书馆1954年版，影印明朱墨刊本。
[4] 王骥德：《曲律》，载中国戏曲研究院编《中国古典戏曲论著集成》(四)，中国戏剧出版社1959年版，第148页。
[5] 陈与郊：《灵宝刀》，《古本戏曲丛刊二集》，商务印书馆1955年版，影印明刊本。后文凡引自此本者不再一一出注。
[6] 佘翘：《量江记》，《古本戏曲丛刊二集》，商务印书馆1955年版，影印明继志斋刊本。后文凡引自此本者不再一一出注。

迹不为人所知，实属憾事，故运笔成戏"以章之"。冯梦龙对富于传奇性的历史题材也表现出极大的兴趣："奇如灌园，何可无传？而传奇如世所传之《灌园》，则愚谓其无可传，且忧其终不传也。"[1]他自信地认为《灌园记》尽管题材足够新奇，但受到创作水平限制，"无可传"，经过自己加工后的《新灌园》才能充分将此传奇更好地流传后世。明代剧作家还主动通过评点的方式将作品之"奇"展示给观众。如陈继儒《〈红拂记〉序》所云："予谓传中所载，皆奇人也。事奇文亦奇，云蒸霞变，卓越凡调，不佞取而诠之释之，亦为好奇者歌咏。"[2]

事实上，风云变幻的历史，颠簸起伏的人生，原本就犹如戏场，上演着一幕幕离奇新鲜的活剧。谢肇淛说："人世仕宦，政如戏场上耳，倏而贫贱，倏而富贵，俄而为主，俄而为臣，荣辱万状，悲欢千状，曲终场散，终成乌有。"[3]邹迪光《观演戏说》亦感慨系之：

> 然人生亦一戏耳，大块宇宙亦一戏场耳。淮阴饿夫，登坛秉钺；咸阳刀笔，通侯胙土；大将家奴，东陵故侯；蜀山之铜，不救饿死；商於之富，亡补车裂；苧萝村子，席宠吴宫；邯郸才人，下逮厮养；铜爵荒凉，黄犬咨嗟；食桃亦爱亦憎，失马亦祸亦福；苌弘之于碧血，望帝之于杜宇；高台倾，曲池平；庆者在闾，吊者在途，此非一人之身而妍可丑异状，一生之内而宠辱多歧，可骇可愕，类若一戏者乎？不独人生一戏，即天地亦一戏。时寒时燠，时雨时阳；时而景星宵云，时而晕适抱珥；时而醴泉出，嘉禾生，时而川涸山崩，岁恶不入。白云苍狗，沧海桑田，不可端倪，不可符质，夫非一戏耶？故林

---

[1] 魏同贤主编：《冯梦龙全集》第12—13册，江苏古籍出版社1993年版，第3页。
[2] 俞为民、孙蓉蓉编：《历代曲话汇编·明代编》第二集，黄山书社2009年版，第231页。
[3] 谢肇淛：《五杂组》，上海书店出版社2009年版，第313页。

林生类,莫非傀儡,种种世事,尽属俳优;茫茫今古,何非角抵。[1]

此段所列多为历史人物及其事迹,极为丰富。原本就充满传奇色彩、姿态万千的历史、人生、自然,对历史剧创作而言可谓取之不尽、用之不竭的源泉。

在历史剧创作的具体过程中,作家们注意运用生旦离合、巧合误会、鬼神角色穿插等叙事技巧,力图把原有故事情节的奇异性发挥到极致。但是这些技巧和手段的运用成为僵化的模式,或者超过一定限度之后,便对剧作产生了负面的影响。冯梦龙《〈永团圆〉总评》指出了当时创作中存在的轻视内容、单纯追求技巧的倾向:"古传奇全是家门正传,从忠孝节义描写性情。新剧只知余波点染,纵观发笑,否则以幻怪取异而已。"[2]他在《〈曲律〉叙》中针对当时的戏曲创作中蹈袭模仿以致俗套和过分求新以致乖体提出批评:"数十年来,此风忽炽,人翻窠臼,家画葫芦,传奇不奇,散套成套。讹非关旧,诬日从先,格喜创新,不思乖体。"[3]凌濛初《谭曲杂札》指出戏曲创作中过分造幻以致违背人情物理、适得其反:"旧戏无扭捏巧造之弊,稍有牵强,略附鬼神作用而已,故都大雅可观;今世愈造愈幻,假托寓言,明明看破无论,即真实一事,翻弄作乌有子虚,总之,人情所不近,人理所必无。世法既自不通,鬼谋亦所不料,兼以照管不来,动犯驳议,演者手忙脚乱,观者眼暗头昏,大可笑也。"[4]过分的奇幻,会令演员和观众如坠汹涌波涛,颠簸起伏,迷茫四顾,无所适从。

---

[1] 俞为民、孙蓉蓉编:《历代曲话汇编·明代编》第一集,黄山书社2009年版,第746—747页。

[2] 俞为民、孙蓉蓉编:《历代曲话汇编·明代编》第三集,黄山书社2009年版,第43页。

[3] 王骥德:《曲律》,载中国戏曲研究院编《中国古典戏曲论著集成》(四),中国戏剧出版社1959年版,第47页。

[4] 凌濛初:《谭曲杂札》,载中国戏曲研究院编《中国古典戏曲论著集成》(四),中国戏剧出版社1959年版,第258页。

恰如削仙□为《鹦鹉洲》作序所云："传奇，传奇也，不过演奇事，畅奇情。而近世贤豪乃欲泄己之蓄抑，亦鼓人之艳慕，至推堕溷潘中，则太奇尔。"[1] 可见，对"求新求奇"带来的种种弊端，明代剧作家已经有所认识和反思。对于戏剧创作而言，弊端和成就同样是宝贵的财富。"求新求奇"观念影响下多种叙事技巧在历史剧创作中运用的得失成败，都给后代戏曲创作以重要启迪。

第四节　"寓言寄意"[2]

郑振铎在《〈古本戏曲丛刊二集〉序》中对明代传奇曾经有这样的评论：

> 别有一部分有志之士则关怀当时政局，大不满于明帝国没落期的种种腐败黑暗的现象，而于其所作剧曲里加以大胆的暴露，加以直接的攻击与讽刺，或借古人之酒杯，浇时人之块垒，像《喜逢春》《磨忠记》，像《双烈》《玉镜台》《精忠》《崖山》《冬青》诸记，都是有感而发，有所为而作的，慷慨悲歌，光彩动人。[3]

郑先生充分认识到了明代传奇历史剧创作"有感而发""有所为而作"的寓言性特征。这一特征的出现绝非偶然，在明代，戏剧作品的"寓言性"得到了广泛的承认，剧作家们对这一特性有了明确的认识和理论阐述，历史剧创作中"寓言"倾向与元代相比开始从隐含于创作走向明确标榜。在李贽看来，传奇戏曲甚至与儒家经典《诗经》一样，每部作品都寄

---

[1] 陈与郊：《鹦鹉洲》，《古本戏曲丛刊二集》，商务印书馆1955年版，影印明刊本。
[2] 陈昭远：《叙〈三祝记〉》，《古本戏曲丛刊二集》，商务印书馆1955年版，影印明刊本。
[3]《古本戏曲丛刊二集》，商务印书馆1955年版，卷首。

托着作者的心声，因而具有"兴观群怨"的功能："孰谓传奇不可以兴，不可以观，不可以群，不可以怨乎？饮食宴乐之间，起义动慨多矣。今之乐犹古之乐，幸无差别视之其可！"[1]

丘濬的伦理教化剧《五伦全备记》尽管并非历史剧，然正如前文所述，它迎合了明代官方对程朱理学的尊崇，明确的寓言意识和创作实践影响了有明一代几乎所有题材的戏曲创作。第一出《副末开场》【临江仙】一曲云："这本《五伦全备记》分明假托扬传，一场戏里五伦全备，他时世曲，寓我圣人言。"第二十九出《会合团圆》众人合唱："这戏文一似庄子的寓言流传，在世人搬演，但凡世上有心人，须听俺谆谆语。"丘濬首先肯定了"寓言"的创作方法"对虚构叙事的明确认可"，其次"肯定传奇戏曲创作是有'所为'而作，即包含着作家的理念和情感，这是对主观叙事的明确认可。而衡度传奇作品'寓言'叙事真实性的标准，不是客观的'事'，而是主观的'言'，即所'寓'之'理'或'情'应具有真实性，即使所叙之事是假的，虚的也无关紧要"[2]。"所谓'寓言'倾向，则指的是以意（即劝孝、表忠、表节以及劝人为善）为本，而不是以事为本，由此超越了人物和事件的真与假，虚与实，可以就事敷陈，也可以凭空捏造，目的只是达意而已。"[3]明清历史剧作家们对剧中所"寓"之"情"与"理"都有明确揭示。

他们首先肯定剧作与作者个人坎坷的社会经历和人生经验息息相关，作者在剧中寄托了自己的磊落不平之情、愤世嫉俗之情，所谓寓"情"于剧，徐翙《〈盛明杂剧〉序》云：

> 今之所谓南者，皆风流自赏者之所为也；今之所谓北者，皆牢骚

---

[1] 俞为民、孙蓉蓉编：《历代曲话汇编·明代编》第一集，黄山书社2009年版，第542页。
[2] 郭英德：《明清传奇戏曲文体研究》，商务印书馆2004年版，第232页。
[3] 郭英德：《明清传奇戏曲文体研究》，商务印书馆2004年版，第233页。

肮脏、不得于时者之所为也。……他若康对山、汪南溟、梁伯龙、王辰玉诸君子，胸中各有磊磊者，故借长啸以发舒其不平，应自不可磨灭。[1]

苏洲（雪蓑渔者）《〈宝剑记〉序》云：

> 天之生才，及才之在人，各有所适。夫既不得显施，譬之千里之马而困槽枥之下，其志常在奋报也，不得不啮足而悲鸣。是以古之豪杰俊伟之士，往往有所托焉，以发其悲涕慷慨抑郁不平之衷。[2]

《中麓小令跋语》云：

> 顾紫霞曰：夫歌曲何为者也？所以委曲言志，宣畅幽郁，以归诸和平者也。……虽栽花剪柳，嘲风咏月，而忠君爱亲，明哲保身之道，于是在乎。[3]

除去这种文人阶层普遍存在的牢骚不平之气，更有甚者，将作品当作对他人攻击诽谤的工具，寄寓自己的好恶之情，沈德符云："填词出才人余技，本游戏笔墨间耳，然亦有寓意讥讪者，如王渼陂之《杜甫游春》，则指李西涯及杨石斋、贾南坞三相；康对山之《中山狼》，则指李崆峒；李中麓之《宝剑记》，则指分宜父子；近日王辰玉之《哭倒长安街》，则指

---

[1] 沈泰、邹式金辑：《盛明杂剧》，中国书店 2012 年影印版。
[2] 李开先著，卜键笺校：《李开先全集》，文化艺术出版社 2004 年版，第 928—929 页。此序《闲居集》亦收，且云"改窜雪蓑之作"。
[3] 俞为民、孙蓉蓉编：《历代曲话汇编·明代编》第一集，黄山书社 2009 年版，第 434—435 页。

建言诸公是也。"[1]此语虽不无臆断之嫌,然而也绝非空穴来风,因为文学作品中暗寓他意实在是中国文学的一个特殊传统,在明代激烈的政治斗争中,文人通过隐晦的语言在戏剧作品中一吐胸中的不满与怨气更不意外。此外,明代历史剧中可考者尚有寄托兄弟之情的剧作。在著名剧作家徐复祚的历史剧《宵光记》中,作者原为描写西汉名将卫青发迹的传奇经历,但是他却在剧中花费了大量的篇幅描写卫青与异母兄弟郑跖之间的激烈矛盾,"卫青、郑跖兄弟阋墙事,或徐氏有感于其家事而作,万历三十七年(1609),徐复祚之弟鼎祚,告发其长兄昌祚谋产杀姑,昌祚因此被逮下狱,自尽身亡"[2]。对于家变和兄弟反目,徐复祚痛心之余在历史题材的剧作中大量描写兄弟争斗与和解的过程等属于社会伦理剧的内容,其中有所寄托当无疑义。此外,受到儿女风情戏的影响,当时的文人阶层在历史剧作中亦多描写英雄美人的恋情与结合,所以对功名和美好婚姻的向往和艳羡之情,在剧作中也有所寄托。陈继儒《〈麒麟罽〉小引》云:

> 盖闻人家发迹,必产旷达英豪,以乘昌帜于先,尤必钟贤淑媛,以资赞助于内。夫丈夫之旷达犹易也,至妇人之贤淑实时世所稀,足为一家瑞征……故颂蕲王之烈者,尤称夫人之美。传奇自援笔抽写,敲金戛玉,令千古赞叹之牙颊犹馨。[3]

陈继儒此序言固然包含了对"蕲王之烈"的由衷钦佩和赞赏,但是他更津津乐道的是"人家发迹""旷达英豪""妇人之贤淑实时世所稀""尤称夫人之美",这种说法无疑将古代文人阶层对"金榜题名""洞房花烛"的孜孜所求剖白于世人耳目之前。此外,如《金莲记》《红拂记》等剧作

---

[1]沈德符:《顾曲杂言》,载中国戏曲研究院编《中国古典戏曲论著集成》(四),中国戏剧出版社1959年版,第207—208页。
[2]郭英德编著:《明清传奇综录》,河北教育出版社1997年版,第211—212页。
[3]陈与郊:《麒麟罽》,《古本戏曲丛刊二集》,商务印书馆1955年版,影印明刊本。

都因沾染了浓厚的文人气息而寄托了类似的情绪。

当然，由于题材的根本制约，在绝大多数历史剧中，我们能看到的是作者们拯救世道人心，弘扬封建道德的拳拳之心，作者有意寓"理"于其中，或深刻，或浅薄，或正统，或背离，但始终未能超脱于封建伦理之外，因为这种表现与明代历史剧作者强烈的伦理教化观念有深刻的内在联系。历史剧《孔夫子周游列国大成麒麟记》堪称"寓""儒家经典之言"的巅峰之作，此剧本事出《史记》《孔子世家》，参以《左传》《孔子家语》《论语》《孔子类记》诸书，稍加缘饰而成。大率核实，唯叙述次第多有乖乱。勾勒了儒家圣人孔子一生事迹。作者在剧中连篇累牍地引用了《论语》的原句，使剧作成为套用戏曲样式的儒家经典宣传品，夹杂了怪力乱神的情节，显得不伦不类。祁彪佳评云："搬尽一部《论语》，乃益其恶俗鄙俚。侮圣者非法，此真词坛之罪人也。"[1]尽管没有得到当时剧坛的肯定，但是在剧作中体现出的"寓我圣人言"的倾向，与《五伦全备记》相比有过之而无不及。陈昭远《叙〈三祝记〉》云："著《三祝记》之传奇，取其还金、赠麦二事，足以风天下之仗侠仗义者，是为寓言寄意云。……其间叙朝廷窜谪之危，则忠荩之谊著；摹闺闱肃雍之象，则慈孝之德昭；录边疆感附之深，则诚信之化洽；若夫义田周于一族，赈济及于万民，此尤其彰明较著焉者。"[2]他明确表示要通过典型事例来赞美范仲淹一门的"忠荩""慈孝""诚信""仗侠仗义"，但从另一角度来看，与其说是为赞美范氏一门，不如说是在以范氏一门的行为为载体来"寓"封建伦理道德规范之"言"。朱葵心为历史剧《回春记》所作的序言发表了他对于"寓言"倾向与"写实"倾向结合的认识：

靖康中，方腊、宋江辈起。罗贯中、关汉卿作《水浒传》。夫罗、

---

[1] 祁彪佳：《远山堂曲品》，载中国戏曲研究院编《中国古典戏曲论著集成》(六)，中国戏剧出版社1959年版，第115页。
[2] 汪廷讷：《三祝记》，《古本戏曲丛刊二集》，商务印书馆1955年版，影印明刊本。

关二公作传大意非为宋公明也，非为李阿三也，非为鲁家胖和尚也。大抵宋季风习波靡，有几个奸太尉、狠都巡、恶衙内、刁押衙，又有几个献媚请间的乡绅、喜听分上的守令，狼吞虎噬，嚼善欺良。宋公明不平，罗、关二公代为之不平，故传中抑扬讽刺，披览自见，且持此数茎秃毫，将鼠辈须毛眉发、声音笑咳描绘不漏些子，而宋与罗若关之心事慰矣，是其不得不传者也。余尝过西子湖，拜岳王庙，见范武穆像只土木为之，乃以铁范秦桧、万俟卨、长舌妇于岳坟之前，岂爱桧、卨哉？盖人之不欲朽桧、卨更甚于不欲朽武穆也，是其不得不范者也，吾兄苦心大类此乎？阅兹记者宜作是观。[1]

面对明朝末年混乱的政局、黑暗的官场、处于危亡边缘的国家，朱葵心忧心忡忡，在他看来，此时情境与北宋末年国势极为类似。在剧作中，他从实描写了崇祯自缢、李邦华死难等历史史实，但主人公汤去三游历四方、成就功名，勤王复国的事迹多为虚构，此剧尤为可贵是将"寓言"手段发挥到极致，塑造了一系列丑恶的寓言式人物形象，诸如试官"王古木"、骗取功名的商人"钱伯济"、贪官"陶杌"等，而且虚构了复国之后杀尽天下贪官污吏、变节之徒的情节，这些荒诞不稽的故事情节寄寓了作者对丑恶政治的深刻厌恶，对清明政治的由衷向往；寄寓了作者对忠臣贤将的钦敬之情，对贪官污吏的鄙弃之意；寄寓了作者对国家危亡的痛苦关注，对国家安定的热切期望。同样创作于明代末年的《崖山烈》用愤激的笔调描写了宋末元初以文天祥、陆秀夫为代表的忠臣抗元存宋的壮烈事迹，从剧作内容和创作年代分析，此剧与《回春记》所寄托的亡国之思、忠君之情是高度重合的。

泛而言之，明代几乎所有的历史剧作品都或隐或显地存在"寓言化"

---

[1] 朱葵心：《新刻回春记》，《古本戏曲丛刊三集》，文学古籍刊行社1957年版，影印明末刊本。后文凡引自此本者不再一一出注。

的创作倾向,这很大程度上是根源于教化观念的广泛流行,正所谓"要之传奇皆是寓言,未有无所为者,正不必求其人与事以实之也"[1]。"寓言"观念作为一种经过创作实践检验的创作观念被广大剧作家接受,其影响直至清代。

---

[1] 徐复祚:《曲论》,载中国戏曲研究院编《中国古典戏曲论著集成》(四),中国戏剧出版社1959年版,第234页。

第三章

明代历史剧的创作方法

在推进封建皇权专制的过程中，明初统治者进行了一系列官制改革，将程朱理学当作独尊的官方意识形态加以确立和推行，这一统治思想通过教育、科举等手段的传播，渗透于有明一代知识分子的头脑之中，历史剧作家们也无出其外。在元明两代历史剧的创作中，封建知识分子"厚人伦、美风化"的道德责任感和社会责任感一脉相承，但是两代的作品却呈现出迥然不同的风致：元代历史剧作品诞生的特殊时代和特殊社会氛围使作家们将强烈的民族意识和怀才难遇的磊落不平之气用悲壮惨烈的笔调加以书写，所以作品中洋溢着作家激切慷慨的主体精神，渗透着作家对历史和人生感性而真实的体认，体现着他们对是非善恶鲜明的爱憎之情，元代历史剧的艺术感染力很大程度依赖于作家这种自然奔放的感性认知力量，而对重建封建统治秩序必需的封建道德的真诚向往恰恰来源于这种感性的认知，渗透在作品充满激情的字里行间。而在明代历史剧作家们笔下，对封建伦理道德的笃信和宣扬成为他们创作之前先入为主的指导理念，在他们的观念中，"景仰先贤模范，无非激劝人情，词艳不关风化体，有声曾似无声。惟有忠良孝友，知音入耳堪听"[1]。众多作品鲜明地表达了他们对封建伦理道德规范的理性追求和认知，"明清文人传奇的创作方法不仅呈

---

[1] 金怀玉：《狄梁公返周望云忠孝记》第一出《家门始末》，《古本戏曲丛刊二集》，商务印书馆1955年版，影印明文林阁刊本。

现出五光十色的感情光谱，而且涂抹着浓厚滞重的理性油彩"[1]。这些浓厚滞重的理性油彩正是明代历史剧创作方法的重点所在，成就了明代历史剧异于元代历史剧的审美风貌。

首先，这种理性追求表现为以刻意描写忠奸斗争为代表的政治理性，明代知识分子在历史剧作品中展示了参与政治生活的热情，他们表达自己明确的政治倾向，发表对政治形势的理性判断和个人的政治见解，显示出强烈的政治批判意识，对忠奸善恶之间白热化斗争的重现成为历史剧创作过程中作家着力最勤之处，而对忠奸斗争的有意突出和充分渲染将明代文人的政治理性推向了极致，这种极致化的状态使明代历史剧呈现出震撼人心的强大精神力量，这种精神力量的根源是明代知识分子对封建政治伦理和道德规范的捍卫和坚持。

其次，这种理性的追求还突出地表现为明代知识分子对历史兴亡的理性体认，在纷繁复杂的历史现象和朝代更迭背后，他们试图发现历史发展的规律，总结历朝历代政治得失，把握王朝的命运，尽管他们的认知存在矛盾乃至荒诞之处，但是这种执着的历史理性精神令人感佩，他们通过对历史题材的选择，在剧作中进行艺术处理，使剧作成为认识历史规律的载体，以有益于当代，有益于后人。

最后，伴随着明代中后期文化权力的下移以及通俗文学的风行，明代传奇历史剧创作也开始充分重视广大市民阶层世俗化的审美需求，着力实现作品的雅俗共赏。第一，他们高度重视普通人的情感体验，重视世俗化情感的描摹。生旦离合的戏剧情节成为剧作的重要线索，以女主人公为主角的离别、思夫等逐步模式化的抒情场次成为历史剧的重要组成部分。伴随着传奇戏曲体制对戏剧叙事容量的大幅扩充，历史剧作家们一方面极力描写男女主人公大义凛然、坚韧不拔的斗争意志，正面渲染历史剧的严肃气氛；另一方面又花费大量笔墨描写缠绵悱恻的爱情、难割难舍的亲

---

[1] 郭英德：《明清文人传奇研究》，北京师范大学出版社2001年版，第165页。

情，使拥有类似情感体验的广大观众产生强烈共鸣。这些世俗化情感的描写一方面打动了观众，另一方面起到了冷热调剂，呼应对照，多侧面升华剧作历史主题的作用。第二，历史剧作家们在剧作中迎合了广大观众对鬼神的世俗化崇拜，大量使用神仙鬼怪等奇异的叙事要素，这些要素本身荒诞无稽，透露出作家思想的局限性，而且运用多有牵强生涩之处，但是同时又起到了惩创人心、伦理教化的作用；承担了剧作宏观结构设置、情节发展动因、矛盾解决手段等多种功能，有效地推进了历史剧故事情节的发展；增加了剧作的神秘气氛，满足了广大观众的好奇心理。第三，作者将世俗化的人物形象和生活情节纳入剧作，世态人情描写委曲详尽，富于生活气息，易于为下层民众所接受和喜爱。

明代剧历史剧作家成功运用了传奇这一新兴的戏曲体制，以政治理性、历史理性、世俗化的审美追求为策略，结合多种多样的叙事技巧，进行了可贵的艺术实践和艺术创新，为中国戏剧史留下了一大批风格独特的优秀历史剧作品，承前启后，功不可没。

第一节　援将戏笔扬清浊：政治理性之勃兴

在明代历史剧作品中，作家们试图渗透的政治理性集中表现为对忠奸善恶的严格区分，这种区分的标准并非单纯的是非观念，亦非单纯的道德伦理意识，而是二者的融合体。在这种复杂的融合体中，后者占据了上风："宋代以后，原先包容于是非观念中的伦理意识破壳而出，成为衡度政治斗争的主导观念……政治批判主题的基本观念逐渐从明辨是非转移到分清善恶，道德评判取代了价值评判……明清时期各种文学作品，凡是触及统治阶级内部的政治斗争，则总是充溢着热烈的伦理情感和鲜明的道德倾向，构成忠奸斗争的主题模式。"[1]但即使如此，在封建社会内部，伦理

---

[1] 郭英德：《明清文人传奇研究》，北京师范大学出版社2001年版，第84页。

情感和道德倾向在特定历史条件下有存在的合理性，这种存在根源于社会历史发展的特定水平和阶段，我们不能以今人之是非观念来苛求古人，在特定的社会环境和特定的历史环境中，对同一历史事件基于伦理情感和道德倾向的判断，显然会与是非判断和价值判断存在重合之处，比如在封建社会中，强有力的中央集权、相对清明的政治氛围有利于封建统治者对国家的有效治理，保证百姓安居乐业，促进社会的发展。那些符合封建伦理道德的行为之所以得到当时人们的广泛肯定与推崇，很大程度是因为这些行为即使用是非标准判断也存在其合理之处。反之，那些受到封建道德和伦理批判的行为依据、是非标准评判往往也并非合理之举。早在《左传》和《史记》这两部史书中，"善善恶恶的道德评价和以民心向背为是非标准的倾向已融为一体"。屈原在《离骚》中表露出的政治倾向，构成了"我国封建社会传统文学中政治批判的主题模式，'衣被词人，非一代也'。这种主题模式的特征，是立足于国计民生的是非之争，把赤诚的忠心、失意的郁愤和对现实政治的愤慨锻铸成强大的批判力量"[1]。这种伦理道德判断和是非价值判断的融合和相互交织一直延续到后代，明代也不例外，尽管此时剧作的伦理道德判断占据了上风，对封建皇权愚忠愚孝的观念充斥于剧作之中，但是我们同时也能看到历史人物为民请命、忧国忧民的赤胆忠心，而后者与前者显然又是有所区别的。《刘秀云台记》第五出中的一段唱词明确显示出历史剧作家们心目中这两种判断纠缠、交织、渗透的复杂状况：

【懒画眉】（生）凌夷汉室运频连，正值谗臣独柄权，一封朝奏九重天，但愿圣主垂清听，丽日消冰在眼前。（末）从来忠孝两当全，取义成仁古圣言，明君厚禄感无边，各辨葵心并赤胆，要与黎民解倒悬。[2]

---

[1] 郭英德：《明清文人传奇研究》，北京师范大学出版社2001年版，第84页。
[2] 阙名：《刘秀云台记》，《古本戏曲丛刊二集》，商务印书馆1955年版，影印明文林阁刊本。后文凡引自此本者不再一一出注。

受到这种复杂思维的影响，在明代忠奸斗争型历史剧之外其他类型历史剧作品中，"忠奸之辨"也成为剧作家们同样津津乐道的话题，忠奸斗争的故事模式大量出现在其他类型历史剧作品中，成为贯串整个戏剧故事情节不可或缺的线索。在这些剧作中，"恶人交构其间"的粗浅表现形态已经上升为政治道德与政治伦理理性判断之下的正邪之争，善恶之争。在展示一代文豪苏轼生平事迹的个人传记型剧作《金莲记》中，苏轼被处理为忠贞贤明的政治家，而与之对立的章惇、王安石等人则被处理为心胸狭隘、专权歹毒的奸臣，乌台诗案被处理为忠奸斗争的典型事件，苏轼一生的政治际遇成为作者主要的描写对象。[1]《双忠记》一剧主要是为敷演唐代张巡、许远两位忠臣阻击安禄山叛军，死守睢阳的悲壮事迹，"笔能写义烈之刚肠，词亦达事情之悲愤"[2]，使"《双忠传》天长地久，节操凛冰霜"。但作者仍然赋予张巡犀利的政治眼光和政治批判精神，他认识到表面繁荣的唐帝国早因君昏臣奸陷入了空前的危机："天宝君王重女色，妖嬺选入华清宫。承光宫殿耀辉日，治国欹歌声摩空，腹心竟托李林甫，权柄尽归杨国忠，奸谀往往得显用，正直舍置垂无功。"面对奸臣柄国的黑暗现实，他表现出忠臣独有的"有身不肯混流俗，有膝不肯跪奸雄"凛凛风骨和高洁情操。在《浣纱记》这部反映国家兴亡恢宏主题的剧作中，作者却对吴国内部在忠臣伍子胥和佞臣伯嚭之间展开的忠奸斗争显示出浓厚的兴趣，在长达四十五出的篇幅中，有第七出《通嚭》、第八出《允降》、第十二出《谈义》、第十八出《降赦》、第二十六出《寄子》、第二十八出《见王》、第三十二出《谏父》、第三十三出《死忠》等将近十个场次聚焦于忠奸之争，在剧作家眼中，国家内部忠奸斗争的此消彼长直接关系着国家的前途和命运。在英雄传奇类历史剧作品《金貂记》中，作家

---

[1] 陈汝元：《金莲记》，《古本戏曲丛刊二集》，商务印书馆1955年版，影印明汲古阁刊本。后文凡引自此本者不再一一出注。

[2] 吕天成：《曲品》，载中国戏曲研究院编《中国古典戏曲论著集成》（六），中国戏剧出版社1959年版，第210页。

沿袭了元杂剧《功臣宴敬德不服老》的故事情节，将奸臣李道宗与主人公薛仁贵、尉迟恭之间的忠奸斗争进一步铺展开来，成为剧作的重要组成部分，其中第十一折《救解奇刑》、第十二折《临监探父》、第十三折《俯槛悲夫》、第十四折《陈奏闹朝》在反映忠臣身陷牢笼的悲惨境遇、无畏不屈的抗争精神等方面足以与《鸣凤记》等剧作的类似情节相媲美。[1]此外，较为突出的忠奸斗争描写还有：英雄传奇型历史剧《双烈记》[2]《麒麟罽》中韩世忠因岳飞之事与奸相秦桧的争辩；个人传记型历史剧《望云记》中狄仁杰与奸臣张辅国的政治斗争；国家兴亡型历史剧《崖山烈》中以文天祥、陆秀夫、郑虎臣为代表的忠臣集团与误国奸相贾似道的对立斗争；等等。当然，对忠奸斗争最集中、最精彩、最深刻的描写还是以忠奸斗争型作品为代表。

在此类剧作中，作者们首先赋予忠臣们鲜明的政治批判意识，赋予他们明确自身职责、判断政治得失、辨别良莠善恶的政治理性和政治眼光。剧作中的忠臣们对自身"忠臣"身份的确认很大程度上源于他们对"忠"的对立面——"奸"的清醒认知和不遗余力地揭露与批判，在这种痛切的批判中，忠臣自身的特殊价值得到了确认。在忠臣们的眼中，"奸臣"集团代表着错误的政治观念和错误的政治目的，代表着错误的政治手段和政治作为，代表着对封建伦理道德的背叛和践踏。历史剧作家对奸臣宵小的丑恶行径及其造成的恶劣政治后果进行了全方位的揭示。

首先，他们欺君误国，蒙蔽甚至背叛君主，严重危害国家安全和利益。例如《精忠记》和《精忠旗》中的奸相秦桧，为保全性命不惜投靠金国，返宋之后充当间谍，破坏宋王朝恢复中原的军事行动，这些从根本上颠覆封建政权、严重威胁君主利益的行为显然是忠臣们无法容忍的。《回

---

[1] 阙名：《薛平辽金貂记》，《古本戏曲丛刊初集》，商务印书馆1954年版，影印明富春堂刊本。后文凡引自此本者不再一一出注。

[2] 张四维：《双烈记》，《古本戏曲丛刊二集》，商务印书馆1955年版，影印汲古阁刊本。后文凡引自此本者不再一一出注。

春记》一剧中，作家将明朝末年的大批庸臣和奸臣欺君误国、献城投降、丧师失地、战败逃亡导致国破君亡的历史事实忠实地展示给观众，第十三出《叛官塞口》（按：目录作《叛官殒元》）作者借汤去三之口严厉斥责了奸臣的误国行为：

【青哥儿】谁拥着紫绶紫绶金貂，谁享着节钺节钺大僚？谁似你这一伙狐群行墨与才乔，在边廷贿赂孔章，在朝端笔舌逞强，无事时子女沉酣，有事时献款投降，鹤乘轩不降殃，孙供奉忠烈肠，雷海清伶人行，投乐器报君王，恨只恨你空辜负三百年圣主作养。

【上小楼】何曾为皇家雪耻同仇？何曾为黎民恤痛分忧？做成个铜斗家缘，一身擅之，千年窠臼，谁知泼富贵水上沤，臭功名钟残漏，只有那冤债随身也，更有那骂名儿千载不朽。[1]

在《磨忠记》和《喜逢春》《清忠谱》等剧作中，魏忠贤被刻画成政治野心急剧膨胀的奸臣："他逞着产、禄凶残胜赵高，比蓝面倍肆贪饕，他待学曹瞒、王莽恣咆哮，凶谋狡，件件犯天条。""他诛夷妃后把皇储剿，杀忠良擅置宫操。结干儿，通奸媪，兀乱把公侯冒滥，他待要神器一身叨。"（《清忠谱》第八出《骂祠》）[2]《喜逢春》一剧为了揭露魏忠贤的篡位野心还精心设计了第二十九出《显圣》，描写了魏忠贤盘踞龙椅被关帝推下的细节，魏氏这种直接威胁皇权的行为在封建时代显然是大逆不道，自然会受到忠臣们激烈的反对和抗争。[3]《宝剑记》中林冲对高俅罪行的

---

[1] 朱葵心：《新刻回春记》，《古本戏曲丛刊三集》，文学古籍刊行社1957年版，影印明末刊本。后文凡引自此本者不再一一出注。

[2] 李玉撰，陈古虞、陈多、马圣贵点校：《李玉戏曲集》，上海古籍出版社2004年版第1436页。此为吴梅抄本，后文凡引自此本者不再一一出注。

[3] 清啸生：《喜逢春》，《古本戏曲丛刊二集》，商务印书馆1955年版，影印明末刊本。后文凡引自此本者不再一一出注。

斥责相对于《水浒传》而言，也多有夸大与变形："你有秦赵高指鹿心，屠岸贾纵犬机，待学汉王莽不臣之意，欺君董卓燃脐。"（第五十出【滚绣球】）[1]原本一心讨好皇帝然尚不及于反叛的高俅被安上了图谋不轨的谋反罪名。此外，诸如安禄山（《彩毫记》《惊鸿记》）、曹操（《青虹啸》《古城记》）、董卓（《连环计》）、秦熺（《续精忠记》）、王莽（《云台记》）、毛延寿（《和戎记》）等反叛朝廷、窃取国柄的臣子也成为剧作家极力批判和丑化的人物。

其次，剧作家们深刻揭露了奸臣结党营私、陷害忠良的恶毒行为。忠良之臣从朝堂的流失造成的严重政治后果是奸党把持朝政，服务于个人或者小集团的利益，为此不惜破坏封建政权既定的运行秩序和运行规则。他们势必进一步蒙蔽皇帝，打压朝堂之上不同的声音，进而干扰封建国家行政、司法的正常运行，产生"乱自上作"的问题，引起政局的混乱和国家的动荡，最终威胁到封建皇权的巩固和长久。因此，有良知的忠臣义士对奸臣的这种行为无疑也是深恶痛绝的。《宝剑记》中的高俅对数番进谏的林冲先后于白虎堂、野猪林、草料场设下陷阱，必欲除之而后快；《精忠旗》中的秦桧与王氏东窗密语，最终将一代良将岳飞冤杀于风波亭上；《金莲记》中章惇等人捕风捉影，以作诗托讽时事的罪名将苏轼羁于牢狱之内；《清忠谱》中魏阉一党对魏大中、左光斗等人实施了"铜挣子、铁夹棍、阎王闩、红绣鞋、披麻火烙、铜包木棍"等令人发指的种种酷刑，登时命绝，而周顺昌则"筋骨几断，手指尽折"，眼鼻牙齿都遭到严酷摧残（第十九出《敲牙》），最终被奸人"囊首而死"（第二十一出《囊首》），其惨状令人目不忍睹，由此足见奸党对忠臣迫害手段之惨绝人寰。奸党不仅采取灭绝人性的手段迫害忠臣，而且广泛株连，迫害范围之广亦令人震惊，在《磨忠记》第二十五出《陷忠自乐》中，作者通过魏忠贤之口罗列

---

[1] 李开先著，卜键笺校：《李开先全集》，文化艺术出版社2004年版。后文凡引自此本者不再一一出注。

了一个数量庞大的被陷忠臣名单：杨涟、魏大中、周顺昌、左光斗、周宗建、袁化中、周朝瑞、顾大章、李应昇、黄尊素、缪昌期、刘铎、周起元、裕妃、张国纪、李承恩、王安等。在戏剧中出现如此详细的名单显然是剧作家精心爬梳历史史料之后有意为之，其批判奸臣罪恶的目的显而易见。

再次，历史剧作家们深刻揭露了奸臣贪污不法、欺压百姓的罪行。在剧作家们的心目中，维护封建官僚系统的纯洁，追求清廉的道德操守是封建官僚所应具备的基本素质，而在此基础上公平执法，维护百姓利益（按：源于儒家之民本思想）以调节封建社会内部矛盾、巩固封建统治无疑是封建官僚的基本职责。但是，现实中官场的黑暗和官吏的横征暴敛对百姓造成了巨大的伤害，也成为严重腐蚀封建政权的毒素。明代历史剧中的奸臣无一不贪，无一不祸国殃民，《鸣凤记》中严嵩的爪牙赵文华堪称其代表，他寡廉鲜耻，对上极尽谄媚拍马之能事，竟然以荆金打造溺器，"用珊瑚宝玉镶嵌，装点奇异春画"，奉承严世蕃。（第四出《严嵩庆寿》）[1] 而获取官位之后却草菅人命，以无辜百姓的生命为代价换取自己的荣华富贵，在受命东南平倭时，他下令："水兵停泊东海大洋，且待倭寇劫掠满载，那时邀劫，可以人财两得。""陆兵沿路巡哨，遇倭斩倭，若无真倭，就杀几个疲癃残疾面生可疑的百姓，亦可假充要赏。"（第二十一出《文华祭海》）《宝剑记》中的高俅等人"非奸党不容，无贿财难进，引诱朝廷采办花石，建造宫室，逼迫的天下荒荒，胡马南渡"，致使"百姓流离，干戈扰攘"（第四出），使得国家处于内忧外患之中，国势危如累卵。《望云记》中的张辅国在与狄仁杰巡抚江南、招安南越之后，违背了狄仁杰"民吾同类，岂忍加威"的爱民思想，居然下令屠城，无辜百姓惨遭杀戮，这种视百姓如草芥的观念显然受到了作者的严正批判。《清忠谱》中的阉党为逢迎魏忠贤为其大建生祠，不惜花费大量的人力财力，"费尽

---

[1] 毛晋编：《六十种曲》，中华书局1958年版。后文凡引自此本者不再一一出注。

了百万钱粮，才得个一朝齐整"（第七出《迎像》）。阉党爪牙"奉了驾帖，差千差万，到处拿人，不知赚了多少银子"，到苏州拘捕周顺昌时还不忘"弄万把银子"（第十三出《打差》），贪残无耻，丑态毕露。

通过剧中入木三分的刻画，精细深入的艺术重现，历史剧作家们向读者和观众明确了他们激烈批判的对象。另外，我们也可以窥见剧作家心目中封建忠臣所应具备的道德品质：其一，清廉无私（与奸臣之贪污不法相对）；其二，关心民瘼（与奸臣之欺压百姓相对）；其三，忠君爱国（与奸臣之欺君叛国相对）；其四，舍生取义（与奸臣之结党营私相对）。这些品质正是作家们极力推崇和赞扬的，是他们心目中延续和挽救封建王朝命运的灵丹妙药。

所以，明代历史剧作家们的如椽巨笔除去无情的揭露还有热情的赞扬。他们的政治理性驱使着他们满怀热情和钦佩对忠臣集团积极主动、坚持不懈的斗争精神加以渲染和高扬，这种斗争精神的起点是他们对于封建伦理道德判断以及基于此判断之上的是非判断的双重认同。在获得他们自认为正确的理性判断之后，他们笔下的主人公与奸臣集团展开了坚决的斗争，在历史剧作家们的笔下，这种斗争的目标异常清晰，斗争的过程异常艰难，斗争的场面异常惨烈，斗争的时日异常持久，他们试图通过对一幕幕忠奸斗争场面的艺术还原表达他们的政治观点和政治见解。

首先，明代历史剧作家们继承了中国戏曲角色类型化的处理方法，在开场之初便把作品中的主要人物处理为水火不容的两个阵营，一正一邪，一忠一奸，一善一恶，泾渭分明，清浊立见，为下一步政治斗争的展开埋下伏线，使观众提前进入剧情，引起他们对忠臣命运的热切关注。《精忠记》[1]第二出《赏春》，岳飞表达了"待把山河重整，那时朝金阙"的爱国忠君情怀，第九出《临湖》秦桧出场便透露了其金国细作的身份，

---

[1] 姚茂良：《精忠记》，《古本戏曲丛刊初集》，商务印书馆1954年版，影印汲古阁刊本。后文凡引自此本者不再一一出注。

反对收复失地，以免大金怪罪，围绕是否收复失地这一关涉国家利益的问题，忠奸双方进入了对立状态。冯梦龙改定后的《精忠旗》则故事节奏更为紧凑，第二折《岳侯涅背》岳飞立志"挽强弧射定三山"[1]，紧接着第四折《逆桧南归》便将奸臣秦桧的来历和使命向观众说明，两人截然不同的政治目的造成了强烈的反差和对比。《宝剑记》第二出林冲抚剑长叹"知何日诛奸党？"试图"轰轰烈烈做一场"，第三出便通过高朋描写了奸臣高俅"当朝无不寒心，烈士为之屏息"的嚣张气焰。《鸣凤记》在开篇前五出内（除第一出《家门大意》）迅速将忠奸双方阵营的主要人物交叉展示给观众；第二出《邹林游学》正方之邹应龙、林润、郭希颜诸人出场；第三出《夏公命将》正方之夏言、曾铣出场；第四出《严嵩庆寿》则借助严嵩寿诞将严党奸臣赵文华、严嵩、严世蕃、罗龙文等人聚集在一起，先后出场；第五出《忠佞异议》以正方杨继盛出场为始，开始了忠奸两大阵营的第一次正面交锋；第六出《二相争朝》把忠奸斗争推向第一个高潮。在短短的五出内，忠奸双方判然而别，斗争迅速展开。明末出现的以东林党人反抗阉党魏忠贤为题材的忠奸斗争型作品《喜逢春》《磨忠记》《清忠谱》等忠奸阵营划分之分明和斗争展开之迅速莫不如是。

在忠奸斗争展开的过程中，剧作家们通过一切手段营造双方坚决对立，激烈斗争的严肃气氛，因为对立越坚决、斗争越激烈，忠奸双方多层次的对比就越强烈：政治操守的清白与污浊，政治信念的邪恶与正义，政治观点的正确与错误，蝇营狗苟与光明磊落、赤胆忠心与心怀叵测，公正无私与以权谋私、清廉正直与贪谗横暴、明智果敢与昏庸无能、爱民如子与草菅人命……忠奸双方的高尚与卑劣在作者的笔下尽情铺展、黑白分明。

作家们首先有意强调了忠臣们高度的政治自觉意识和斗争意识，他

---

[1] 冯梦龙：《墨憨斋新订精忠旗传奇》，载魏同贤主编《冯梦龙全集》第12—13册，江苏古籍出版社1993年版。后文凡引此本者不再一一出注。

们往往成为首先向奸臣佞人展开斗争的一方。他们本着忠君爱民的政治操守，一身正气，对于奸邪之臣欺君害民的行为义愤填膺，意欲一扫污浊，赢得朝野清平。李开先的《宝剑记》对林冲形象和他被逼上梁山故事的改造可以给我们提供重要启示。林冲在《水浒传》中只是一个禁军教头，带有极为明显的武人气息，并不具有与传统士大夫一样明确的政治意识。因高俅义子垂涎其妻，多番设计陷害，他脱身囹圄，报仇之后为求自保被逼上梁山。高俅一党的奸邪、林冲自身的忠义在《水浒传》的展示是基于一种政治性较为淡薄的社会冲突，而《宝剑记》则将"主人公林冲与其对立面高俅父子的冲突由社会冲突改变为政治冲突，突出了二者之间忠与奸的矛盾"[1]。而经过改编后的忠奸之争则根源于双方政治道德和观念的截然对立。

林冲被塑造成一个士大夫气十足的封建忠臣，他被作者赋予了鲜明的忠君意识和清醒的政治头脑，他初次被贬是因为"止知忠君爱国，不解附势趋时"，"谏言一本，乃被奸臣拨置天子，坐小官毁谤大臣之罪"。在强烈的政治道德的驱使下，他"忠心真个心切，愿谏一腔腥血，疏献九重宫阙"，再次上书弹劾奸臣。这两次主动上书显然并非小说中的林冲所能为者，这种士大夫气十足的政治行为显然是李开先政治观念的外在体现，对这种忠臣行为的描写显然是为展开激烈的忠奸斗争。无独有偶，明人吕天成《〈义侠记〉序》盛赞梁山英雄："啸聚诸人，皆大力大贤、有忠有义之俦，足为国家干城、腹心之选。"[2]所谓"国家干城、腹心"，自然绝非一般草莽英雄，只有贤良忠义的士大夫方足以当之。明代文人观念和艺术创作中梁山诸人由英雄形象向士大夫形象转变的倾向饶有趣味，值得关注。

《鸣凤记》中的忠臣杨继盛同样如此，他有着极强的政治责任感，

---

[1] 郭英德：《明清传奇史》，江苏古籍出版社2001年版，第113页。
[2] 俞为民、孙蓉蓉编：《历代曲话汇编·明代编》（第三集），黄山书社2009年版，第185页。

"怕为臣尸位忘言",怀抱"为国捐生,何虑粉齑骸骨"的无畏精神弹劾严嵩党羽仇鸾,却因而获罪被毒刑拷打之后贬谪地方,但他仍试图"有朝感悟天王圣,把那误国奸臣一扫清"。其后,果然又接连修本上书劾奸,直至被冤杀于刑场。明末几部反映忠奸斗争的时事剧中,忠臣形象经过剧作家的处理同样富有强烈的主动性和斗争性。《磨忠记》的第二出《杨涟家庆》(按:目录作《大洪家庆》)主要内容乃是杨涟夫妻二人为其母祝寿,本不与忠奸斗争相涉,但是,作者却让主人公杨涟在祝寿的场合唱出了这段十分突兀的唱词:

【前腔】(生)豪放,胸中节气高千丈,知何日诛奸党。意攮,妖狸狐鼠倘相当,怎避得我烈烈铮铮铁石肠。(合)亲寿享,愿竹苞松茂日月悠长。

这段唱词前后意境转换过疾,给人以剥离之感,但是从另一个侧面反映了作者急于透露此剧忠奸斗争的主题,急于塑造大义凛然的忠臣形象。果然,随着故事情节的进展,杨涟被置于忠奸斗争的风口浪尖之上,魏忠贤发迹之后,与客氏勾结把持朝政,朝廷陷于混乱危机之中,以杨涟为代表的一批忠臣忧心如焚,为锄奸灭邪不惜一切代价:"我愿将颈血与龙泉溅,愿将指血把弹章染,愿将舌血为奸雄断。"(第十一出《群忠共议》)他用"你休将身家二字来牢傍,肯贪图荣贵立朝廊"(第十三出《修准弹章》)表达了自己奋不顾身的斗争意志,修下弹劾本章,以警醒皇帝。这种无所畏惧的勇气感染了魏大中、周顺昌等忠臣,他们相约一起上书,最终或者被陷入狱,或者被削职为民。而杨涟则在遭受了种种酷刑之后,被去目割舌,自尽身亡。在《喜逢春》一剧中,以毛士龙、杨涟、周宗建、魏大中为代表的忠臣受到高攀龙的影响具有了鲜明的党人意识,自觉地团结起来,成为东林党的中坚力量,在他们取得功名之后,与魏忠贤为首的阉党势同水火,通过主动上书皇帝的方式弹劾奸党，与之展开斗争。

《清忠谱》中的周顺昌堪称明代传奇历史剧忠臣形象的杰出代表，他对"圣主当阳，权奸蔽日"的状况痛心疾首，面对"魏贼肆虎狼之吻，客妖逞狐鼠之奸，收崔、许为腹心，纵田、杨为牙爪。群小横行，正人短气"的景象，他愤愤不平，"誓当碎首殿廷，力请上方，诛此逆贼"（第二出《傲雪》）。尽管他已被削职回乡，手无权柄，但他仍然不畏魏党的熏天气焰，使用一切可能的手段与魏党展开积极主动的斗争：他主动探视获罪的东林党人魏大中，并与之结为姻亲，借此表明自己的政治立场；他主动闯入魏忠贤生祠，历数魏忠贤滔天罪行，"恨不把奸皮冒鼓任人敲，倩祢衡挝出渔阳调"，表现出鲜明的爱憎之情。他勇敢预言了魏党的必然覆灭："少不得倒冰山自有阳光照。逆像烟消，可也奸祠火燎，旧郊原兀自的生荒草，咻！怪豺狼满朝，恨鸱鸮满巢，呀呸！只赇着臭名儿万载价千秋笑。"（第七出《骂祠》）忠臣们在主动斗争中表现出来的男儿血性、无畏精神、大义凛然被剧作家发挥到了极致。

剧作家们不仅表现了忠臣们斗争的主动性，还着力表现了这种斗争的艰巨性和持久性。他们对斗争进行了不惜一切代价的坚持，一幕幕前赴后继、鲜血淋漓的抗争场面将忠奸斗争推向了高潮，与此同时也将忠臣的伦理道德精神推向了顶点。在此类题材作品中，奸佞一方的力量起初往往要大大强于忠臣一方，因为他们争取的同一对象——封建皇帝对奸佞宠信有加，不无偏袒（按：依照剧作家们的描写，皇帝们原本英明圣贤，对奸佞的宠信与偏袒主要责任在于奸佞的欺骗和蒙蔽，而不在皇帝自身），正邪双方的力量明显失去了平衡。忠臣们如果想要消灭奸党，必须要借助皇帝的力量，而借助皇帝力量的前提就是要警醒圣听，警醒圣听对于封建忠臣而言，唯一合法的方式和选择就是上书进谏，这种单调却唯一合理的方式被剧作家们忠实地搬上了戏剧舞台。尽管这种叙事方式从艺术角度被李贽严厉批评为"极为庞杂无伦"[1],"头绪太多,支离破碎"[2],但正是在一次次对相同行为的不断重复中,忠臣之"忠烈"得到了空前的展示。

罗宗强《明代后期士人心态》关注到了明代朝臣争相谏诤的现象。他认为:"或者正是由于皇权的高度集中,明代臣工的谏诤也就十分的发达。除了身负言责的科道官之外,其他廷臣亦常常进谏。谏诤是对高度集中的皇权的一种制约。特别是明代后期,臣工的谏诤成了一道独特的风景线,为后人所称道。士之立朝,谏诤往往反映着他们的素养、能力、品格与节操,反映出他们的精神风貌。"[3]因此,明代历史剧中出现了一幕幕进谏的场景:《宝剑记》中的林冲不顾首次上书弹劾奸臣被贬的经历,二次上书引起高俅忌恨,被害入狱,逃奔梁山。《鸣凤记》中阁老夏言直斥严嵩,却被冤身死;继之而起的杨继盛不顾妻子和先人魂灵劝阻修本上书,被处斩刑,杨夫人为表丈夫忠义之心,自刎身亡;但这些忠臣的遭遇并没有吓倒张翀、董传策、吴时来等人,他们不惜离家别母、抛妻弃子继续上书,被杖击充军;郭希颜陈言极谏,亦遭毒手;邹应龙、林润二人继承了忠臣的铮铮铁骨、凛凛正气,继续上书弹劾,最终扳倒了严嵩奸党,取得了胜利。《磨忠记》作者在描写杨涟等人上书遭贬被杀之后,还先后展示了英国公张维贤怒打魏忠贤义子魏良卿(第二十六出《忠佞争朝》),书生钱嘉徵上书弹劾魏党等忠臣持续抗争的情节(第三十出《叠奏鸣冤》),揭示了忠臣义士不屈不挠的抗争精神。在《喜逢春》一剧中,作者以忠臣毛士龙与魏党的斗争历程为主线,细致描写了魏党对毛士龙贬谪地方、诬陷盗银、暗施毒箭、酒中投毒等一系列政治迫害,以及以毛士龙为代表的忠臣集团与魏党的周旋与自保。毛士龙的政治活动和政治遭遇从

---

[1] 俞为民、孙蓉蓉编:《历代曲话汇编·明代编》第一集,黄山书社2009年版,第549页。

[2] 俞为民、孙蓉蓉编:《历代曲话汇编·明代编》第一集,黄山书社2009年版,第550页。

[3] 罗宗强:《明代后期士人心态》,中华书局2019年版,第3—4页。

正反两个方面说明了忠奸斗争的持续性、艰巨性、复杂性。

剧作家们深深明白，政治现实实在过于黑暗，政治斗争实在过于残酷，维护伦理道德的代价实在过于惨重，忠臣们这种杀身成仁、舍生取义的悲壮行为固然令人钦佩，可是忠臣的命运难道注定如此多舛？忠臣的道路难道注定如此坎坷？"恨则恨桧虽亡飞先死，忠和佞两成灰，拭不干万古江山泪，咽不住千年风木悲。"(《鸣凤记》第四十出《献首祭告》) 如果现实注定如此，忠臣是否还有必要继续坚持？是否需要别寻他途？在满腔热情挥发之后，剧作家们陷入深深的迷茫与矛盾之中，随之而来的便是政治理性一定程度的迷失。我们可以看到，他们笔下的部分历史人物徘徊于坚持与放弃之间，徘徊于无畏与自保之间，徘徊于执着与变通之间，做着艰难的抉择。剧作家们复杂而矛盾的心态在剧作主人公身上或隐或显、有意无意地流露出来。《宝剑记》中林冲身上便集中体现了这种矛盾心态，通过林冲，剧作家为我们提供了封建时代忠臣义士"文死谏、武死战"之外另一种选择的可能性，他的政治选择正是这种矛盾心态激烈斗争的结果。李开先"才原敏赡，写冤愤而如生；志亦飞扬，赋谪囚而自畅"[1]，在剧中第三十七出为我们留下了一段耳熟能详的经典唱词，感人至深，流播深远：

【新水令】按龙泉血泪洒征袍，恨天涯一身流落。专心投水浒，回首望天朝。急走忙逃，顾不的忠和孝。

【水仙子】一朝谏诤触权豪，百战勋名做草芼，半生勤苦无功效，名不将青史标。为家国总是徒劳，再不得倒金樽杯盘欢笑，再不得歌金缕筝琶络索，再不得谒金门环佩逍遥！

【折桂令】封侯万里班超，生逼做叛国的红巾，背主的黄巢。恰便似脱扣苍鹰、离笼狡兔、摘网腾蛟。救急难谁诛正卯？掌刑罚难得

---

[1] 吕天成：《曲品》，载中国戏曲研究院编《中国古典戏曲论著集成》(六)，中国戏剧出版社1959年版，第211页。

皋陶！鬓发萧骚，行李萧条。这一去，博得个斗转天回，须教他海沸山摇。

在自身难保、落草为寇之际，心中却难忘君王和朝廷；在"为家国总是徒劳"的愤愤不平中，却难忘环佩逍遥、行走宫门的荣耀；在叛国背主，形同红巾、黄巢之时，却依然奢求来自朝廷的公正裁决！面对冰冷无望的现实，伤痕累累的忠臣居然还有如此真挚热切的期待，这正是忠臣最可敬佩之处，却也是他们最可悲哀之处。但是，林冲最终还是选择了聚义梁山，还是铲除了奸佞，盼到了"人君圣，辅臣贤，眼见的河清海晏，端的是日出云开又见天"的清平世界。作者为直谏无门的忠臣指出了一条迂回曲折的救国路途："谏而无效，报国无门，甚至不妨潜迹绿林，分庭抗礼，直至朝廷和皇帝回心转意。这种在政治斗争中以明辨是非为目的而不是以恪守道德为准则的思想，是明中后期反对封建专制统治的政治思潮中最具光彩的思想。"[1]但尽管如此，这种光彩还是要被淹没在道德汪洋之中，因为林冲的道路在封建社会中毕竟过于激进，时刻触动着统治者敏感的政治神经，撞击着明代知识分子坚持的道德底线。雪蓑渔者《〈宝剑记〉序》云："尝拉数友款予，搬演此戏，坐客无不泣下沾襟。恐其累吾道心，酒半而先逃。"[2]与此类似的记载是，沈璟特别就自己水浒题材的作品《义侠记》多次叮嘱吕天成："此非盛世事，秘勿传。"[3]或许在明代知识分子看来，林冲的悲剧无论如何也不足以抗衡谏诤而死的忠臣们的悲剧，因为至少在表面上他们为维护封建道德付出了生命的代价，闪耀着更为夺目的悲剧光芒。

---

[1] 郭英德：《明清传奇史》，江苏古籍出版社2001年版，第115页。
[2] 李开先著，卜键笺校：《李开先全集》，文化艺术出版社2004年版，第928—929页。
[3] 吕天成：《曲品》，载中国戏曲研究院编《中国古典戏曲论著集成》(六)，中国戏剧出版社1959年版，第229页。

值得注意的是，在明代历史剧中，林冲的选择并非独一无二。《续精忠》中的牛皋、《量江记》中的樊若水，无论经历、遭遇还是最终的抉择都与林冲有着内在的相似之处。牛皋目睹了忠臣岳飞的悲惨遭遇，痛心不已，对于权奸当道的政治失去了信心，所以他拥兵占山为王，朝廷屡次招安都被他严词拒绝："权臣在内，大将岂能立功于外？难道我的性命不值分的？""大憝在朝乾纲紊，俺岂可捐躯相殉？"[1]（第十出）作为忠臣，这种自保意识的主动性显然比林冲进了一步。相对于林冲、牛皋而言，樊若水的行为恐怕要引起更多的争议，他也曾怀忠抱义，试图报效南唐王朝，但是在遭到奸臣打压之后，他认为"奸臣蒙蔽国主，不用英贤，南唐事可知矣，俺不必在此流连了"。为了不让自己"白头埋没在蓬蒿巷"，他决定往投宋朝，并且极力为自己寻找行动的合理性："非是俺心高妄想，非是俺情偏卤莽，轻撇了枌榆往异邦，有个伍子胥曾去楚，有个张子房曾辞项，也只是辨别兴亡。"（第九出《量江》【倘秀才】）樊若水"良禽择木而栖"的人生抉择发出了与明代历史剧忠臣们血淋淋的进谏场面不同的声音，但这个声音毕竟过于微弱。

忠臣生命接连不断消亡，谗臣贼子尚依然的黑暗现实与封建皇帝的偏袒和昏庸显然有着必然的联系，但是，历史剧作家们始终不愿明确承认这一点，他们始终不愿将斗争的矛头指向"英明"的皇帝，他们始终竭尽全力在剧作中维护皇帝的神圣与权威，哪怕皇帝昏庸残暴，一无是处。恰如罗宗强对于杨继盛赴难心态之分析："事功与为君尽忠，在继盛心中，是和谐一致的。他之所以慷慨赴难，正在于对皇帝的这一片至诚忠心。他愤愤不平的，是世风，是低下之士风，而对嘉靖皇帝并无丝毫之怀疑与不满。他把一片至诚，献给了一位杀他的昏庸残暴、刚愎自用的君主，而且至死仍然沉浸在一种理想化了的高尚情绪中。从杨继盛赴难之心态中，我

---

[1] 汤子垂：《续精忠记》，《古本戏曲丛刊二集》，商务印书馆1955年版，影印绥中吴氏藏旧抄本。后文凡引自此本者不再一一出注。

们再一次看到东汉以来士人传统性格之充分表现：血泪忠诚而又令人伤感的迂阔。"[1]

《灵宝刀》中宋江唱道："四方戎马乱天庭，血染金枪几战争，惟有至尊忧社稷，佞臣犹自贺升平。"（第二十三出《闻贞遭问》）《鸣凤记》结尾众人合唱："堂堂命世臣，聚朝廷，矢心重把纲常整，忠魂醒，义气伸，芳名振，非干明圣无聪听，荣枯生死皆由命。"忠臣身死，乃命里注定，与君王的昏庸毫无关系，这种徒劳的辩解在历史面前显得多么可悲而可叹！"非干是坏神器老君王无道把邦家丧，都只为进谗言奸邪的无忌误做了头厅相，黩宝货贪婪的囊瓦误拜了登坛将。"（《二胥记》第二十三出《哭庭》【叨叨令】）[2] 奸臣又一次成了昏君的替罪羊！剧作家们即使退一步承认了君主的昏庸与错误，他们还是无法容忍臣子对这种昏庸与错误的反抗，忠臣们的反抗在他们看来是大逆不道，"自古君杀其臣，其君不必非仁君"，"便做是天道糊涂，到头来怎怨得君和父？"作者借张阿公之口指责伍子胥"背国忘亲心太毒，一时妄逞狂图。你道是有仇不报非男子，却不道恩怨分明大丈夫。只记冤仇把恩义负，真个是狠如蝎，凶似虎"。下场诗云："事主应须如事天，古来忠孝两相全。不忠自是难言孝，千载令人涕惨然。"（第十九出《责胥》）尽管忠孝之间不可调和的矛盾质疑着封建伦理道德的合理性，但作者还是再次明确高扬了封建臣子对君主无条件服从和忠诚的义务，因为这是他们理性的坚持。[3]

---

[1] 罗宗强：《明代后期士人心态》，中华书局2019年版，第47—48页。

[2] 孟称舜：《二胥记》，载朱颖辉辑校《孟称舜集》，中华书局2005年版。后文凡引自此本者不再一一出注。

[3] 参见罗宗强《明代后期士人心态》，中华书局2019年版，第48—56页。对因进谏而被杀的沈炼也进行了专门研究。他揭示了沈炼强烈关注政局、关注国家命运的情怀，也揭示了他对皇帝无比的忠诚，而这种忠臣与皇帝是否英明无关，在他的认识里，臣之事君以忠，天经地义，而且是无条件的：父不慈，子不可以不孝；夫不义，妇不可以不贞；朋友不孚，吾不可以不诚。而曰"君使臣以礼，则臣事君以忠"。此儒者之误也。

张法曾敏锐地选取了《鸣凤记》《清忠谱》《精忠旗》《宝剑记》四部明代历史剧作品探讨忠奸之争的基本结构和内在意蕴。他将这四部悲剧概括出了共同的四段式结构：奸佞当道、忠奸之争、忠臣失败、奸臣失败。进而认为："忠奸之争的毁灭都是建立在中国文化的安定、韧忍、保存意识之上的。它不是要对现存制度和现存观念做一番寻根究底式的追问，也不用人物丰富复杂性来显示一种超越意向，而是从文化本身的规定性出发把现存制度和现存观念神圣化，用简单的善恶二分法来描写和塑造人物和内心。忠臣为善，奸臣为恶，皇帝善而起初受蔽，最后去蔽。整个悲剧变成一场场惩恶扬善，天道一阴一阳正常运转的傀儡戏。作家们并不是没有感受到现实的复杂性和严重性，而是用文化的理性扭曲了自己的感受，将之摆正到与文化相一致的艺术构式上来。"[1]诚然，当我们反观以忠奸斗争为核心的政治理性精神，"剥开善恶评价的外衣，透视内在是非的本质，我们可以看到，这种褒忠惩奸、福善祸淫的观念，出自于产生黑暗专制统治的同一思想源泉，与后者虽有正邪善恶之别，但是在整个封建观念体系中却处于同构状态：同样地强调绝对的统一，绝对的领导和绝对的服从"[2]。然而，明代历史剧作家们正是以近似迂腐偏执的信守态度在剧作中宣扬着

---

[1] 张法：《中国文化与悲剧意识》，中国人民大学出版社1989年版，第121页。他进而认为（第122—123页）："但是这些忠臣的思想和行动越壮烈崇高，忠奸之争悲剧性就越浅薄。浅薄，不仅在其固定的四段式结构，还在于人物性格和人物内心的概念化。……初一观之，它似乎是最具悲剧性的，进而察之，它是最没有悲剧性的，它以最激动人心的形式，避开了悲剧意识的最本质性的东西：对现存的反思和询问。然而考虑中国文化本身的求稳求存性质，和君臣困境对文化的危害，把君臣困境置换为忠奸之争为文化所必须。而且作为长久压抑愤怒心理的一种发泄渠道和收集站，它又极契合于悲剧意识承受这一极。在这个意义上可把忠奸之争作为中国悲剧意识的一种形态。"
[2] 郭英德：《明清文人传奇研究》，北京师范大学出版社2001年版，第90页。

这种观念[1]，这种观念在剧作中的重重渗透和变异也正是塑造明代历史剧独特风貌的根本策略。

第二节 聊向戏场问兴亡：历史理性之萌发

与政治理性密切相关的是明代历史剧作家们对历史的理性认识，和元代历史剧在主观情感的宣泄之余反思历史不同，明代历史剧作家们开始在一种理性精神的指导下通过剧作来表达他们对历代王朝施政得失的评价，探讨历史发展的规律，总结国家兴亡的经验教训。这些理性的认知不再像《梧桐雨》《汉宫秋》那样通过主人公夜雨梧桐、孤雁哀鸣之中痛切的情感体验来传达，而更多的是在刀光剑影、荆棘铜驼、唇枪舌剑之间用理性的政治语言拂去历史的重重迷雾，还原历史的本来面目，探寻历史发展的真谛，在移宫换羽之间，寓"兴废酒杯中"，"试寻往古，伤心全寄词锋"（《浣纱记》第一出《家门》【红林擒近】）。《古城记》第一出《始末》云："往事如梦幻，富贵等浮云，前朝后汉，兴废总关心……惟愿朝

---

[1] 罗宗强《明代后期士人心态》（中华书局2019年版）第一章"皇权之不受制约与谏臣之传统心态"（第3页）探讨了中国古代士人与政权的关系："中国古代之士人，与政权有着极为密切之关系。他们之出处去就，离不开政权。他们重要之人生出路，是入仕。他们依附于政权，政权决定他们之荣辱，决定他们之命运。就此一点而言，他们缺乏独立性。但他们在思想上又是道义之承担者，是社会的良心。自此一点而言，他们又追求独立人格。而且由于此一点，他们往往以天下为己任，所谓'天下兴亡，匹夫有责'者是。自此一点而言，他们往往干预政治之是非，为政权运作之参与者与监督者。在社会变动时期，他们又是最为敏感的一群，是事变的最早评论者、参与者。"第56页云："史家论明代士大夫敢言之风气，或谓乃是明太祖作养士气之结果；或谓乃是明代政局变化迅速，士大夫平反较快，因之无后顾之忧的缘故。从杨爵、杨继盛、沈炼、周怡、浦鋐的行迹，足可说明事实远非如此。他们之所以敢于以死诤谏，从容赴义，实有着甚为坚实之思想基础。此种之思想基础，来自臣事君以忠之久远传统。士之此种信心素质，乃是思想传统长期积淀之产物。"

廷有道,偃武修文,更跻羲皇世,万国乐升平。"[1]从中国古代文学的传统来讲,明代历史剧作家继承了中国古代知识分子"自觉的历史反省精神"和"强烈的崇古精神"[2];从明代特殊的时代状况来讲,他们空前推崇文学作品的社会教化功能,二者的结合与相互作用促成了这种历史理性精神的萌发。但是,对历史理性的追求和推崇并不等同于历史理性认知的水平,明代历史剧作家们在剧作中所表达的历史意识存在缺陷和矛盾:"他们既深信历史进程没有不可知的动因和规律,又把这种动因和规律归结为神秘的、异己的超精神力量,堕入宿命论;既对历史兴亡的思考充满浓烈的兴趣,又对人类历史活动的意义持怀疑态度,堕入虚无主义;既对历史事件和历史人物的道德评判秋毫不爽,又对这种道德的维系及其价值在现实政治中软弱无力深有感触,堕入无是非论。"[3]这种交织了理性与感性、正确与谬误、清醒与迷惘的二重历史认知和对这种认知的表达欲望正是剧作家创作的动力,而对这种认知或隐或显的表达正是明代历史剧特色之一。

明代历史剧作品中,对历史理性认知的正面表达占据了上风,成为指导戏剧创作的主导思想,对朝政得失的评价,对亡国原因的探究,对历史规律和经验的总结构成了剧作历史反思总体上的理性风貌,作家历史认知存在的矛盾和缺陷被这种"显性"的理性光芒掩盖了。《浣纱记》堪称传奇历史剧"以离合之情写兴亡之感"的开山之作,梁辰鱼以"满腔的热情极力探讨吴越两国强弱转化、兴亡代谢的历史运转的奥秘"[4]。为了实现这个目的,作者在剧作的结构安排上匠心独运,他通过正反对比和剧作描写重心的转换来揭示吴、越双方力量的此消彼长和吴越双方国运的兴衰。

---

[1] 阙名:《古城记》,《古本戏曲丛刊初集》,商务印书馆1954年版,影印明刊本,后文凡引用自此本者不再一一出注。
[2] 郭英德:《明清文人传奇研究》,北京师范大学出版社2001年版,第108页。
[3] 郭英德:《明清文人传奇研究》,北京师范大学出版社2001年版,第110—111页。
[4] 郭英德:《明清传奇史》,江苏古籍出版社2001年版,第122页。

作品第三出《谋吴》和第四出《伐越》分别描写了越、吴二国君臣针对敌国的政治军事策略，显示了越国君臣同心，吴国君臣不和（伯嚭、伍子胥二人政见不和）的状况，暗伏了越终胜吴的潜在可能性。第五出《交战》到第八出《允降》是吴越之争的第一阶段，越国失利，但利用了吴国奸臣伯嚭的力量，保全了复仇的资本，而吴国则进一步暴露了忠臣伍子胥和奸臣伯嚭的激烈冲突和吴王听信谗佞、不纳忠言的致命缺陷。第十出《送饯》到第十六出《问疾》展开了越国复国大略的第一步，勾践夫妇入吴之后忍辱负重，韬光养晦，通过"问疾""尝粪"等一系列行为赢得了夫差的信任；而夫差则被胜利冲昏了头脑，在伯嚭的蛊惑下四处游猎，享乐堕落，吴国潜在的危机进一步加深。第十八出《降赦》到第三十出《采莲》是越国复国大计成功实施的第二步，勾践返国，君臣同心协力富国强兵，修明政治，并派遣西施入吴，促使吴国政治进一步腐败和吴王夫差更加昏庸。吴国方面忠臣伍子胥被夫差疏远，奸臣伯嚭更受宠信，西施入吴使得夫差沉迷于酒色之中，伍子胥为救国危难寄子齐邦，决定以死谏君，忠臣即将死于邦内的悲剧命运暗示了吴国必然灭亡的历史结局。第三十一出《定计》到第三十四出《思忆》是剧作的高潮部分，是吴国内部忠奸斗争最激烈的场面，也是剧情发展的总转折。伍子胥谏君不成，反被夫差责令自裁，满腔忠愤促使他"跣足去衣，提剑呼天"，悲愤地预言："总就有三华瑞露，九转灵丹，卢医妙手，扁鹊神针，也医不活你吴邦众子孙。"（第三十三出《死忠》【哭皇天】）[1]随着栋梁的崩摧，吴国的灭亡命运即将拉开序幕。第三十五出《被擒》到第四十四出《治定》描写越国兴兵入吴，吴国败亡的过程，着重将吴王求降越王不允与当年吴王允降的历史进行了清晰的对照，给人以深刻的历史启示。[2]总体来看，剧作的描写重心存在

---

[1] 梁辰鱼撰，吴书荫编集校点：《梁辰鱼集》，上海古籍出版社1998年版，第544页。后文凡引自此本者不再一一出注。

[2] 本文对《浣纱记》的结构分析主要参考许建中《明清传奇结构研究》（中州古籍出版社1999年版）相关论述。

一个由越转吴的倾向，即作者在探寻吴越兴亡的历史原因时，最关注的乃是"内因"，在作者的观念中，一个国家的兴亡盛衰从根本上来讲取决于国家内部政治措施恰当与否，取决于国家内部君臣关系的和谐程度和君主的贤明程度、臣子的忠诚程度，作为敌国的"外因"尽管对家国兴亡影响极大，但更是对国内政治状况的考验。更可贵的是作者拥有一种较为冷峻的历史眼光，在剧中"既批判了沉湎酒色、听信谗言、不纳忠谏的吴王夫差和贪贿卖国、排斥异己、奸诈邪佞的权相伯嚭，赞扬了卧薪尝胆、奋发图强的越王勾践，同时也歌颂了忠心耿耿的吴国大夫伍子胥和越国能臣良将范蠡、文种，并且有意把伍子胥忠谏被害和范蠡功成隐退加以鲜明的比照，借以说明即使是励精图治的越国，忠良在功成后也难以自保。吴越双方，各打五十大板，作者并无偏倚"[1]。所以，《浣纱记》在历史反思的理性深度上和对这种理性铺展的广度上远远超过了前代的作品。

  明代尚有数部反映家国兴亡的优秀作品，透过这些作品的字里行间，我们同样可以发现它们很大程度上仍是作者历史理性的艺术产物，作者们希望把自己对历史兴亡的苦苦思索通过鲜活的人物形象和精彩的故事情节传达给读者和观众。《惊鸿记》一剧主要描写了唐明皇与梅妃、杨妃的爱情故事，儿女情长是剧作的主体内容，但是，帝妃爱情与政治斗争的天然联系无法割断，因为无论是帝王还是后妃，他们不同于凡夫俗子，"帝王""贵妃"的名称已经为他们强加了政治的枷锁，他们的一言一行、一举一动都会沾染上政治色彩，他们的私人情感可能会影响到政局的稳定和国家的安宁。在第一出《本传提纲》中，作者写道："翠鬓金缕，春暖梨花雨，多少英雄迷此际，误国殃民任取。""看往代荒淫败乱，今朝垂戒词场。"[2]这种并不高明的"红颜祸国论"固然不足令我们信服，但是，对荒淫败乱、祸国殃民的认识却也不无启发意义。此剧第三出《相府称觞》描

---

[1] 郭英德：《明清传奇史》，江苏古籍出版社2001年版，第120—121页。
[2] 吴世美：《惊鸿记》，《古本戏曲丛刊二集》，商务印书馆1955年版，影印明世德堂本。后文凡引自此本者不再一一出注。

写了唐明皇对奸相杨国忠、李林甫的荣宠倚重和二人的熏天气焰；第八出《诡计陷梅》和第九出《杨妃入宫》描写众奸佞设计进杨玉环以迷惑皇帝固奸党之宠，作者毫不掩饰地描摹了明皇一见玉环便表露出的荒淫之志："此情此绪成奇爽，似从天上，准备着暮暮朝朝乐未央。"面对群臣，堂堂君王与酒色之徒毫无二致，惹来众臣讥笑，为君不尊，为臣不敬，充分暴露了唐王朝统治集团内部的高度腐化和堕落。第十一出《权奸献谀》中安禄山逢迎圣意，进献"助情花"，助长了唐明皇的荒淫之心，而此时的安禄山也初步表露了他的政治野心："君臣荒淫，时事可知，此是俺家可得志之秋也。"唐王朝潜在的危机开始显现出来。第十二出《兴庆昼娱》和第十三出《梅妃被贬》中杨贵妃向唐明皇进谗，太子和梅妃受到陷害，显示了后妃和权臣在造成政治危机方面的消极作用。从第十七出《洗儿赐钱》直到第二十二出《禄山辞朝》描写了安禄山备受恩宠，遭到杨国忠等人嫉恨，被迫离朝，明皇赐爵赠袍，放虎归山，良莠不分，昏庸已极。紧接着二十四出《禄山叛逆》使局势急转直下，"渔阳鼙鼓动地来，惊破霓裳羽衣舞"。唐王朝陷入濒临亡国的危难境地，最终酿成了仓惶出逃，痛杀杨贵妃的恶劣后果。（第二十四出《大驾幸蜀》至第二十七出《马嵬杀妃》）第二十九出《父老遮留》乃作者历史理性的集中表达，作者借老人之口痛斥杨国忠、李林甫之奸，回溯了姚崇、宋璟时代的清明政治，指出言路闭塞、奸臣当道乃是国家陷入混乱的主要原因。这种观点虽然表面上回避了皇帝所应承担的重大政治责任，但事实上作者早已通过戏剧情节的详细展开理性呈现了唐明皇渐进的腐化过程，理性呈现了造成政治恶果的种种原因，唐明皇不可推卸的历史责任早已得到了确认。

如果说《浣纱记》和《惊鸿记》着重从王朝衰亡的角度表达对历史教训的深刻认识，那么《回春记》则运用了同一王朝衰亡与复兴前后对照的结构表达作者对历史兴亡的理性认识，这种对照呈现出鲜明而完整的对称性。在作者笔下，截然相反的政治措施和政治表现会导致截然相反的国家命运。剧作第一折《贡院谭文》明确揭示了明亡之前黑暗一片的社会现实:"看世道这般抢攘,生民这般涂炭,官吏这般贪污,风俗这般颓坏。"在接下来的诸折中,作者开始一一揭露促成国家衰亡的种种原因:为国家选拔人才的试官贪污受贿,"将一座至公堂都做了钞库关",录取不学无术的富家子弟,阻碍了有才之士的进身之阶,使国家无才可用(第二折《试官结舌》、第三折《鼫鼠襯魄》);官吏与无行文人勾结。司法腐败,贪残横暴,欺压良善,失去民心(第四折《贪污传心》、第五折《狐群摔耳》);官场之上钩心斗角、赏罚不均、功过不明,不懂军事的文人用兵,牵制武将,贻误战机,直接造成了国家军事上的失败(第六折《熊罴拊膺》);都城被破,君王惨死之后,"平日间披肝沥胆"的臣子们却不愿"粉身碎骨"报答君恩,反而叛国迎降,所谓:"治平时房杜萧曹信口弹,危急时张巡许远何曾见?"(第九折《忠孝矢志》)这些促使国破君亡的原因是作者对历史理性认知的结果,这种理性认知必然导向作者的理性决策,在剧作的后半部分,作者描写主人公汤去三征西成功,击退叛军之后采取了复兴国家的一系列政治措施。他将在他看来酿成国家混乱、危害社稷的书吏、门子、叛官、贪官等一一诛戮,赢得了一个清平世界。(第十一折《趋炎缩颈》、第十二折《恶奴骈首》、第十三折《叛官塞口》、第十四折《太平遂志》)在辞官回乡之际,为皇帝进上了中兴要略:"内自强以御外寇,择将帅以歼群丑,专任使以图安攘,去壅塞以求实效。"从这种颇类政论的戏剧语言中,我们可以看到明代历史剧作家们对历史经验和教训的重视程度和对历史规律把握的理性程度,而所有这一切来源于他们对时局的严重关切,对政治的极度关心,来源于他们深刻的历史责任感和道德责任感。

除去对历史兴亡规律的集中揭示,剧作家对历史得出的理性认识如散金碎玉般点缀于在其他剧作中,成为剧作精神内涵的重要组成部分。在《量江记》一剧中,作者通过对南唐与北宋王朝军事斗争的形势变化表达了他的人才观念,他充分认识到了人才在维护封建国家利益方面的重要性,第一出《标略》云:"不尽长江前后浪,经过多少兴和丧,休论南来并北往,都难量,安邦只是人为上。"作者在剧中描写了南唐才子樊若水满怀拳拳报国之心,却被朝廷奸臣陷害,不能为国效力,但他不满"活活把英雄屈杀",不愿"垂首泥沙",转而丈量长江,"似鸟投林图些兴王",投靠了宋朝开国明君赵匡胤,帮助宋军越过长江天险,灭亡南唐,成就了一番功业。樊若水的行为颇具春秋战国时代士人的风范,与明人忠君爱国的思想似乎并不和谐,但是这部剧作毕竟从一个侧面发现了人才在历史进程中的重要影响力,揭示了一定的历史发展规律,是作者理性认知的表达。《张子房赤松记》表达了作者鲜明的民本思想和反抗暴政的思想,他认识到人心向背对王朝兴亡的巨大影响,为揭示这个规律,他在剧作中精心设计了《诉苦》一出,塑造了修筑阿房宫的泥水匠、木匠等几个下层人物形象,通过他们的语言指责秦之暴政给人民带来的深重灾难:"黄沙里白草中骨枯朽,或是阴雨晦明之日,或是天昏月暗之夜,只听得阴灵哭泣,哭泣声直吼。"[1]不仅如此,作者借民众之口预言秦亡的命运:"想他毒害生民,安得长久。""长城万里途,想空与他人筑,况求药入海,荒淫多欲,他疾心妄想期不死,却不道贪暴从来命必促。""得民心者得天下,失民心者失天下"的历史经验,再次通过艺术手段的展示得到了证明。此外,《崖山烈》一剧中作者基于历史理性认知对宋代宰相专权的评价在明代末年无疑具有历史和现实的双重认识价值(按:明代后期出现的阁臣专权、争权的问题造成了严重的内耗)。作者在第七折借杨太后之口说明宋朝"开国以来,都受奸相之害",并依次列举了"青苗立法赤紧把黔黎伤害"的王安石,"首称做六贼"的蔡京,"三字狱把忠良坏"的秦桧,"诬囗学把群贤害"的韩侂胄,"兼日阁将巧计排"的史弥远等人,这种观念正确与否姑且置之不论,明代历史剧作家突出的历史理性精神和历史反思意识是无可置疑的。

---

[1] 阙名:《张子房赤松记》,《古本戏曲丛刊二集》,商务印书馆1955年版,影印明文林阁刊本,后文凡引自此本者不再一一出注。

中国古代知识分子满怀激情、竭尽全力寻求历史的规律和动因，体现出对理性的高度推崇，但限于特定的历史环境和认知水平，在纷繁复杂、云遮雾罩的历史面前，人类的理性总要面临无数的挑战和挫折，当理性的认知无法应对和解释复杂的存在时，历史剧作家们同样只好求助于神秘、异己的超精神力量，在有限的人生中对历史现象作出貌似完满的解释。所以，明代历史剧作家们又把历史兴亡的根本原因和动力归结为茫茫不可逃的天数、神灵的意志和灵验无比的因果报应，类似的描写在历史剧中比比皆是。《浣纱记》固然试图在现实层面上理性揭示了越兴吴亡的历史原因，充分肯定了勾践和范蠡等人权谋和智慧的重大作用，但是在另一方面，作者也分明看到伍子胥的忠勇和谋略面对亡国危机却无力回天，国势盛衰在瞬间发生了逆转。人的力量是否真的可以左右历史车轮前进的方向？如果可以，明智的伍子胥何以未能说服夫差，挽救吴国的命运？如果不可以，能臣范蠡何以能辅佐勾践复国报仇？在剧作家们的心目中，这个充满矛盾的命题只有用那种神秘的、绝对不可抗拒的超精神力量才能做出没有争议的解答：无论是越国的复兴还是吴国的灭亡都是天数注定，谋事在人，而成事在天，人力无法超越天数。作者借当事人伍子胥之口肯定了这种神秘力量的存在："早知你们必破我国，故置我头于西门，以观越人之入吴，但我不忍见此，故作风雷以惊汝军。然此乃是天数，安能止之？汝须从东门而入，不可犯我疆界！"（《浣纱记》第四十一出《显圣》）在描写宋元易代的剧作《崖山烈》中，钱塘江神伍员云："上帝意在灭宋兴元"，"可惜宋家三百年基业，一旦灭亡，天数已定，吾神亦无如之何也"（第十二折）。石龙云："今当宋元革命之会，帝昺君臣舟泛海门，合沉于崖山之下，奉上帝敕旨，命今日先起飓风，现分散张士杰一军，后沉溺陆秀夫等辈，虽则忠良可悯，实乃历数攸归，吾神亦无如之何。"（第二十二折）可见，在剧作家的心目中，无论是越兴吴亡，还是元兴宋亡，虽然表面上出于人谋，但从根本上来讲都是天数使然，历史的运行在冥冥之中有神秘力量操控，早就注定，人力无法改变。同样，处于历史舞台之上，充当历史活动主体的凡夫俗子们也就无法主宰自己的命运，一切都由掌握因果报应的上帝决定。《磨忠记》将明末辽东战乱解释为"辽东一代地方，人民罪业深重，应受惨报"，故"上帝有旨，已差彗星化生奴酋，国中杀戮百万生灵，以彰往报"。朝廷中宦官专权、忠良被害同样是神秘力量操控的结果：为对"仕籍夤缘，人心奔竞"有所惩戒，所以上帝有旨"已着厉鬼化为阉臣魏忠贤，贪残成性"，将"忠良死者，使升仙道，谀佞死者，使沉畜道，以彰报应"（第三出《天王采访》）。就连阉党的倒台也是上帝的意旨使然："魏忠贤冥数有二十年齐天之福，今因享用太奢，奸谋太毒，上帝已命折禄减算，指日化为冰山。"（第十七出《书生愤激》）祁彪佳在《远山堂曲品》中对《磨忠记》过多使用鬼神元素提出了批评："作者于崔、魏时事，闻见原寡，止从草野传闻，杂成一记，即说神说鬼，去本色愈远矣。"[1]

既然历史进程都已为超精神的神秘力量所操控，历史发展的结果（无论兴亡）不随人的意志为转移，历史活动主体（无论善恶）的命运都早已注定，那人类参与历史活动的现实意义何在？人们又何必苦苦总结历史发展的经验教训？何必苦苦寻求历史发展的规律？何必苦苦地遵循封建伦理道德规范？何必苦苦明辨是非曲直、忠奸善恶？历史兴亡，功名利禄在此时变得毫无意义，历史剧作家们"人生原幻住，世界等虚空"（王克家《刻〈醉乡记〉序》）[2]的意识抬头，"无是非论"和"虚无主义"成为这种意识的精神内核，在剧作中这种意识随处可见：

古今得失兴亡事，眼底分明梦一场。（《宝剑记》第一出【鹧鸪天】）
呀！看满目兴亡真惨凄，笑吴是何人越是谁？（《浣纱记》第

---

[1] 祁彪佳：《远山堂曲品》，载中国戏曲研究院编《中国古典戏曲论著集成》（六），中国戏剧出版社1959年版，第109页。
[2] 孙钟龄：《醉乡记》，《古本戏曲丛刊二集》，商务印书馆1955年版，影印明末刊本。

四十五出《泛湖》【北收江南】)

人生聚散皆如此,莫论兴和废。富贵似浮云,世事如儿戏。(《浣纱记》第四十五出《泛湖》【北清江引】)

一挂纶竿操小舫,无端做出功名壮,今日消沉更谁讲,堪惆怅,算来都是虚花帐。(《量江记》第一出《标略》【渔家傲】)

眼底光阴去似梭,百年驹隙易蹉跎。樽前有酒须当醉,心上无愁且自歌。寻快乐,取吟哦,莫将名利苦奔波。到头多少兴亡事,今古番成一笑呵。(《刘秀云台记》第一出【鹧鸪天】)

但我们必须明确的是,明代历史剧作家们的这种精神的迷茫和消极的情绪并非他们思想的主流,他们最终"未能超世,亦复有情"(王克家《刻〈醉乡记〉序》),封建知识分子深入骨髓的政治责任感和道德责任感让他们从未停止对政治、历史和人生的理性思索,也从来未能压抑住表达自我和影响社会的欲望,他们的艺术作品充盈着理性与感性的碰撞,清醒与迷茫的交织,拥有永恒的艺术魅力。

第三节 雅俗共赏:叙事策略的世俗化追求

明代"从成化、弘治年间开始,文化格局逐渐发生了划时代的转型,文人阶层从依附皇家贵族转向倾慕平民百姓,或者更准确地说,从附皇家贵族之骥尾转向借平民百姓自重。文人阶层自我意识的高涨和主体精神的张扬,促成了不可抑止的文化权力下移的趋势,以文人阶层为主角的社会文化模式逐渐压倒并取代了以皇家贵族为主角的社会文化模式"[1]。他们"渴望有效地吸纳和采用民间文艺形式,从而更多地从平民文化那里汲取

---

[1] 郭英德:《明清传奇戏曲文体研究》,商务印书馆2004年版,第19—20页。

精神滋养和力量支持"[1]。由于南曲戏文在"言情""感人"方面比传统的诗文具有更大的优越性,"蕴含着极大的可塑性和旺盛的生命力,能够最佳地适应文人自身表情达意的现实的主体需要"[2]。戏曲艺术的通俗性、群众性、直感性、综合性使其具有不可比拟的社会功用。所以,这种艺术体制成为文人阶层最合适的选择,他们开始了对南曲戏文长期的改造工作,最终促成了传奇体制的形成和传奇创作的兴盛。但是在这一过程中,南曲戏文大众化的审美趣味和体制上某些质朴的民间特性(如生旦并重的体制、人人可歌、灵活的演唱形式等)被保留了下来。

明代中后期俗文学蓬勃发展,大量通俗文学作品涌现,文学审美趣味的"世俗化"为文人阶层竞相追捧,"在世俗化激发下的雅俗文化互动"[3]成为明代文学的显著特征。为满足大众化的审美需求,更好地发挥历史剧对广大民众道德伦理教化的社会功能,明代历史剧作家们的创作方法具备了显著的世俗化特征,这种世俗化的特征首先集中体现为以生旦离合模式运用为代表的世俗化情感的描摹(以女主人公在剧中结构、情节、抒情三方面的功能表现为特色)。

在生旦离合模式运用方面,历史剧作家们首先增加了女主人公的"戏份"。从结构设置来讲,生旦的情感发展历程乃至旦角的独立行为都可以构成剧作的重要线索;就故事情节发展而言,女主人公时而有坚贞刚烈的义正词严,时而有迂曲哀婉的闺思梦念,时而有飘零凄苦的奔逃离乱,这些一方面构成了剧作的感人情节,另一方面推动故事情节不断向前发展;就传奇历史剧的抒情特色而言,女主人公绵邈深厚的情思和哀怨凄楚的嗟叹都足以令人动容(按:传奇作品强烈的抒情倾向往往体现在具体的故事情节中,服务于故事情节的进展,增强故事情节和人物形象的艺术感

---

[1] 郭英德:《明清传奇戏曲文体研究》,商务印书馆2004年版,第28页。
[2] 郭英德:《明清文人传奇研究》,北京师范大学出版社2001年版,第32—33页。
[3] 郭英德主编:《中国古代文学通论·明代卷》,辽宁人民出版社2005年版,第2页。

染力)。其实，早在南戏《琵琶记》中，女主人公已经有不俗的表现，赵五娘形象的成功塑造升华了剧作的主题，使剧作产生了冷热调剂、对比强烈的艺术效果，作为文人染指南戏的开山之作，《琵琶记》可谓出手不凡。历史剧作品绝大多数以男主人公为主角，他们作为重大历史政治活动的参与者，活动场所局限在庙堂、战场，他们的行为被赋予了强烈的政治色彩，作为特定政治观念的代言人，他们身上被赋予了太多社会性的政治历史内涵，而世俗化、个人化的情感则只有较少的流露。女主人公作为剧作的另一主角，服务于剧作的历史剧主题固然毋庸置疑，但在她们身上可以有更多私人化、世俗化情感流露，她们可以尽情抒发对丈夫的思念牵挂之情，而类似的情感对于全身心投入政治斗争的男主人公来讲，显然是无从表达的。剧作中男主人公的豪情壮志、浩然正气、悲愤压抑之情固然可以感染观众，但是这种情感毕竟离平民的生活过于遥远，从这个角度来讲，夫妻之情、母子之情这些世俗化的情感对普通民众而言似乎更有切实感染力。

为了将这些易于为民众接受的情感描写有机地融入历史剧作品中，作家们首先在戏剧结构方面进行了艰辛的探索。"从元剧到明传奇，古典戏曲的结构模式有一个从'抒情'为中心向'叙事'为中心的微妙转移，表述得更具体而准确一些，即元剧以戏剧人物的情感线索为戏剧情节发展的主要推动力，明传奇则以人物的行为动作和故事本身的逻辑作为戏剧情节发展的主要依据。"[1] 以"叙事"为中心，首先必须高度重视戏剧的结构设置，明代剧作家们虽然不像清代戏剧理论家李渔那样明确标举"结构第一"，但他们对戏剧结构的重要性早就有所认识，凌濛初云："戏曲搭架，亦是要事，不妥则全传可憎矣。"[2]

在《宝剑记》一剧中，张贞娘的行动贯穿于林冲与高俅的忠奸斗争

---

[1] 李昌集：《中国古代曲学史》，华东师范大学出版社1997年版，第591页。
[2] 凌濛初：《谭曲杂札》，中国戏曲研究院编《中国古典戏曲论著集成》(四)，中国戏剧出版社1959年版，第258页。

之间,并且作为忠奸斗争的组成部分存在:夫妻和好,家宴寿母(合)—林冲劾奸,被陷入狱;贞娘鸣冤,搭救丈夫(分)—林冲被刺配沧州;贞娘闺中思夫(分)—高朋调戏;贞娘拒婚(分)—奸党二度迫害林冲,林冲被逼上梁山,奸党再度逼婚;婆母自尽,贞娘祭奠(分)—林冲投奔梁山成功,奸党强娶贞娘;锦儿代嫁,贞娘寻夫不成,尼庵栖身(分)—林冲复仇,招安封官,奸党被诛;贞娘尼庵会夫(合)。作品分别以林冲和张贞娘为线索,描写了他们各自与奸党展开的斗争,前者表现为激烈的政治冲突,后者表现为激烈的社会冲突,从两个侧面共同服务于忠奸斗争的主题。"从深层结构看,该剧赋予了林冲与高俅的冲突以政治伦理的意义,同时赋予张贞娘与高朋的冲突以社会伦理的意义,二者相辅相成地构成信守传统道德与践踏传统道德的伦理冲突,表现了主题观念的一致性:'节孝佳人,忠贞烈士,天教再整旧衣冠。'"[1]正基于此,张贞娘的拒婚行为(婚姻相对于庙堂斗争而言更具有世俗化特征,更易于被广大下层百姓理解和接受)才得以成为《宝剑记》的另一线索。

如果说《宝剑记》中林冲、张贞娘二人各自统领的线索过于分明,相对独立,在剧作中给人以剥离之感,那么梁辰鱼在《浣纱记》中则刻意将范蠡与西施的爱情发展当作不可分割的整体加以描写,爱情的萌芽、发展、破灭、复合成为剧作的另一主要主题,形成了一种与传统的生旦双线结构不同的独特的双重结构:定情溪畔,白纱为盟(合);越国战败,吴国允降—西施浣纱,思念范蠡(分);范蠡离越,为奴吴国—范蠡说施,西施演舞(合);吴王昏乱,国势衰退—西施离吴,迷惑夫差(分);子胥被杀,吴国危急—西施归越,同游五湖(合);吴国灭亡,越国复仇。历史主题和爱情主题并列行进,爱情的发展与历史的兴亡相互交织,相互影响,相互作用,出现了相互融合的趋势。但是,这种双重结构却因作者"既耽溺于对盛衰兴亡的思考,又执着于对忠臣出路的探求,还迷恋于对

---

[1] 郭英德:《明清传奇戏曲文体研究》,商务印书馆2004年版,第304页。

范施爱情的赞赏"[1],最终未能得到良好的融合,遭到徐复祚"关目散缓、无骨无筋、全无收摄"[2]的批评。但是,在传奇历史剧发展的进程中,《浣纱记》这种可贵的艺术探索精神和对后代的积极影响是值得充分肯定的,当然,对生旦离合模式的生搬硬套,或者仅仅为了照顾戏文传统而强行加入旦角戏,而与主题毫无关涉,仅从形式上牵强附会,显然也是极不恰当的,会严重影响剧作品质。

作为政治斗争严重后果的承担者之一,女主人公被卷入政治斗争后的个人行为和抉择更加艰难,情感体验更为丰富细腻,妻子、母亲以及丈夫政治立场的坚定支持者等多重身份左右着她们的行为和情感流露。《宝剑记》中的张贞娘便是一位富于感染力的"有情"之人。在林冲被陷入狱之后,作为妻子,她的一段情感独白平实而动人:

【山坡羊】(旦上唱)这冤情苍天难告,想儿夫灾星相照。他如今身遭罪谴,俺一家儿将谁靠?倚势豪,把人坑陷倒。南牢受苦,只恐怕亲知道。我将闷海愁山一担挑。难熬,饭似寒冰,吃着不饱;难逃,命若游丝,汤着便了。(《宝剑记》第十五出)

短短的一支曲子里既包含了张贞娘对夫君陷狱的焦虑,对家庭未来的忧虑,又包含了她对婆母隐瞒消息时的复杂心情,更有她"闷海愁山一担挑"的忍辱负重,而所有这些都是她作为妻子、儿媳、一家之长等世俗化的身份在遭遇困境时再普通不过的情感反应和流露,真实自然,平平淡淡,却感人至深。探狱之后,她为了给丈夫鸣冤报仇,抱着一死的决心怀揣利刃上书皇帝:

---

[1] 郭英德:《明清传奇戏曲文体研究》,商务印书馆2004年版,第305页。
[2] 徐复祚:《曲论》,载中国戏曲研究院编《中国古典戏曲论著集成》(四),中国戏剧出版社1959年版,第239页。

【前腔】忍羞含怨，身自经危险，只为亲年老，急救儿夫难。击鼓向金门，声动朝阳殿。暗自持白刃，肯惜身遭谴。奴虽无织锦回文献御前，以死终当冤报冤。（第十六出）

通过此曲充满激情的唱词，我们可以看到张贞娘刚烈、坚贞的性格特征和不屈不挠的抗争精神，而她这一行为的出发点再朴素不过："只为亲年老，急救儿夫难。"从这一层面来讲，狱中相见中的【山坡羊】一曲尽管更多地展示了她性格中温柔贤淑的一面，但二者的出发点并没有本质区别。听到林冲被逼上梁山的消息时，出于对丈夫的理解，她表示了对丈夫清白的充分信任，并深信总有一日林冲会平反昭雪：

【前腔】祸福事难量，不必多劳攘。奴自保曾参，他非是杀人党。他虽然忘了旧糟糠，须念白头七十娘。任他无情风雨相摧折，零落花枝也自香。空惆怅，料苍天不肯负忠良！（第三十八出）

"他虽然忘了旧糟糠，须念白头七十娘"一语看似浅显干净，再普通不过，但是却涵蕴深刻，一心一意苦守丈夫归来的张贞娘听到林冲入伙梁山的消息时将信将疑的心态，委屈自怜的感受，埋怨眷恋的情绪交织于一处，足见世俗化的情感表达"似瘫实腴"，平中见奇的艺术特点。面对高朋屡次逼嫁的丑恶行径，贞娘义正词严，愤怒地予以斥责，表现出高度的自尊：

【山坡羊】只除我志坚心耐，不怕他官高势大。你便使安车驷马，难得把奴身载。有横财，终须事不谐；纵有黄金贯斗，决不把纲常坏。我只待一死甘心也。肯受温郎玉镜台？安排，专等俺梁栋材；丢开，休题那谎乔才。（第三十九出）

一个弱质女子在邪恶势力的侵扰之下，处变不惊，搭救夫婿的勇气，保持清白的刚烈，孝敬婆母的真诚，"无一不体现着中国妇女明大义，识大体，忍辱负重的高尚美德"[1]，"观众们可以不理解朝廷中的是非，可以不体察林冲的苦心，但却不能不深深地理解和同情张贞娘"[2]。观众的理解和同情是对历史剧作家世俗化叙事策略的最佳肯定。

《鸣凤记》第十六出《夫妇死节》中，杨夫人送别杨继盛的惨烈动人之状在明代历史剧中鲜有堪比者。面对即将被冤杀的夫君，面对数十年夫妻结发之情一旦断绝，杨夫人痛不欲生。

【前腔】看愁云怨满天，痛生离死别间，须臾七魄无从见，牵襟结发今朝断，牵襟结发今朝断。肠裂空山哀月猿。剖不出伤心剑，我那相公本是个飞黄千里。今做了带血啼鹃。

在杨继盛被冤杀之后，杨夫人承受不了沉重的打击，在昏迷之中抒发着对丈夫生命逝去的痛惜与无奈之情。

【江儿水】天那，我魂离体，魄丧泉，痛思鸳侣遭飞箭。我那相公你一点丹心明素愿，翻成白刃流红茜。祸比史苏尤惨，仇海冤天，对着谁人悲怨。

承受着丧夫之痛，杨夫人居然上本"代夫明志，尸谏感君"，随后自刎身死。女主人公强烈的情感抒发在瞬间转入寂静，情感抒发戛然而止，观众的心灵却受到了强烈的震撼。

此外，明代历史剧中女主人公为主角的思夫、别离场景极多，尽管

---

[1] 余秋雨：《中国戏剧文化史述》，湖南人民出版社1985年版，第351页。
[2] 余秋雨：《中国戏剧文化史述》，湖南人民出版社1985年版，第350页。

不乏富于艺术感染力的情感抒发，然多有雷同之处，存在逐步模式化、熟套化的倾向。除去夫妻之情的描写，明代历史剧作品中对父子之情、父女之情、母子之情、兄弟之情的描写也都有出色的场次，如《精忠旗》第二十一折《看监被阻》(岳飞、银瓶父女)，《清忠谱》第十七折《囊首》(周顺昌、周茂兰父子)、第十八折《戮义》(颜佩韦母子、杨念如父子)、第十九折《泣遗》(周茂兰与母亲、妹妹一家痛悼周顺昌)，等等，内容繁复，限于篇幅，不再详述。

明代历史剧作品描写世俗化的儿女之情并不都如忠奸斗争型剧作中那样严肃，在其他类型的历史剧作品中，对于儿女之情的描摹相对随意开放，作家们不仅流露出对英雄人物儿女情长的风流俊赏，而且流露出对儿女风情戏的浓厚创作兴趣，极大地丰富了传奇历史剧中男女之情的审美内涵（按：这种风气与明代中后期兴起的主情思潮和儿女风情戏的大量涌现有着重要关联，儿女风情剧的风行几乎影响了其他各种题材类型的传奇创作）。儿女风情的题材对历史题材的渗透与交融，集中体现在文人们对"英雄"内涵的重新认识中，何璧《校本〈北西厢记〉序》中对英雄气与儿女情有这样一番辨析：

> 曰："英雄气少，儿女情多。"此不及情之语也。予谓天下有心人，便是情痴，便堪情死，惟有英雄气，然后有儿女情。古今如刘、项，何等气魄，而一戚一虞，不觉作嚅呢软态，百炼钢化绕指柔矣。惟其为百炼钢，方能作绕指柔，此固未易与罗帏锦瑟中人道也。每阅英雄记上兼风□□彩者。予独为曹瞒佞一指波，其朝破□陈，夜赋华屋，上马斫强贼，下马拥妖姬，至残魂剩魄，犹低回铜雀台上，此真为情痴情死者，然亦不失为钟情中一大奸雄。[1]

---

[1] 俞为民、孙蓉蓉编：《历代曲话汇编·明代编》第一集，黄山书社2009年版，第735—736页。

在他看来，真正的英雄不能仅仅拥有一腔壮志，满腹奇才，补完天地的超凡能力，还需要情深意重，风流而不羁于时俗，甚至"为情痴，为情死"，方显英雄本色。这种不合于正统的观念显然具备了思想解放的意味和浓厚的市民情绪，其世俗化气息不言而喻。在明代历史剧作品中，英雄与佳人的悲欢离合和旷世情缘为作品增添了些许光亮灵动的色彩。《浣纱记》中的能臣范蠡与绝代佳人西施一见钟情，白纱盟誓，经历了家国兴亡带来的痛苦别离之后，终成眷属，同游五湖；《红拂记》中美丽果敢的红拂女慧眼识英雄，夜奔李靖，谱写了一曲千古风流佳话[1]；《麒麟罽》中梁红玉与韩世忠起于微贱，患难与共，终成大业，赢得了"千古赞叹"。此外，明代水浒题材的历史剧创作中，描摹儿女风情的戏剧情节大量增加，几乎成为剧作的主体，有喧宾夺主的倾向，充分显示了世俗化的审美需求对创作的影响。《水浒记》（许自昌）塑造了阎婆惜的形象，详细描写了她与宋江、张文远二人的情感纠葛[2]；《元宵闹》（李素甫）取材于《水浒传》卢俊义上梁山一节，却花费了大量笔墨在卢妻贾氏与李固的情感纠葛上[3]；《义侠记》虽以武松落草的经历为主线，但是与潘金莲相关的儿女风情戏却在后代常演不衰[4]；与《义侠记》类似，《翠屏山》（沈自晋）虽为敷演杨雄、石秀二人事，但是该剧作盛行于场上者却多是以潘巧云为主角的相关场次。[5]明代水浒戏作家们创作兴趣的转移和水浒戏面目的全新展示，显示了时代对世俗化审美风气的呼唤和追求。明代水浒戏之所以能成为历史剧中一个特殊的种类，还源于民间对于侠义精神的特殊理解和推

---

[1] 张凤翼：《红拂记》，《古本戏曲丛刊初集》，商务印书馆1954年版，影印明末吴兴凌玄洲校刻朱墨套印本。

[2] 许自昌：《水浒记》，《古本戏曲丛刊初集》，商务印书馆1954年版，影印汲古阁刻本。

[3] 李素甫：《元宵闹》，《古本戏曲丛刊二集》，商务印书馆1955年版，影印旧抄本。

[4] 沈璟：《义侠记》，《古本戏曲丛刊初集》，商务印书馆1954年版，影印明继志斋刊本。

[5] 沈自晋：《翠屏山》，《古本戏曲丛刊二集》，商务印书馆1955年版，影印清抄本。

崇。李贽评价《昆仑奴》杂剧时说："天地间缓急有用人也，是以谓之侠耳。忠臣侠忠，则扶颠持危，九死不悔；志士侠义，则临难自奋，之死靡他。……自古忠臣孝子，义夫节妇，同一侠耳。"[1]在李贽的解释中，侠义精神内涵被放大了，这种精神的载体也拓展到忠臣、志士、孝子、义夫、节妇等各种身份的人物身上。基于侠义精神与臣子之"忠"内在精神的某种沟通和契合，水浒英雄执着"忠义"的追求与庙堂之上的忠奸斗争开始重叠、交叉，甚至面目相似，共同汇入历史剧的创作洪流。[2]

明代历史剧作家世俗化的审美需求还集中体现在对世俗化信仰的高度重视，剧作家们以此为契机，构建光怪陆离的鬼神世界，在满足观众好奇心理的同时通过因果报应和天命观念宣扬封建伦理道德。

首先，剧作家们借助因果报应的观念，将鬼神因素引入剧作，鬼神成为主持正义、惩恶扬善的工具，以此来诱导和鼓励世人自觉遵循封建伦理道德规范的约束。这一点在忠奸斗争型历史剧中表现得较为突出。冯梦龙改编《精忠旗》一剧时虽然删去了《精忠记》中在他看来荒诞不稽的问卜、点化、梦兆等情节，但是他"不忍英雄冤到底"，"毕竟含冤难尽洗，为他聊出英雄气"。(第一折《家门大意》)仍然设置了第三十二折《湖中遇鬼》、第三十三折《奸臣病笃》、第三十四折《岳庙进香》、第三十五折《何立回话》、第三十六折《阴府讯奸》等场次，穿插了岳飞鬼魂现身西湖，奸臣秦桧遇鬼病笃，岳飞父子受封天神，秦桧奸党阴间受审等鬼神往来的故事情节，使得忠奸善恶各得其所，所谓"但从前怨德都酬，元来因果他还受，祸福随人各自求。天须有，报应的无虚谬，怎遮瞒的日月双眸"(第三十七折《存殁恩光》)。作者试图通过岳飞、秦桧的忠奸斗争在阴间的继续和忠奸双方在彼岸世界所谓的最终结果，来证明因果循环，报

---

[1] 俞为民、孙蓉蓉编：《历代曲话汇编·明代编》第一集，黄山书社2009年版，第540页。

[2] 关于此议题可参见陈建平《士人意识与平民意识对侠意识的重新编码——明清水浒戏的文化透视》，《戏曲研究》第75辑，文化艺术出版社2008年版。

应不爽的铁律，进而警醒奸邪，褒奖良善。明代末年出现的以反抗魏党专权为题材的时事剧《磨忠记》《喜逢春》乃至《清忠谱》无一不采取了类似《精忠旗》的处理方式，忠臣烈士死后都被封官晋爵，得到了诛奸斩佞、伸张正义的机会，而奸佞在阴间则要遭受"以其人之道还治其人之身"的报应。以较富于市民气息的苏州派传奇《清忠谱》为例，李玉笔下周顺昌抗争历程之惨烈，颜佩韦等五义士意气之慷慨令人油然钦佩，但是在这些忠义之士最终归宿的处理上，李玉一改剧作前半部分细致入微的写实风格，设置了第二十三出《封神》，"劲骨千磨不坏"的周顺昌在阴间被封为"应天城隍"，"仗义久名扬"的五义士就义后被封为"五方功曹"，"凛凛忠臣授玉宣，掌城社倍添风宪"，在阴间继续主持正义，褒善惩恶。人世的黑暗与不平只能在虚无缥缈的神界和鬼界中得到苍白的补救。但是，这种补救无论对于作家自身还是下层民众而言都是必须的，因为剧作家们深深地明白：在封建社会中，如果失去彼岸世界对人们精神的补偿，那么令人沮丧与绝望的现实将使人世间的伦理道德规范遭到不可避免的质疑与颠覆。而这种质疑与颠覆是他们情感与理智都无法接受也不愿意接受的。

  其次，鬼神还作为天命的传达者或者实施者出现在剧中，或者充当故事情节发展的铺垫，或者直接推动故事情节的发展，或者起到收摄全剧情节的作用。在《磨忠记》一剧里，作者设置了第三出《天王采访》，首先通过四大部洲采访使的言谈宣扬了浓重的天命观念："世人善者善，恶者恶，参错不齐，上帝福者福，祸者祸，点滴不漏。暗室亏心，神明已为洞察，刹那起念，魂魄即是证明。"明季辽东之乱被归为上帝对百姓罪业的惩罚，魏忠贤祸国专权被归为上帝对"仕籍黉缘，人心奔竞"的惩戒。无论是百姓的离乱死亡还是忠臣的舍生取义，乃至奸党的冰消雪融，都取决于上帝的意旨，非人力可以更改。在剧作中，国家的兴亡亦是天命所归，当兴者，神灵救护；当亡者，神灵束手。《崖山烈》第十二出作者设置了潮神伍子胥救护元兵的情节，即使子胥在情感上不愿接受宋亡的现实，但还是无法违抗蒙元将兴的"天数"，只得提醒"顺应天数"的元军撤出涨潮之处，免去兵败之险。而处于奔竞离乱中的宋朝君臣却因为天命的转移注定要沉于崖山之下，复国无望。（第二十二出、第二十三出）历史剧作家们在剧作结尾处也往往使用鬼神因素，将故事归于虚幻，以缥缈的神仙世界和注定的前生因缘来收束全剧情节。《惊鸿记》一剧的结尾第三十九出《幽明大会》借用杨贵妃之灵揭示诸主人公的前生身世：唐明皇乃孔升真人，梅妃乃许飞琼，杨贵妃乃太一玉妃，李白乃方壶仙吏。与此极为相类，《金莲记》的结尾第三十四出《证果》带有浓厚的佛教意味：佛印前身乃明悟，东坡前身乃五戒，朝云前身为红莲，琴操前身为清一。这种处理方法打通了人界与天界，试图为人当世的活动寻找冥冥中的动因和缘起，并试图作出自己的解释，尽管流于浅陋荒诞，但毕竟体现了历史剧作家们对人生和人类活动意义某种可贵的探索精神，而且这种场次往往排场丰富，情节新奇，并有效地利用了中国广大民众世俗化、功利化的宗教信仰，所以能够在一定程度上引起广泛的欣赏兴趣。

再次，鬼神因素在历史剧中的运用还起到了塑造人物形象，突出戏剧人物品质，进而升华历史剧主题的作用。《鸣凤记》为了凸显杨继盛刚直无畏的忠臣情怀，特别设置了第十四出《灯前修本》。作家以副净扮演杨家祖宗的魂灵，先后以"叫""又叫""现形""做悲状""灭灯"等逐步加强的劝阻动作来干扰杨继盛写本，以免其杀身害家之祸，但是一次又一次的干扰不但没有能够阻止杨继盛，反而更激起了他的斗志，使他置生死于度外，"苟利社稷，生死以之"，并最终决定"轰轰烈烈做一场"。通过这一细节的描写，杨继盛耿直刚强的浩然正气、视死如归的英雄情怀得到了提升，封建忠臣的形象跃然眼前，而所有这些都预示了即将展开的激烈的忠奸斗争。《续精忠》一剧中，作者为了突出岳飞的忠贞，设计了岳飞灵魂劝牛皋招安一折，牛皋跟随岳飞征战多年，赤心卫国，却遭奸臣和朝廷所害，于是占山为王，招兵买马准备为岳飞报仇，金兵入侵，朝廷降旨招安，牛皋出于义愤誓不相从。此时，冤死的岳飞被上帝敕封天阙上将，给牛皋托梦，劝他接受招安，保家卫国："你若决意叛逆，不惟上干天怒，玉石俱焚,就是我这精忠心性怎容得你?"(第十一出)一家数口被冤杀于风波亭上,却至死不悔,在死后仍然保持"精忠心性",在生与死的强烈反差中,岳飞的执着与操守无疑更为动人。

尽管以鬼神为代表的奇异要素对历史剧创作有如此多积极的影响,但是对这些要素过量、过度的运用却会造成恶劣的后果。明代历史剧作品中,很多场次的鬼神运用牵强、生硬,不但没有提高作品的艺术水平,反而削弱了剧作的主题,造成了戏剧情节的枝蔓剥离,延缓了叙事节奏,而且形成了一种模式化的倾向,发展到极端之后,竟然以鬼神要素强行改造原本合理、平常的真实事件,令人生厌。明人凌濛初对此进行了批评:"旧戏无扭捏巧造之弊,稍有牵强,略附鬼神作用而已,故都大雅可观;今世愈造愈幻,假托寓言,明明看破无论,即真实一事,翻弄作乌有子虚。总之,人情所不近,人理所必无,世法既自不通,鬼谋亦所不料,兼以照管不来,动犯驳议,演者手忙脚乱,观者眼暗头昏,大可笑也。"[1]冯梦龙在《墨憨斋重定永团圆传奇总评》中说:"古传奇全是家门正传,从忠孝节义描写性情;新剧只知余波点染,纵观发笑。否则,以幻怪取异而已。"[2]可见,单纯"余波点染""以幻怪取异"式的鬼神运用并不高明,只有恰到好处、蕴涵深意的鬼神运用才能经得住时间和观众的考验。

明代历史剧世俗化的叙事策略还表现为作者在历史剧作品中对世俗生活的细致描摹和艺术加工。形形色色的世俗化人物形象,丰富多彩的世俗化生活场景,为我们展开了一幅明代社会生活的生动画卷,严肃的历史剧沾染上了浓浓的生活气息,温情脉脉、平和生动的生活场景不时地穿插于剑拔弩张的政治斗争和军事斗争之间,调节着紧张的空气。

首先,在结构设置上,传奇历史剧作品采用了传奇特有的开场模式,

---

[1] 凌濛初:《谭曲杂札》,载中国戏曲研究院编《中国古典戏曲论著集成》(四),中国戏剧出版社1959年版,第258页。

[2] 魏同贤主编:《冯梦龙全集》第12—13册,江苏古籍出版社1993年版,第1375页。

通过庆寿、宴会等生活化的场景交代作品的男女主人公的身份及背景。（按：传奇一般第一出为副末开场，剧作主人公一般在第二出出场）如《宝剑记》的第二出为林冲夫妻为母祝寿；《双忠记》第二折为《家宴》；《磨忠记》第二出为《杨涟家庆》；《白袍记》第二折为夫妇游园；《金貂记》第二折为《官家私宴》；《投笔记》之第一出为《持觞庆寿》；《分金记》之第二出为《寿筵称庆》；《古城记》之第二出为《赏春》；《云台记》第二出为刘秀兄弟为母庆寿；《和戎记》之第二折写王嫱为母庆寿；《绨袍记》之第二折为范雎与母赏雪；《灵宝刀》之第一出为《闲居宴友》；《七胜记》之第二出为《庆赏端阳》。这种以生活化的场景展开故事情节为大量明代历史剧作品运用，虽然并非历史剧之首创，但是出现在历史剧中无疑增加了剧作的生活气息。但使用过多，也会产生雷同化、模式化、脱离剧情的弊病。正如徐复祚对于《琵琶记》第二出《高堂称寿》的评价："此庆寿之鼻祖也。今人作传奇者，不论关目若何，第二出十九庆寿，遂成恶套，令人欲哕。不知《琵琶》之用庆寿者，要见父母年俱八十，伯喈远宦为非耳，岂泛泛以无所关系者凑出数乎？"[1]

其次，在情节穿插上，历史剧作家们将饶有趣味的市民生活融入剧作之中，在调剂作品叙事节奏的同时，将历史人物世俗化的生活情境展示出来，使历史人物更富人情味，使历史剧的内容更加丰富。《金印记》是其中一部较有代表性的作品，此剧主要是描写苏秦发迹变泰的经历，但是在剧中将苏秦的兄弟矛盾作为一条重要的线索，大量穿插苏秦与兄长、妻子、父母的家庭生活，将苏秦求索功名的遭际与家庭成员态度的变化相结合，深刻揭露了虚伪冰冷的世态人情，综观整个剧作，浓郁的生活气息扑面而来。《浣纱记》一剧中，《通嚭》一出以谐谑化的笔调描写了吴国奸臣伯嚭的私人生活场景，生动夸张地描写了他的惧内心理，对这个外强中

---

[1] 俞为民、孙蓉蓉编：《历代曲话汇编·明代编》第二集，黄山书社2009年版，第380页。

干、贪财好色的奸臣进行了无情的嘲弄。《效颦》一出将"东施效颦"的成语加以艺术虚构,通过描摹西施和东施琐碎详尽的闺中私语,为剧作提供了一个趣味十足的调笑短场。《精忠旗》第八折《银瓶绣袍》描写银瓶夜绣战袍的同时穿插了岳府两个丫鬟相互捉弄的场景;《麒麟罽》第四出《青楼寄迹》描写了梁红玉失身青楼后压抑苦闷的生活状态以及不屈从命运安排的抗争意识;《灵宝刀》第九出《义女问卜》描写牵挂夫君安危的张贞娘无奈之下求卦问卜的情景(按:与此类似者尚有《精忠记》之第十三出《兆梦》);《翠屏山》第十出《道场》描写了潘巧云举办法事,追荐亡夫的场面;《喜逢春》第三出《无赖》描写了魏忠贤发迹之前潦倒落魄、无赖浪荡的生活场景;《清忠谱》第二折《书闹》描写了颜佩韦于市井听书的场面,第十三折《捕义》描写了五义士之马杰、沈扬夜赌被擒的场面。

在明代,相士、皂隶、妓女、和尚、无赖、丫鬟、说书人、厨师、裁缝、赌徒、伶人等形形色色的市民形象走进了历史剧,贩夫走卒和帝王将相一起走上戏剧舞台,世俗化的因子深深渗入了明代历史剧的血液之中,开花结果,使之不再局限于堂皇壮观的庙堂风致,历史剧的审美风貌得到了极大的丰富和拓展。渗透着对政治和历史苦苦的理性思索,散发着清新热烈的世俗化气息,明代历史剧为我们展示着历史的凝重、严肃和冷峻,同时也展示着历史的浅显、鲜活与亲切……

清代编

第一章

清代历史剧创作概观

明清易代之际,天下大乱,干戈扰攘,中华大地,遍燃战火,以李自成为首的农民起义军席卷大半中国,于明崇祯十七年(1644)三月攻破明王朝的都城北京。崇祯皇帝自缢煤山,长期饱经内忧外患侵蚀的明王朝如摇摇欲坠的大厦在瞬间轰然崩塌。烟尘未散,刀兵再起,山海关守将吴三桂献关降清,清军入关,在打击农民义军的同时迅速征服了北方的广大土地,与惊魂未定、暗弱腐败的南明小朝廷短暂对峙之后,便长驱直入,攻下南京,进而控制了绝大部分的中国版图。内乱伤痛尚未消除的广大民众遭遇了改朝换代的痛楚。

清人赵翼《题元遗山集》云:"国家不幸诗家幸,赋到沧桑句便工。"[1]痛楚分外明晰地折磨着易代诗人们敏感的心灵,同样激荡起剧作家们心底的波澜。黍离之悲、亡国之痛、剃发之耻、处境之艰、复仇之念,时常萦绕于遭逢易代的知识分子心头。但清军屠戮江南的血腥犹闻,清廷屡兴大狱的淫威尚存,剧作家们只有通过曲折隐晦的笔调,寄托心底的眷恋和同情,发泄心中的压抑与苦痛,历史人物和历史题材再次成为他们的首选。以职业戏曲家李玉为首的"苏州派"作家群和以著名文人吴伟业为代表的遗民作家在历史剧创作中呈现出两种不同的风格。

---

[1] 赵翼著,李学颖、曹光甫校点:《瓯北集》,上海古籍出版社1997年版,第772页。

苏州派作家的传奇作品整体上呈现出"讥切时弊、关注现实的现实精神，事关风化、劝善惩恶的教化指向，和'天下兴亡，匹夫有责'的平民色彩"[1]。这些特征在历史剧作品里有更为集中的体现。忠奸斗争是苏州派作家们热衷的创作题材之一，李玉的《清忠谱》堪称此类作品中的翘楚，丘园的《党人碑》敷演北宋党争背景下忠臣刘逵与奸臣蔡京等人的斗争[2]；朱㿥的《朝阳凤》以明代著名清官海瑞为主角，将其与权臣张居正的矛盾处理为忠奸斗争，略本史传，多有虚饰[3]；盛际时的《人中龙》则以大量笔墨描写了以郑注、李德裕等为首的忠臣与仇士良阉党集团的激烈冲突，将"甘露之变"搬上了戏剧舞台[4]。此外，诸如叶稚斐《英雄概》[5]、张大复《如是观》[6]、李玉《千忠录》(亦名《千钟禄》)等作品均或多或少描写了忠奸斗争。这类作品表现出剧作家们对现实政治斗争的高度关注，并表达了他们对政治斗争中"是非正邪之争和善恶曲直之辨"[7]的独特见解。易代巨变的残酷现实同样深深影响了苏州派剧作家们的创作，他们还通过对历史上朝代更迭与汉民族抗御外侮的描写影射明清易代的天翻地覆、风云变色，寄托深沉的家国兴亡之痛，传达出恢复山河、一

---

[1] 郭英德：《明清传奇史》，江苏古籍出版社2001年版，第361页。

[2] 丘园：《党人碑》，《古本戏曲丛刊三集》，文学古籍刊行社1957年版，影印旧抄本。后文凡引自此本者不再一一出注。

[3] 朱㿥：《朝阳凤》，《古本戏曲丛刊三集》，文学古籍刊行社1957年版，影印旧抄本。后文凡引自此本者不再一一出注。

[4] 盛际时：《人中龙传奇》，《古本戏曲丛刊三集》，文学古籍刊行社1957年版，影印旧抄本。后文凡引自此本者不再一一出注。

[5] 叶稚斐：《英雄概传奇》，《古本戏曲丛刊三集》，文学古籍刊行社1957年版，影印旧抄本。后文凡引自此本者不再一一出注。

[6] 张大复：《如是观》，《古本戏曲丛刊三集》，文学古籍刊行社1957年版，影印旧抄本。后文凡引自此本者不再一一出注。

[7] 郭英德：《明清传奇史》，江苏古籍出版社2001年版，第365页。

雪国耻的潜在愿望。如《千忠录》[1]、《血影石》(朱佐朝)[2]描写明初"靖难之役"后建文帝仓皇出逃，众忠臣以身殉难护主的悲壮事迹；而《如是观》、《牛头山》(李玉)、《夺秋魁》(朱佐朝)[3]等作品以南宋著名抗金将领岳飞、牛皋等人为主角，甚至以岳飞后人小将岳云等为增饰，描写他们保家卫国、收复失地的英雄事迹。《如是观》传奇尤为特殊，此剧又名《倒精忠》，一改岳飞被奸臣所害的悲惨结局，使其收复汴京，大败金国，迎还二圣，"借此聊将怨恨伸"(第三十出【山花子】)，开清代补恨传奇之先声，影响深远。除此之外，苏州派作家仍保留了浓厚的市民趣味，创作了一批以帝王将相发迹的传奇经历为主要描写对象的作品，如《风云会》(李玉)以宋太祖赵匡胤、宰相赵普等为主角；长达两本的《麒麟阁》(李玉)则描写隋唐之际秦琼、尉迟恭、程咬金等人以布衣而起，名标麒麟阁；《万年觞》(朱㿸)、《金刚凤》(张大复)则分别将明太祖朱元璋和五代时期越王钱镠图王霸业搬上舞台。苏州派作家对时事剧的处理比较尊重历史事实，而大多数取材于前代史实的历史剧作品则呈现出"假中有真、真中有假、虚实相间、真假混杂"[4]的特征。但由于苏州派作家普遍重视作品的舞台演出效果，而且才情音律兼擅，因此作品大多情节曲折动人，人物群像性格鲜明，生活气息浓厚，科诨妙趣横生，具有鲜明的平民色彩，因而具有旺盛的艺术生命力，众多剧目长期盛演不衰。[5]

吴伟业为明崇祯四年（1631）进士，廷试第二，崇祯皇帝对其恩宠有加，"授翰林编修，给假归娶"。及第之时，"年甚少，才名烂然，海内

---

[1] 李玉：《千忠录》，中国艺术研究院藏旧抄本。后文凡引自此本者不再一一出注。
[2] 朱佐朝：《血影石传奇》，《古本戏曲丛刊三集》，文学古籍刊行社1957年版，影印旧抄本。后文凡引自此本者不再一一出注。
[3] 朱佐朝：《夺秋魁》，《古本戏曲丛刊三集》，文学古籍刊行社1957年版，影印清抄本。后文凡引自此本者不再一一出注。
[4] 郭英德：《明清传奇戏曲文体研究》，商务印书馆2004年版，第260页。
[5] 参见郭英德《明清传奇史》第十三章"李玉和苏州派"及李玫《明清之际苏州作家群研究》。

争慕其风采"[1]。入清之后，面对清廷征召，吴伟业陷入对自身出处的痛苦思索之中，在传奇《秣陵春》和杂剧《临春阁》《通天台》中发出了遗民幽微而婉曲的心灵吟唱。《秣陵春传奇》取材于五代宋初南唐徐适事迹，对人物时代、剧作本事多有改写，进行了大胆的艺术虚构，描写徐适的姻缘功名在新、旧两朝的遇合，采取了"惆怅兴亡系绮罗"（《秣陵春传奇》卷末收场诗）[2]的独特方式，通过对男女主人公爱情婚姻的描写抒发了浓浓的故国情怀和兴亡浩叹，同时也深刻揭示了以吴伟业在"易代"的尴尬处境中，在"出处两难"的艰难抉择中内心的痛苦与彷徨。"生动地披示了在明清易代之际，一批身为遗民却向往功名、心慕入仕而敬佩忠节的文人士大夫的心中焦虑和万般无奈。"[3]与吴伟业一样身经易代之变的丁耀亢先后创作了历史剧《赤松游》[4]和《表忠记》（全名《新编杨椒山表忠蚺蛇胆》）[5]。前者以汉留侯张良一生际遇为描写对象，张良辗转于秦、汉、楚三方之间，纵横捭阖，灭秦亡楚，扶汉封侯，最终身隐山林，得道成仙。剧中张良一生遭际实为丁耀亢矛盾心迹的曲折表达，查伊璜《赤松游序》云："紫阳曰：'张良始终为韩'，野鹤子所为寓言而心伤者哉？"并详谈张良与韩、秦、汉、楚之关联。而丁耀亢本人所作的《作赤松游本末》则一语道破天机："逆闯起于秦，乃抱椎秦之志"，"我大清入而扫除秦寇，真有汉高入关之遗风焉"。其中的影射关系一目了然。丁氏心怀故明，却又对清军入关不乏吹捧和美化，其中的复杂情绪和矛盾感受是不难窥见

---

[1] 王昶：《吴伟业传》，载吴伟业撰，李学颖集评标校《吴梅村全集》（下），上海古籍出版社1990年版，第1414页。

[2] 《秣陵春传奇》，载吴伟业撰，李学颖集评标校《吴梅村全集》，上海古籍出版社1990年版，第1360页。后文凡引自此本者不再一一出注。

[3] 郭英德：《明清传奇史》，江苏古籍出版社2001年版，第426—427页。

[4] 丁耀亢：《赤松游》，《古本戏曲丛刊五集》，上海古籍出版社1986年版，影印清顺治刊本。后文凡引自此本者不再一一出注。

[5] 丁耀亢：《新编杨椒山表忠蚺蛇胆》，《古本戏曲丛刊五集》，上海古籍出版社1986年版，影印清顺治刊本。后文凡引自此本者不再一一出注。

的。而丁氏稍后创作的《表忠记》则与清朝最高统治者顺治皇帝的提倡关联甚大，郭棻《〈表忠记〉弁言》云："忠愍（按：指杨继盛）大节如日星海岳……曩如《鸣凤》诸编亦足劝忠斥佞，独是以邹、林为主脑，以杨、夏为铺张，微失本旨。今上几务之暇，览观兴叹思以正之。"丁耀亢被人举荐，以杨继盛自著年谱等为据，据实敷演杨继盛与奸相严嵩的忠奸斗争，创作了《表忠记》，在剧中对清统治者大唱赞歌："一统王基归顺治，万年天运壮清朝。""祝顺治，祝顺治民歌击壤；颂清朝，颂清朝圣寿无疆。"（第三十六出《赠荫》），丁氏开始彻底走诚心效忠新朝的道路。当然，这绝非丁耀亢一人的堕落，而是封建时代文人士大夫群体"依附于现实政治、依附于朝廷统治的鲜明的政治人格"使然，不可避免，因为"'仕'是'士'的人生第一选择，道德规范在现实功利面前只能叨陪末座……当清朝统治者也开始祭奠明初诸帝和赞美明朝忠臣的时候，在故国忧思和忠君观念在汉族文人士大夫中逐渐由一种时代情绪转变为一种时髦感情的时候，道德规范便改头换面，乔装打扮，再度出山，为新朝统治保驾护航了。"[1]

随着清朝统治的不断稳固，中国社会开始步入"康熙盛世"，中国古代历史剧也收获了《长生殿》（洪昇）和《桃花扇》（孔尚任）两部杰作，这两部作品同时也是中国古代戏曲创作的巅峰之作。而创作于这两部作品之前的《天宝曲史》（孙郁）尽管艺术价值与二剧不可同日而语，但在历史剧创作史上有其独特的存在价值。此剧以唐明皇、杨贵妃爱情为线描写唐王朝的兴衰治乱，题材并不新鲜，前代多有涉及，但其明确标举"曲史"观念，并影响了《长生殿》和《桃花扇》的创作，左右着此后历史剧作家的创作观念和创作风气。孙郁《〈天宝曲史〉凡例》云："是集俱遵正史，稍参外传，编次成帙，并不敢窃附臆见，期存曲史本意云尔。"[2]对作品写史、存史功能颇为自负。赵沄《〈天宝曲史〉序》对此剧的实录精神赞赏有加，而沈

---

[1] 郭英德：《明清传奇史》，江苏古籍出版社2001年版，第428—429页。
[2] 孙郁：《天宝曲史》，《古本戏曲丛刊三集》，文学古籍刊行社1957年版，影印稿本。后文凡引自此本者不再一一出注。

珩《〈天宝曲史〉题词》更是对此剧开辟"曲史"之功赞不绝口:"雪厓《天宝曲史》一书,在少陵当日犹有所讳而不敢尽,雪厓直谱其事,以为人主色荒昵恶者戒,前此未有曲史,则读诗史者亦未尽错综而得其解也。有诗史,曲史其可少乎?"但仔细推敲此剧,正如赵沄《〈天宝曲史〉序》所云,作者"为渎伦者讳","为宫闱存大体","为才人惜名节",对历史事件多有掩饰遮盖,虚饰生发,与作者的自我标榜和友人推崇之词多有出入。

先后诞生于康熙年间的历史剧杰作《长生殿》和《桃花扇》集中国古代历史剧创作经验之大成。"超越了遗民剧的矩范,宏阔而深入地思考明清易代所昭示的社会哲理,使文人传奇的文化内涵得以向深层掘进。"[1] 这正是使二剧远远凌驾于其他众多历史剧之上,成为巅峰之作的重要原因。从"从来传奇家非言情之文,不能擅场"[2]的认知出发,洪昇在旧作《沉香亭》《舞霓裳》两剧的基础上,创作了《长生殿》,着力描摹唐明皇与杨玉环"精诚不散,终成连理"感人至深的爱情(其实质为夫妻伦理之情),表达了他充满深沉道德理性精神的至情观:"感金石,回天地,昭白日、垂青史。看臣忠子孝,总由情至。"(第一出《传概》)但"洪昇的审美目光并没有静止地驻留在至情理想的文化内涵上……他对至情理想的现实进程具有更为浓烈的兴趣。……他把李、杨的爱情悲剧与社会历史变迁合观共视,并且全身心投入地玩味二者之间的哲理象征意蕴"。并由此发出对历史兴亡的深沉浩叹:"在这种兴亡之感中,含蕴着洪昇对几千年中华帝国的前途命运的幽怨愁烦,对封建末世的沉重氛围的悲伤感叹。这种兴亡之感的真正动源,也许正是道德理想和历史现实的剧烈冲突所引发的危机感、困惑感、沮丧感和破灭感。"[3] 洪昇撰此剧时:"止按白居易《长恨歌》、陈鸿《长恨歌传》为之。而中间点染处,多采《天宝

---

[1] 郭英德:《明清传奇史》,江苏古籍出版社2001年版,第429页。

[2] 《〈长生殿〉自序》,洪昇著,徐朔方校注《长生殿》,人民文学出版社1983年版,第1页。后文凡引自此本者不再一一出注。

[3] 郭英德:《明清传奇史》,江苏古籍出版社2001年版,第459—461页。

遗事》《杨妃全传》。若一涉秽迹，恐妨风教，绝不阑入。览者有以知予之志也。今载《长恨歌》《传》，以表所由，其杨妃本传、外传，及《天宝遗事》诸书，既不便删削，故概置不录焉。"(《〈长生殿〉例言》)由此可见，洪昇此剧注重历史依据，甚至以附录《长恨歌》《长恨歌传》的形式来表明他创作中"征史尚实"的鲜明倾向，但对历史题材的剪裁和舍弃以及"点染"之处又表明了作者的主体选择和艺术虚构在创作中发挥了巨大作用。《长生殿》一经问世，"一时梨园子弟，传相搬演，关目既巧，装饰复新，观者堵墙，莫不俯仰称善"(尤侗《〈长生殿〉序》)[1]。吴人《〈长生殿〉序》亦云："句精字研，罔不谐叶，爱文者喜其词，知音者赏其律，以是传闻益远，畜家乐者攒笔竞写，转相教习，优伶能是，升价什佰。"迅速流播海内，活跃于戏曲舞台之上。

从创作原则和创作实践两方面衡量，孔尚任《桃花扇》"征史尚实"的倾向远比《长生殿》明显，孔氏不但在《〈桃花扇〉凡例》中明确宣称："朝政得失，文人聚散，皆确考时地，全无假借。至于儿女钟情，宾客解嘲，虽稍有点染，亦非乌有子虚之比。"[2]而且在剧前专列《〈桃花扇〉小引》《〈桃花扇〉小识》《〈桃花扇〉本末》《〈桃花扇〉考据》，在剧作每出正文前标明事件发生的年月，给人一种"信史"之感，将中国古代历史剧创作中"征史尚实"的写实化倾向从形式和内容上发挥到了极致。但即使如此，戏剧创作不能违背文学创作"艺术虚构"的规律，孔尚任在《桃花扇》的创作过程中不仅仅是"稍有点染"，对较为重要的人物和故事情节的艺术处理与历史记载是存在相当差距的。在戏剧的结构设置上，孔尚任将"借离合之情，写兴亡之感"的历史剧创作经验和传统发挥到了极致，通过侯方域和李香君这两个小人物的离合之情和命运起伏展开了深广

---

[1] 俞为民、孙蓉蓉编：《历代曲话汇编·清代编》第一集，黄山书社2008年版，第455页。
[2] 孔尚任著，王季思、苏寰中、杨德平合注：《桃花扇》，人民文学出版社1959年版，第11页。后文凡引自此本者不再一一出注。

宏大的历史图景,揭示了南明王朝覆亡的历史命运和明清易代的历史沧桑。作者试图通过剧作探求历史发展和家国兴亡的规律与奥秘:"场上歌舞,局外指点,知三百年之基业,隳于何人?败于何事?消于何年?歇于何地?"(《〈桃花扇〉小引》)但孔尚任的目的远不局限于此,他希望剧作"不独令观者感慨涕零,亦可惩创人心,为末世之一救矣"(《〈桃花扇〉小引》)。如果说"令观者感慨涕零"和"惩创人心"不过是中国古代历史剧伦理教化倾向的陈陈相因,那么在"康熙盛世"之中发出"为末世之一救"的话语似乎有些不合时宜,多少含有一些"谶语"的意味,萦绕在孔尚任心头的"末世"之感与贾宝玉对"悲凉之雾,遍被华林"的呼吸领会实在有内在惊人的相似,孔尚任和曹雪芹一样,身处封建"盛世",却满怀"深沉的破灭感"[1]。孔尚任在《桃花扇》中以侯、李二人双双入道的悲剧性结局和苏昆生在《余韵》一出中的数支哀曲超越了对历史兴亡的浩叹与凭吊:"涵蕴着对封建社会'忽喇喇似大厦倾,昏惨惨似灯将尽'的历史趋势的预感,唱出了封建末世的时代哀音!"[2]然此剧曲文"宁不通俗,不肯伤雅"(《〈桃花扇〉凡例》),且音律不精,在康熙之后直至清末曲坛流传并不十分广泛,而在文人群体中通过文本传播的方式受到更多关注。[3]《长生殿》和《桃花扇》成为中国古代历史剧作品的巅峰之作,除去洪、孔个人不懈的努力、超凡的艺术才能和艰苦的思想探索,前代无数中国古代历史剧作家辛勤的创作实践和艺术经验的积累功不可没。此外,《五鹿块》(许廷录)、《耆英会记》(乔莱)、《合剑记》(刘键邦)等历史剧亦较为著名,《五鹿块》据《左传》《国语》《史记》等记载详细敷演晋公子重耳出逃复国事,颇有"作春秋之志"(许士良《〈五鹿块〉序》)[4]。《耆英

---

[1] 郭英德:《明清传奇史》,江苏古籍出版社2001年版,第481页。
[2] 郭英德:《明清传奇史》,江苏古籍出版社2001年版,第483页。
[3] 参见陈仕国《〈桃花扇〉接受史研究》,中国戏剧出版社2016年版。
[4] 许廷录:《五鹿块》,《古本戏曲丛刊五集》,上海古籍出版社1986年版,影印传抄本。后文凡引自此本者不再一一出注。

会记》[1]演北宋名臣司马光、苏轼事，多有虚构之处。《合剑记》[2]演明末清初彭士弘父子镇压李自成义军事，其中对吴三桂借兵清朝事多有褒扬，当作于三藩乱前。

《长生殿》与《桃花扇》的辉煌并没有使历史剧创作获得持续强劲的推进力量。乾隆、嘉庆年间，"盛世"光华逐渐消散，封建国家江河日下，封建统治日趋腐败僵化，传奇创作进入余势期，历史剧创作也因思想逐步趋向保守、内容趋向贫乏而走向了衰落。众多极力宣扬忠孝节义，鼓吹伦理道德，意主教化的历史剧作品出现。夏纶《新曲六种》[3]明确标明分别为"褒忠"（《无瑕璧》）、"阐孝"（《杏花村》）、"表节"（《瑞筠图》）、"劝义"（《广寒梯》）、"补恨"（《南阳乐》）、"式好"（《花萼吟》）而作。其中的《无瑕璧》《南阳乐》均为历史题材，前者选取明初"靖难之役"中忠臣铁铉守卫济南、不屈而死的事迹，"也只是要万载千秋，同将忠义讲"（《无瑕璧》第三十二出《合璧》）；后者以蜀相诸葛亮、北地王刘谌为主角，对历史史实大作翻案文章，以蜀国灭魏亡吴、统一天下结局，所谓"笔补乾坤"，"一曲笙歌遗恨吐"（《南阳乐·传概》）。其子侄辈所作《五种总跋》对这些作品"禀经酌雅，有裨忠孝节义以点缀升平，敷扬美盛"的道德教化观念大加吹捧。这种观念绝非夏纶一人独有，其后的蒋士铨、董榕、瞿颉等人创作历史剧莫不如是，其前的李玉、洪昇、孔尚任等亦无一免俗，这是中国古代戏剧创作的一个传统，隐显不一却贯穿始终，尤其是清代中后期，封建制度行将就木，历史剧创作的内在精神不可避免地走向萎靡和僵化，活力不可避免地走向枯竭，面对"江河日下"，正统文人以

---

[1] 乔莱：《耆英会记》，《古本戏曲丛刊五集》，上海古籍出版社1986年版，影印清康熙来鹤堂刻光绪递修本。后文凡引自此本者不再一一出注。

[2] 阙名：《合剑记》，《古本戏曲丛刊五集》，上海古籍出版社1986年版，影印清初刻本。后文凡引自此本者不再一一出注。

[3] 夏纶：《新曲六种》，清乾隆癸酉（1753）世光堂刻本。后文凡引自此本者不再一一出注。

宣扬传统伦理道德发出"为末世之一救"的呼号。

乾隆、嘉庆时期，考据之风盛行，又兼《长生殿》和《桃花扇》的影响，历史剧创作"强调事有所本，言必有据，力图以传奇为史传，以抬高传奇的'身价'……作剧多附考据本末，剧论耽于考证本事，都是这种倾向的鲜明表征。以史作剧，以剧为史。成为传奇戏曲作家的自觉追求"[1]。蒋士铨、董榕等人堪称这种创作倾向的典型代表，他们创作历史剧沾染了浓厚的史家色彩，《冬青树》[2]描写南宋末年文天祥抗元救国的事迹，歌颂其"志存恢复，耿耿丹衷，卒完大节"。主要依据了《宋史》本传、赵弼《文信公传》、《元史》本传、《宋遗民录》、《南村辍耕录》等正史杂录。张埙为《冬青树》作序甚至褒扬此剧可略见"良史之三长"。其《桂林霜》传奇取材于现实，叙写清初广西巡抚马雄镇在"三藩之乱"中满门殉节的惨烈事迹。剧作以马氏"扶风谱系"为据，加以展开，前附《马文毅公传》，详述马雄镇家世及一生行迹，剧中上场人物居然有五分之三是真名实姓，"尚实"倾向十分明显，且所叙事迹多为正史未详，实可作史传读。

其后，董榕在创作《芝龛记》[3]时宣称："记中惟阐扬忠孝节义，并无影射讥弹。所有事迹，皆本《明史》及诸名家文集、志传，旁采说部，一一根据，并无杜撰。虽词场余技，而存心必矢虚公，命意必归忠厚。"(《〈芝龛记〉凡例》)此剧以明末女将秦良玉、沈云英为主角，依《明史·秦良玉传》及清毛奇龄《沈云英墓志铭》据实叙写秦氏在万历、天启、崇祯、南明四朝的事迹，旁及四朝众多政治事件，篇幅长达六十出，叙事容量极大，人物数量众多，事件头绪纷乱，情节拖沓，鬼神穿插，在

---

[1] 郭英德：《明清传奇戏曲文体研究》，商务印书馆2004年版，第266—267页。
[2] 蒋士铨撰，周妙中校点：《蒋士铨戏曲集》，中华书局1993年版，第1页。蒋士铨《冬青树》《桂林霜》诸作品均据此本，后文凡引自此本者不再一一出注。
[3] 董榕：《芝龛记》，光绪十五年（1889）刻本。后文凡引自此本者不再一一出注。

艺术上并不成功。被杨恩寿批评为："考据家不可言诗,更不可度曲。"[1]但其"规依正史,博采遗闻,以秦、沈忠孝为纲,而当时之朝政系焉。山林之孤栖,间阎之琐事,亦罔不备焉。"(石光熙《〈芝龛记〉序》)黄叔琳《〈芝龛记〉序》赞其"翕辟张弛,褒贬予夺,词严义正,惨淡经营,洵乎以曲为史矣"。此剧所展示的史传意识可见一斑。

嘉庆年间,瞿颉"以考据为剧",作《元圭记》写夏朝少康中兴,作者自云："闲翻青史,笑马迁载笔,尽多遗漏。……旧事偏将新曲谱,补却龙门纰谬。考证非疏,梨园试演,莫笑荒唐否。"(第一出《挈纲》)[2]作者试图"补却"司马迁《史记》的"纰谬",足见其将剧作史的意图,而其"考证非疏"的功夫亦足见历史剧创作中的"尚实"倾向已经恶性发展,破坏了戏曲作品作为文学艺术作品所应具备的独特美感。嘉庆、道光之后,历史剧创作在道德教化的陈腐之音中,在对历史依据的斤斤计较中,在文人们自我陶醉式的书斋写作中逐步丧失了自身的生命力,在平平淡淡中走向了没落。此期的传奇历史剧作品主要有:《帝女花》(黄燮清)、《蜀锦袍》(陈烺)、《海虬记》(陈烺)、《红羊劫》(朱绍颐)、《雾中人》(郑由熙)、《木樨香》(郑由熙)等。

直到清王朝灭亡前夕,传奇历史剧才以时事剧的形式在中国古代戏剧史上放射出了最后一缕耀眼的光芒,国家内忧外患的艰难境地,民族生死存亡的紧要时刻,革命的时代呼声和潮流,无一不撞击着有良知的中国知识分子的心灵。在严复以小说、戏曲"使民开化"的呼号声中,在梁启超等人对戏曲小说启蒙作用的鼓吹声中,伴随着戏曲改良运动的兴起,大量历史剧作品产生了。其中有"借歌颂古代英雄人物事迹,鼓舞革命斗志的历史剧"(如吴梅《风洞山》、刘翌叔《孤臣泪》、浴日生《海国英雄记》等),

---

[1] 杨恩寿：《词余丛话》,中国戏曲研究院编《中国古典戏曲论著集成》(九),中国戏剧出版社1959年版,第247页。
[2]《元圭记》,现存乌丝栏抄本,藏上海图书馆。转引自郭英德编著《明清传奇综录》,河北教育出版社1997年版,第1090页。

有"描写当代政治斗争,宣扬民主革命的时事剧"(如吴梅《血花飞》、萧山湘灵子《轩亭冤》、梁启超《劫灰梦》、欧阳巨源《维新梦》等),有"借外国资产阶级革命故事,宣扬资产阶级革命和民主、自由、平等思想,借以振奋民族精神的外国历史剧"(如梁启超《新罗马传奇》等)。但这些剧作多为案头之作,极少搬演,更多地"成为时代的战鼓和革命的号角"[1]。而伴随着清王朝的灭亡,严格意义上的中国古代历史剧创作也走向了彻底的终结。

值得一提的是,有清一代,统治者均喜好戏曲演出,宫廷演剧十分兴盛,历史题材作品也经常在内廷上演,特别是大型历史题材的连台本戏尤其引人注目。乾隆帝"命庄恪亲王谱蜀、汉《三国志》典故,谓之《鼎峙春秋》。又谱宋政和间梁山诸盗及宋、金交兵,徽、钦北狩诸事,谓之《忠义璇图》"(昭梿《啸亭续录·卷一·大戏节戏》)[2]。王芷章《清昇平署志略》论及清宫历史题材剧作,谓多取自历史演义、说部及前代剧本,化雅为俗,改繁为简,扩大取材范围。相关剧目有《昭代箫韶》(演北宋杨家将事,按:此戏自昇平署成立后,爨弄至四次之多,较其他大戏为最受欣赏)、《楚汉春秋》(演楚汉相争事)、《锋剑春秋》(说部名同此,演后七国孙膑父子事,光绪三十二年翻成乱弹,仅演四本而止)、《平龄会》、《战国传》(包括《英烈传》《天香榜》《金合春秋》《金砂阵》等)、《楚汉传》(与《西汉演义》略同)、《东汉传》(包括《中兴图》《古迹冈》等)、《唐传》(包括《雷击元霸》《日抢三关》《御园救驾》等数十种)、《西唐传》、《征西异传》(演薛丁山征西事)、《残唐传》、《五代传》、《南唐传》、《下南唐》、《太平福》(演曹彬下江南事,包括《凤凰山》《凤阳关》等数十种)、

---

[1] 详见《明清传奇史》第二十一章第二节"与世俱迁:传奇的新变"。相关剧目可参考梁淑安、姚柯夫编著《中国近代传奇杂剧经眼录》(书目文献出版社1996年版)、左鹏军《近代传奇杂剧研究》(广东高等教育出版社2001年版)、《晚清民国传奇杂剧考索》(人民文学出版社2005年版)、《晚清民国传奇杂剧史稿》(广东人民出版社2009年版)、《晚清民国传奇杂剧文献与史实研究》(人民文学出版社2011年版),田根胜《近代戏剧的传承与开拓》(上海三联书店2005年版)。

[2] 昭梿撰,何英芳点校:《啸亭杂录》,中华书局1980年版,第378页。

《宋传》(包括《腾龙寺》《墨麒麟》等)、《下河东》《肃靖边》《铁旗阵》(后三剧俱演杨家将事,而《铁旗阵》计亦演四次)、《忠烈义》(演杨文广平南事)、《水浒传》(包括《闹江州》《高唐州》等)、《明传》(包括《采石矶》《鄱阳湖》等)、《雁门关》(亦谱杨家将事)等。[1]宫廷演剧中,历史题材的连台本戏、折子戏在雅部、花部演出中都能找到记录。宫廷演剧追求仪式性、规范性、场面性,呈现大气、精致、美观的演剧风格,舞台建筑精美,砌末、行头、乐器制作精良,演员队伍具有相当规模,历史剧的舞台呈现独具特色,特别是对宏大历史场面的再现具有独特的优势。

清代传奇历史剧分类与明代传奇历史剧作品分类标准大致相同,可以分为以下数种:忠奸斗争型(主要描写朝堂上以忠臣为代表的正义力量与以权奸为代表的邪恶力量展开的激烈斗争,如《蚺蛇胆》《朝阳凤》)、英雄传奇型(主要描写英雄人物建功立业、发迹变泰的传奇式经历,如《麒麟阁》《风云会》)、个人传记型(以历史人物一生主要经历为中心敷演其政治遭遇及历史功绩,如《耆英会》《赤松游》)、军事斗争型(主要描写不同政治集团之间为争夺政治利益而开展的军事、外交斗争,如《牛头山》《南阳乐》)、国家兴亡型(主要描写国家的兴衰治乱,表达作者对历史兴亡的见解与看法,如《桃花扇》《如是观》)、帝妃爱情型(以帝王和后妃爱情为主线贯穿政治军事斗争,如《天宝曲史》《长生殿》)六种类型。尽管历史剧作家描写的侧重点不同,出发点不同,创作观念不同,作品呈现出的创作特征和审美风貌也不尽相同,但由于历史题材本身的复杂性和宏阔的包容性,使得历史剧作品存在内容交叉、模式雷同的情况,因此上述分类标准也是相对的,很难泾渭分明。

---

[1]参见王芷章编《清昇平署志略》上册,商务印书馆2006年版,第81—88页。另可参见丁汝芹《清代内廷演戏史话》(紫禁城出版社1999年版),朱家溍、丁汝芹《清代内廷演剧始末考》(中国书店2007年版),杨连启《清代宫廷演剧史》(文化艺术出版社2017年版),郝成文《〈昭代箫韶〉研究》(西安交通大学出版社2015年版),李小红《〈鼎峙春秋〉研究》(北京出版社2016年版)等。

第二章
清代历史剧的创作观念

在中国古代历史剧的创作历程中，清代历史剧创造了最后的辉煌，不仅收获了《桃花扇》《长生殿》这样经典的传奇作品，而且为中国古代戏剧理论史奉献了一大批杰出的戏剧理论家。中国古代戏剧理论伴随着戏剧创作进入了集大成的时代，李渔《闲情偶寄》、姚燮《今乐考证》、焦循《剧说》等戏剧理论著作以及浩如烟海的剧作评点、序跋，广泛涉及历史剧创作中教化观念、虚实处理、奇正之辨、寓言倾向等范畴。这些著作对前代剧作家的观点进行了系统梳理总结，并进行了大量资料的搜集考证工作，其中亦不乏精辟独到的新见解，所有这些对历史剧创作都具有重要的启示意义。

第一节 "阐扬忠孝，义寓劝惩，乃为可贵"[1]

作为中国古代最后一个封建王朝，清朝于政治体制多沿袭明朝，其封建专制的程度有过之而无不及。同时，为了消弭汉族知识分子的反抗意识，笼络人心，稳固王朝统治，清朝统治者一方面采取了诸如"文字狱"等强硬的高压手段，另一方面则打着"阐扬圣教，鼓舞儒学"的旗号，重

---

[1] 金兆燕：《〈旗亭记〉凡例》，载俞为民、孙蓉蓉编《历代曲话汇编·清代编》第二集，黄山书社2008年版，第198页。

兴祭孔之风,大力推重儒家学说,并以之为官方意识形态。这些措施有效巩固了封建王朝的统治,塑造了一批又一批"忠臣孝子""义夫节妇",流风所及,戏剧作家们几乎异口同声标榜"忠孝节义",连李渔这种写尽儿女风情的作家也不忘大谈"道学",在《闲情偶寄》的《凡例》中信誓旦旦"一期规正风俗""一期警惕人心"。在《戒讽刺》一节详细阐释了戏曲的教化功能:"窃怪传奇一书,昔人以代木铎,因愚夫愚妇识字知书者少,劝使为善,诫使勿恶,其道无由,故设此种文词,借优人说法与大众齐听,谓善者如此收场,不善者如此结果,使人知所趋避。是药人寿世之方,救苦弭灾之具也!"这种阐扬忠孝,义寓劝惩的观念在清代戏剧论著中俯拾皆是:

> 传奇虽小道,别贤奸,明治乱,善则福,恶则殃,天道昭彰,验诸俄顷,无知愚贤不肖,皆足动其观感之心,其为劝惩感发者良便,未始非辅翌名教之一端也。(琴隐翁《〈审音鉴古录〉序》)[1]

> 吟风阁者,悫伯祖笠湖公著书之室也。公严气正性,学道爱人,从宦豫蜀,郡邑俎豆,为学人,为循吏,著作甚富。公余之暇,复取古人忠孝节义足以动天地泣鬼神者,传之金石,播之笙歌,假伶伦之声容,阐圣贤之风教,因事立义,不主故常,务使闻者动心,观者泣下,铿锵鼓舞,凄入心脾,立懦顽廉,而不自觉。(杨悫《〈吟风阁杂剧〉序》)[2]

顺治、康熙年间,《合剑记》《蚺蛇胆》乃至《长生殿》《桃花扇》诸作,于戏剧之教化观念亦无一免俗,其无一不醉心于戏剧作品有补风化、

---

[1] 王秋桂主编:《善本戏曲丛刊》第五辑,台湾学生书局1984年影印版,第1—2页。
[2] 杨潮观著,胡士莹校注:《吟风阁杂剧》附录"杨序",上海古籍出版社1983年版,第244页。

惩创人心的现实功用。刘键邦《合剑记》第一出《表略》明言："近日张筵演戏，多尚艳曲淫辞，这本彭南宫忠烈传奇，生气凛凛，更有孝侄义士报仇雪恨，大振纲常。""乐府能为风教助，秽编宜付祝融然。"（第三十二出《旌忠》）丁耀亢的《蚺蛇胆》创作缘起于顺治皇帝褒奖忠臣的旨意："一脱《鸣凤记》枝蔓，专用忠愍（杨继盛）为正脚，起孤忠于地下，留正气于人间……奉命进呈，未敢自炫，姑公之海内以补忠经云尔。"[1] 所谓褒扬孤忠，弘扬正气，正是教化观念的直接表露。而丁氏云"赋柳评花何所益，万古千秋，止有忠和义"（第一出《开场》【蝶恋花】）则与刘键邦对"艳曲淫辞"的排斥不谋而合。

金埴曾与洪昇就戏曲作品的教化问题进行过探讨，他明确提出："梨园一曲，原不徒为娱耳悦目而设，有志斯民者，诚欲移风易俗，则必自删正，传奇始矣。"[2] 因此，教化观念发展至《长生殿》，成为多重内涵的重叠，作者对传统的封建伦理道德教化进行了独具匠心的改造加以表达。早在明末传奇作家孟称舜的笔下，"忠孝节义"已经与"情"走向合流。《长生殿》明确标举"看臣忠子孝，总由情至"（第一出《传概》），将这种浸染了伦理质素的"情"写到了极致，正是"借太真外传谱新词，情而已"。洪昇深知"从来传奇家非言情之文不能擅场"而又不满于"近乃子虚乌有，动写情词赠答，数见不鲜，兼乖典则"的状况，因而写成此剧，而其写作的原则则是"凡史家秽语，概削不书，非曰匿瑕，亦要诸诗人忠厚之旨云尔"（《自序》），这种原则不正是儒家传统文艺观念的最好诠释吗？基于这种创作原则，洪昇对杨玉环与李隆基的爱情进行了高度的提纯净化，使得圣洁的爱情之花绽放在污浊的宫廷，并最终在天界长生。《长生殿》被时人梁清标称为"一部闹热的《牡丹亭》"，但《长生殿》中的"情"绝

---

[1] 丁耀亢：《新编杨椒山表忠蚺蛇胆》，《古本戏曲丛刊五集》，上海古籍出版社1986年版，影印清顺治刊本。后文凡引自此本者不再一一出注。

[2] 俞为民、孙蓉蓉编：《历代曲话汇编·清代编》第一集，黄山书社2008年版，第691页。

非《牡丹亭》所写之"情","不是浸透感性欲望的少男少女之情,而是'但果有精诚不散,终成连理'的夫妻伦理之情"[1]。正是这种伦理意味勾连着《长生殿》中雷海青、郭子仪等忠臣烈士忠于大唐王朝的行为,从而达到了褒忠扬孝的目的。《长生殿》之所以具有历史剧的品格,并不因为它倾尽才华描写帝妃爱情,更因为它对与帝妃爱情互为因果的政治兴衰和历史变迁耿耿于怀,情有独钟,深沉的历史浩叹和分明的政治见解成为作品另一重深刻内蕴。"乐极哀来,垂戒来世"乃是作者"救世"婆心一片;"古今来逞侈心而穷人欲,祸败随之"不啻作者对统治者的当头棒喝;而"一悔能教万孽清"则寄寓着洪昇对封建统治者发自内心的渴望和期待。

孔尚任的《桃花扇》同样体现出反思历史、垂诫后世的鲜明特色,他坚信:"传奇虽小道……于以警世易俗,赞圣道而辅王化,最近且切。"而"《桃花扇》一剧,皆南朝新事,父老犹有存者。场上歌舞,局外指点,知三百年之基业,隳于何人,败于何事?消于何年?歇于何地?不独令观者感慨涕零,亦可惩创人心,为末世之一救矣"(《〈桃花扇〉小引》)。孔氏不仅仅局限于对隳明三百年基业罪魁祸首的寻找,也不仅仅将笔锋停留于权奸祸国过程的揭示,而将细腻的笔触伸向了广阔的社会空间,复杂的社会阶层,由妓院而庙堂,由政治而军事,由士子而妓女,由官僚而优伶,展示了南明覆亡前后丰富多彩的历史图景和社会生活图景,张弛有度,风姿各异,为历史剧开辟了一种全新的风貌,正所谓以"左(按:《左传》)、国(按:《国语》)、太史公(按:《史记》)"笔法用笔行文,技巧高超,但作者最终"义则《春秋》",寓褒贬于剧作,通过剧作表达自己的价值判断和道德判断,进而"惩创人心,为末世之一救"。

在传奇创作进入余势期之后,创作中的伦理教化发展为"传奇艺术道德化"和"道德内容审美化"两种倾向。前者指"传奇作家赤裸裸地以伦理道德作为传奇创作的主旨,指导传奇创作中的选择题材、结构情节、

---

[1] 郭英德:《明清传奇史》,江苏古籍出版社2001年版,第454页。

塑造人物等，借传奇阐释理学思想，进行道德教化"，而后者则是指作者"自觉地将所言之情注入纲常伦理的血液，使传奇通过抒发符合伦理纲常的个人情欲，达到社会道德教化的审美目的"[1]。这两种倾向与乾嘉时期程朱理学笼罩天下、知识阶层思想日趋僵化的现实密切相关，而当时很多剧作家们的确对戏剧作中表现出所谓的"世风日下"是深表忧虑的：

> 顾人情厌故，得坊间一新剧本，则争相购演，以致时下操觚多出射利之徒。导淫者既流荡而忘返，述怪者又荒诞而不经，愚夫愚妇及小儿女辈且艳称之，将流而为人心风俗之害。心甚非之，而无以易也。（卢见曾《〈旗亭记〉序》）[2]

> 传奇之作，义取劝惩，事关风雅，前则文人借之以发挥其才调，后则庸流遵之以勉效其效颦，虽所结撰，不必尽皆有裨世道，然于忠孝节义尤未至相背而驰也。江河日下，凡无知下走，竟创弹词秽剧，纷纷开演，千奇百怪，不可名状，在此辈不过为糊口计，而愚夫妇恒乐得而观之，耳濡目染，已阴受其害。（查昌蛙等《惺斋五种总跋》）[3]

> 词曲之名起于宋，盛于元，胜国以后，文人学士，相继而作，其脍炙人口，传之优孟衣冠者，大抵言情居多，或致有伤风化，求其激昂慷慨，使人感动兴起，以羽翼名教，殆不可得。（杨恩《〈吟风阁杂剧〉序》）

因此，此期的剧作家们高度重视道德内容在剧作中的体现，夏纶《新曲六种》明确标明"褒忠""阐孝""表节""劝义""补恨""式好"，在历史题材中选取"靖难之役"中的忠臣铁铉以身殉节（《无瑕璧》），三国中蜀国贤相诸葛亮一统天下（《南阳乐》）来宣扬忠义。董榕《芝龛记》以

---

[1] 参见郭英德《明清传奇史》第十八章"传奇内容的道德化"。
[2] 吴毓华编著：《中国古代戏曲序跋集》，中国戏剧出版社1990年版，第535页。
[3] 夏纶：《新曲六种》，清乾隆癸酉（1753）世光堂刻本。

长达六十出的篇幅详叙明末女将秦良玉、沈云英守土报国的事迹，并穿插明末重大政治、历史事件，"以良史之笔，写忠勇之心"（蜗寄居士评语），"表纯忠奇孝，照耀义娥"（首出《开宗》）。全剧人物数量众多，事件纷繁复杂，多平铺直叙，殊失戏剧本色。蒋士铨的《冬青树》叙写南宋忠臣文天祥独力奔走，支撑社稷，最终为国尽忠的壮烈事迹，而《桂林霜》传奇则选择了清初忠臣马雄镇一家在"三藩之乱"中满门忠义，杀身报国，力抗叛臣吴三桂的事迹加以敷演。蒋氏作品亦多犯线索纷乱、内容庞杂等作剧大忌，然才情出众，词清句丽，颇有可观之处。但总体而言，蒋氏作品的精神内核和创作目的与夏纶、董榕等人毫无二致，区别仅在于选取的忠臣烈士姓名各异，具体事迹不同而已。

乾嘉时期，尚有一部分戏剧理论家试图通过不同的理论表述，将伦理教化当作戏剧作品的当然责任，以提升戏剧的文学地位。首先，他们将戏剧作品与儒家经典等量齐观。

> 孔子曰："《诗》可以兴，可以观，可以群，可以怨。"今举贤奸忠佞，理乱兴亡，搬演于笙歌鼓吹之场，男男妇妇，善善恶恶，使人触目而惩戒生焉，岂不亦可兴、可观、可群、可怨乎？（李调元《〈剧话〉序》）[1]

> 填词虽小技，其华藻也似乎《诗》，其变化也似乎《易》，其典重也似乎《书》，其谨恪也似乎《礼》，其予夺进退也似乎《春秋》。（查昌蛙等《悝斋五种总跋》）

这些表述一方面固然说明剧作家们对提升戏曲作品地位的努力，但另一方面也表明诞生于封建土壤中的戏曲艺术在发展历程中与封建伦理不

---

[1] 李调元：《剧话》，载中国戏曲研究院编《中国古典戏曲论著集成》（八），中国戏剧出版社 1959 年版，第 35 页。

可割裂的天然联系，戏曲文学地位的提升与其向主流意识形态的贴近程度（主要表现在创作群体身份的变化以及作品思想内容的变化两个方面）密切相关，尽管这种靠近最终可能导致作品艺术精神的萎靡与没落。

其次，他们延续了孟称舜、洪昇等人将人的情感与封建伦理捏合的倾向，甚至以"达乎情而止乎礼义""乐而不淫，哀而不伤"的儒家正统的文艺观为戏曲创作张目：

> 夫曲之为道也，达乎情而止乎礼义者也。凡人之心坏，必由于无情，而惨刻不衷之祸，因之而作。若夫忠臣、孝子、义夫、节妇，触物兴怀，如怨如慕，而曲生焉，出于绵渺，则入人心脾；出于激切，则发人猛省。故情长、情短，莫不于曲寓之。人而有情，则士爱其缘，女守其介，知其则而止乎礼义，而风醇俗美；人而无情，则士不爱其缘，女不守其介，不知其则而放乎礼义，而风不淳，俗不美。故夫曲者，正鼓吹之盛事也。彼瑶台、玉砌，不过雪月之套辞；芳草、轻烟，亦只郊原之泛句，岂足以语于情之正乎？（李调元《〈雨村曲话〉序》）[1]

> 夫传奇者，乃稗史之余，效《关雎》之意，乐而不淫，哀而不伤，忠良者获其福报，奸邪者蒙其显诛，赏善罚恶，丝毫不爽，乃天意之工巧，不能为蛊惑，起人向往之心，发人忠诚之感，欲其踊跃慕义者也。（采荷老人《〈三星圆〉乩序》）[2]

这些见解不仅试图"沟通"情理，甚至将戏曲作品的教化功能等同于儒家经典，其力图提升戏曲地位的动机不难窥见。姑且撇开其观念之偏颇、论述之牵强不论，当我们回望中国戏曲发展的历史，尽管历代不乏文人试图推崇和提升戏曲的文化地位，但事实是，戏曲一直游离于正统文化

---

[1] 李调元：《雨村曲话》，载中国戏曲研究院编《中国古典戏曲论著集成》（八），中国戏剧出版社1959年版，第5页。

[2] 吴毓华编著：《中国古代戏曲序跋集》，中国戏剧出版社1990年版，第549页。

和主流文化之外，经常处于被鄙视和排斥的状态。从另一个角度来说，当戏曲作品等同于儒家经典，或者僵化地图解封建道德观念，甚至可以代替儒家经典行教化之责时，戏曲作品独立的文学价值、艺术价值和美学品格将受到何等的遮蔽？戏曲中展示的生动情态、蕴含的丰富思想、汹涌的澎湃情感将受到何等的压抑？那时，无论是传奇还是杂剧，创作不堕沉沦，其可得乎？千百年来，戏曲始终游移、徘徊于官方与民间、正统与边缘、精英与大众、高雅与世俗之间，跨越高山低谷，经历繁华寂寞，顽强而充满韧性地绵延着自己的生命。

在清代的曲家中，有人看到了戏曲蓬勃的生命力和流播的广泛性，不仅将戏曲创作视为教化之一端，更希冀戏曲作为"斯文"流传的载体和引导。黄周星在《〈人天乐〉自序》中说：

> 少陵云："文章一小技，于道未为尊。"况词曲又文章中之卑卑不足数者。然果出文人之手，则传者十常八九。试观王实甫、高东嘉之戏剧，妇孺辈皆能言之，而名公巨卿之鸿编大集，或毕世不入经生之目，则其他可知矣。虽词曲一道，其难十倍于诗文，而欲求流传近远，断断非此不可。此仆传奇所为作也。……兹仆所作《人天乐》，盖一为吾生哀穷悼屈，一为世人劝善醒迷，事理本自显浅，不烦诠译。若置之案头，演之场上，人人皆当生欢喜之心，动修省之念，其于世道人心，或亦不无小补。虽然，是岂仆之得已哉！夫思德、功而不可得，乃降而为立言，思立言而又不可得，乃降而为词曲。盖每下愈况，以庶几一传于后世。后之览者，或因词曲而知其人，因其人而并及其诗文，未可知也。呜呼，人之称斯文也，岂不重可悲也哉？[1]

---

[1] 俞为民、孙蓉蓉编：《历代曲话汇编·清代编》第一集，黄山书社2008年版，第226—227页。

回溯中国戏曲发展史，无数文人恰如黄周星一般，立德、立功而不得，转而立言。然所立之言令作者享誉后世，为后人书写之文学史、戏曲史称道不已者，非正统之"鸿编大集"，而恰是"文章中之卑卑不足数者"的戏曲。自元而明，自明而清，关汉卿、高明、汤显祖、洪昇、孔尚任……莫不如是。他们创作的戏曲经典流播四方，传扬后世，定位了他们在中国文学艺术史上的坐标，成就了他们难以磨灭的声名。他们的生平资料、诗文作品乃至只言片语因后人对他们戏曲创作的浓厚兴趣而得以被关注和挖掘。这些剧作家不会想到，一种在当时饱含辛酸、悲凉的无奈选择，居然令他们独特的"斯文"之道光大绵延。以此观之，黄周星渺茫沉痛的期许和寄托居然真的成为现实，凝结了心血和情感的剧作确实成就了它们的书写者。

第二节 "以曲为史"[1]和"笔补造化"[2]

在清代传奇历史剧创作中，就对历史题材的处理而言，"务虚""尚实""寓言"三种类型的作品都存在杰出的代表作品。但是这三种创作观念在作品中实质上犬牙交错，所谓"类型""代表作品"仅指某一观念或者倾向比较突出而已。总体而言，"尚实"倾向乃是清代历史剧创作中题材处理方面的主体倾向，由《天宝曲史》开端，《桃花扇》成功实践，《芝龛记》等大批剧作推波助澜的"曲史观"则成为"尚实"倾向的代表。对于历史题材的虚构，没有一出历史剧作可以完全避免，只是虚构程度不同而已。清代历史剧中以《如是观》《南阳乐》《李白登科记》等为代表的一批剧作，明确提出为英雄"补恨"，大胆为历史翻案，在剧作中赋予重大历史事件与历史记载完全相反的结局，虽不免时人荒诞之讥，却是中国古

---

[1] 黄叔琳：《〈芝龛记〉序》，《芝龛记》，清光绪十五年（1889）刻本。
[2] 杜浚：《〈李白登科记〉题词》，载吴毓华编著《中国古代戏曲序跋集》，中国戏剧出版社1990年版，第358页。

代历史剧创作中的一种特殊现象,值得注意。

清代历史剧创作中,征史尚实创作倾向大行其道,备受推崇,"曲史观"的形成和实践过程便是很好的证明。顺治年间,丁耀亢奉命创作《蚺蛇胆》,"屏居静室,整衣危坐,取公自著《年谱》,沉心肃诵,作十日思,时而濡毫迅洒,午夜呼灯,时而刿心断须,经旬阁笔"(郭棻《〈表忠记〉弁言》)。其创作依据乃杨继盛自著《年谱》,为其人作剧,以其人之作为据,求信尚实之意昭然。剧中出末均有丁氏自评,其内容多涉及各出内容所本,例如第四出《饭牛》后评云:"饭牛出于《忠愍实录》。"第六出《哭表》评云:"及阅《皇明法传录》内载炼参嵩父子十恶……野史详之,故附入。"第十一出《辱佞》评云:"按《皇明法传录》有陆炳邀沈于严席,面辱世蕃之事,原非添设。"更有甚者,丁氏为说明此剧所写事迹之可信,将剧中事件之见证者也搬入评语之中,以增强说服力,如第十三出《忧国》评云:"忠愍曾孙老儒讳维新,即王公孙甥,述其事如此,今年七十五矣。"第十八出《化番》评云:"诸之老孝廉刘斗酌,讳元化,以洛川令终,今年八十五,谓亢言如此,公祠在诸邑西门内,乱后坯碑存焉。"足见其一片"尚实"苦心。

康熙年间,孙郁《天宝曲史》的创作和众人对其剧作的评论正式提出"曲史"一词,明确赋予戏曲"补正史"的功能,这对中国古代"曲史观"的形成无疑是一个极大的推动。孙郁为《天宝曲史》作《凡例》云:"是集俱遵正史,稍参外传,编次成帙,并不敢窃附臆见,期存曲史本意云尔。"[1]为使作品内容与"曲史"名实相符,孙氏自称依据正史、外传,不敢杂主观臆见,可见所谓"曲史"的真实性要以是否符合正史、杂传所载作为衡量标准。而沈珩则将《天宝曲史》与杜甫"诗史"相提并论:"古今称少陵诗史,前此未有也。少陵生其时,目见贞观、开元之盛,天

---

[1] 孙郁:《天宝曲史》,《古本戏曲丛刊三集》,文学古籍刊行社1957年版,影印稿本。后文凡引自此本者不再一一出注。

下已臻太平矣,一旦政衰人愁,戎马纵横,秋原野哭,哀江头而悲武功,伤乱愿治之怀,皆于诗乎见之,犹夫史公之感激悱刺见之乎序事间……雪厓《天宝曲史》一书,在少陵当日犹有所讳而不敢尽者,雪厓直谱其事,以为人主色荒昵恶者戒,前此未有曲史,则读诗史者亦未尽错综而得其解也。有诗史,曲史其可少乎?"(《〈天宝曲史〉题词》)在他看来,孙郁之曲与杜甫之诗仅是体裁不同,二者内在精神相似,均与以《史记》为代表的史家精神血脉相通。

真正在创作实践中将"曲史观"的精神发挥到极致的作品乃是《桃花扇》,在这部经典式的历史剧作品中,"朝政得失,文人聚散,皆确考时地,全无假借。至于儿女钟情,宾客解嘲,虽稍有点染,亦非乌有子虚之比"(《〈桃花扇〉凡例》)。作者甚至在各出之前标明事件发生的年月,且在剧前作《〈桃花扇〉考据》,列出数十种剧作依据的历史资料,给读者一种"信史"之感,这种创作观念颇为后人推崇,郑忠训在为《瘗云岩》作序时盛赞:"其文其事其人并堪千古,作传奇观可也,作正史读亦可也。"[1]近代曲学大师吴梅则认为此剧:"其中虽科诨亦有所本。观其自述本末,及历记考据各条,语语可作信史。自有传奇以来,能细按年月确考时地者,实自东塘为始,传奇之尊,遂得与诗文同其声价矣。"(《中国戏曲概论》卷下"清人传奇")[2]足见他们对此剧征史尚实的倾向是非常赞许的。但《桃花扇》的成功很大程度是建立在孔尚任个人高超的艺术技巧和作品深厚的思想内容之上,而非单纯的"尚实"观念所能为。因为《桃花扇》之后出现的《冬青树》《桂林霜》《芝龛记》等作品依傍史书、摹写史实,较《桃花扇》有过之而无不及,然其艺术成就与《桃花扇》却无法同日而语。以《芝龛记》为例,此剧据作者所言:"所有事迹,皆本《明史》及诸名家文集志传,旁采说部,一一根据,并无杜撰。"蜗寄居士评曰:"此本虽名传奇,却实是一段有声有

---

[1] 吴毓华编著:《中国古代戏曲序跋集》,中国戏剧出版社1990年版,第553页。
[2] 王卫民编:《吴梅戏曲论文集》,中国戏剧出版社1983年版,第180—181页。

色《明史》。"类似评语，俯拾皆是。然此剧"惟分为六十出，每出正文外旁及数事甚至十余事者。隶引太繁，止可于宾白中带叙；篇幅过长，正义不免稍略，喧宾夺主，眉目不清"（杨恩寿《词余丛话·原文》）。艺术成就不高，故被杨氏讥评："考据家不可言诗，更不可度曲。论者谓'轶《桃花扇》而上'，则非蒙所敢知也。"[1]一针见血，可谓的评。

然而乾嘉时期的戏剧理论家们深受考据之风的影响，对历史剧的人物、本事考察兴趣十足。李调元的《剧话》对以岳飞、杨家将、包龙图、海瑞、尉迟恭、薛仁贵、唐明皇、宋太祖、赵普等历史人物为主角的剧作本事进行了考察。焦循作为著名的学者，其《剧说》杂取多种笔记史料，考据功力深厚，对《鸣凤记》《精忠记》《灌园记》《义侠记》《水浒记》及蒋士铨、夏纶等人的剧作本事多有所考证，体现了文人醉心考据的独特趣味。平步青《小栖霞说稗》之《原事》不但对《彩毫记》"李白脱靴"和《桃花扇》《南阳乐》《牡丹亭》《临川梦》《一捧雪》诸剧本事多有考证，其《观剧诗》条更堪称此种趣味的最佳诠释：

  伶人演剧扮用古事，然多颠倒贤奸，盖皆不识字者所为。如《唐传》之张士贵，《杨家将》之潘美，《平西传》之庞籍，率与史传不合。《冬夜笺记》："每阅传奇，辄叹前贤父母妻妾为其淆乱，如《荆钗记》王曾、吕蒙正。"《持雅堂诗集》（卷一）有《观剧》五古一篇，中云："《庄》《列》爱荒唐，寓言著十九。传奇祖其意，颠倒贤与否。蔡邕孝廉人，《琵琶》遭击掊，借以讽王四，于义犹有取。俗人不知书，逞臆造乌有。桓桓张士贵，功出仁贵右，无端目为奸，毅魄遂含垢；杨业虽健将，潘美亦其偶，不制王侁兵，天马变家狗；劝惩义何在？

---

[1] 杨恩寿：《词余丛话》，载中国戏曲研究院编《中国古典戏曲论著集成》（九），中国戏剧出版社1959年版，第247页。

妖言惑黔首！"可为正人吐气。[1]

这种考证剧作主人公本事，并为之大呼不平的倾向与历史剧的"尚实"观念相通，是"曲史观"的重要理论表现之一，也可以视为文人学者对于民间历史题材戏曲创作中存在所谓"失实"问题的关注与反拨。

事实上，民间的小说、曲艺、戏曲等通俗文艺样式一直是面向传播历史知识的重要渠道，其影响力广泛而深远。毛奇龄在《何孝子传奇引》中说："人不识申包而识伍胥，不识京兆三王而识包待制，不识孙宾石、王成而识公孙杵臼，则以氍演之易传也。古来正史所未详者，多藉之稗官，而稗官又阙，辞人骚士咏叹以传之，所称鼓子词，非耶；今其词又不可得，而传奇、杂剧登场氍演，较之咏叹之播扬感发尤捷。"[2] 如此一来，历史题材在各类通俗文艺形式中面目纷纷，难免良莠并陈，鱼龙混杂。因此，有曲家从剧作传播及影响的角度提出要谨慎对待历史人物及其事迹的处理。如毛先舒《阅曲偶书》所云："至于文人涉笔，往往传远，尤宜谨慎，宁隐毋苟。而传奇流播，通于雅俗，作者多诬，观者辄信。余谓凭空构局者，或犹可恣情缀造关目，若古有其人，则断不可虚捏罪案，而重诬九原之人，死者衔冤，口过非小。"[3] 他还以关羽题材戏曲小说作品影响为例，批评当时学者以"稗、剧为实事"，反而置正史记载于不顾的现象。[4]

无论这些历史剧作家和戏剧理论家们怎样强调剧作的史学价值，戏剧终究是文学作品，而文学作品绝然离不开虚构，成功的历史剧作品无

---

[1] 平步青：《小栖霞说稗》，载中国戏曲研究院编《中国古典戏曲论著集成》（九），中国戏剧出版社1959年版，第185页。

[2] 俞为民、孙蓉蓉编：《历代曲话汇编·清代编》第一集，黄山书社2008年版，第605—606页。

[3] 俞为民、孙蓉蓉编：《历代曲话汇编·清代编》第一集，黄山书社2008年版，第569页。

[4] 参见俞为民、孙蓉蓉编《历代曲话汇编·清代编》第一集，黄山书社2008年版，第571页。

一例外都体现出作者高超的虚构才能，剧作家们虽以这些作品"本于史传""可作史观"而自负自诩，但与此矛盾的信息还是不断透露出来。如张坚描写屈原事迹的《怀沙记》之《凡例》便有自相矛盾之处。第七条云："此编贤愚忠佞，离合悲欢，悉依史传，不敢更易其人其事。"第一条则说明了创作对于史实的更改之处："怀王……遂入秦而病死。今悉皆删去。岂谓传奇幅短，不能备载乎？抑是作本痛哭骚魂，并不予秦人以狡狯得计，使过于丑诋楚怀，非所以慰屈子在天之灵也。故写怀王受诈，虽不若勾践忍耻吞吴，而愤怒捐生，差胜于累囚被辱。景缺阵亡之士，借作从死沙场，顿增无限悲凉，足为南荆生色。"[1]张坚删略楚怀王事迹，将其"累囚被辱"改为"愤怒捐生"，是为兼顾忠臣，"以慰屈子在天之灵"。景缺由"阵亡之士"变为"从死沙场"，则不仅是为增加作品的悲剧气氛，同时还以良将之从君殉国为败亡之楚增添一抹亮色。

《天宝曲史》亦是如此。松涛氏为《天宝曲史》作序云："天宝至今千年矣，其帝妃秘戏，宫寺微言，雪崖皆以三寸不律一一拈出，然则有曲史可以补正史，补正史之未备矣。……柳生尚能于假山水作狡狯，岂雪崖不能于真史传开生面乎？"此语足见孙郁在剧作中多有"狡狯"之笔。盛赞此剧"以实录作填词"的赵沄却在《〈天宝曲史〉序》中将所谓的"狡狯"之笔大白于众人目前：

> 乃予细按其关目，则雪厓更有深旨焉。唐诗曰：薛王沉醉寿王醒。《移宫》之后，不将寿王情绪细写数阕，非为渎伦者讳乎？《暗缔》之后，不入洗儿狂荡之态，非为宫闱存大体乎？凝碧池头奏管弦，但写雷海青之激烈，不入王摩诘，非为才人惜名节乎？华萼之宴，则备其友爱，仓皇幸蜀，□□安父老之词缠绵恺恻，如见其悔悟罪己之

---

[1]俞为民、孙蓉蓉编：《历代曲话汇编·清代编》第一集，黄山书社2008年版，第740—742页。

心。……至于《私媾》《遭谴》二折，直从家常事中揣摩，拟议而出，情景逼真，神色俱见。赐珠怨却，寄发回嗔，千古陈事，一经拈出，新旨灿然，真化工之笔矣！岂仅填词云尔哉？

可见，此剧"狡狯"之笔不仅体现在对历史题材的取舍、对历史人物的回护，还表现为对某些场景的描写具有高超的虚构技巧，足以使"情景逼真，神色俱见"。即使对清代历史剧的"尚实"倾向产生巨大影响的《桃花扇》，在艺术创作中也不免大量的艺术虚构，作者虽自称"儿女钟情，宾客解嘲，虽稍有点染，亦非乌有子虚之比"，但其对历史题材的处理绝非"稍有点染"这么简单，但就剧作主人公侯方域、李香君而言，前者入清后曾参加科举考试，而未因南明覆亡而选择出家；李香君却奁之事有所依据，然其骂筵的豪壮之举则是孔尚任为塑造人物形象而虚构的场景。此外，"众多的研究成果说明，剧中的史可法、杨文骢、阮大铖、左良玉、黄得功、柳敬亭、苏昆生等人，都与历史人物有所出入"[1]。

然而《桃花扇》的成功恰恰说明，即使"尚实"型的历史剧作也需要遵守文学作品的规律，艺术虚构必不可少。例如梁廷枏不满《梧桐雨》《彩毫记》《长生殿》诸作不涉及江妃，故创作以梅妃江采蘋为主角的《江梅梦》，"取裁于两《唐书》，及唐人所撰《江妃传》，称妃死乱兵之手，今以为骂贼致死，固非尽空中楼阁，独献赋、赐珠两事在阁召前，稍更置而已"[2]，自觉地进行艺术虚构。

在清代，对历史剧作品的艺术虚构从正面加以肯定甚至推崇的声音同样存在，与"曲史观"交相唱和。明末清初著名文人吴伟业为《杂剧三集》作序云：

---

[1] 郭英德：《明清传奇史》，江苏古籍出版社2001年版，第477页。
[2] 吴毓华编著：《中国古代戏曲序跋集》，中国戏剧出版社1990年版，第582页。

> 噫！气运日降，淫倍于贞；文人无赖，诗变为曲。讽一劝百，时势使然……余以为曲亦有道也：世路悠悠，人生如梦，终身颠倒，何假何真？若其当场演剧，谓假似真，谓真实假，真假之间，禅家三昧，惟晓人可与言之。[1]

这种对戏剧"真假"含糊的说法与吴氏复杂的人生经历、幽微的内心世界密切相关。他身经明清易代，出处两难，表现出一种源自痛苦，终堕虚幻以求解脱的心理体验，所以此论具有特殊性，但是客观上毕竟肯定了虚构在戏剧创作和表演中的重要地位。范希哲在为《双锤记》所作小序中以一种开放自信的心态充分肯定了历史剧创作中的虚构倾向：

> 偶于稗史中有《逢人笑》小说，内载琉球国力士称王一段，则云操椎之人为陈大力。……《双锤记》之出盖为此也。……击椎之人定非凡品，其灵自在紫气玉楼中、三岛九州外，倘一旦神游至此，见此形容，当必笑而指之曰：昔日姓名肖貌、出处行藏全不是，何物狂夫，唐突前辈英雄若此！吾则应之曰：傀儡场中，邯郸道上，说乌有先生、作蕉鹿大梦者，自古至今，不知几亿万万。[2]

作者赞佩博浪沙椎击秦始皇的英雄事迹，从小说中获知英雄姓名之后，借题发挥，兼取小说、史书作此剧。创作过程多所增饰虚构，然作者对这种虚构并未耿耿于怀，而是以"傀儡场中，邯郸道上，说乌有先生、作蕉鹿大梦者，自古至今，不知几亿万万"之语自我解嘲，但是此语却道破了戏剧创作的天机：艺术虚构正是戏剧创作的不二法门。毛声山在

---

[1] 吴伟业撰，李学颖集评标校：《吴梅村全集》（下），上海古籍出版社1990年版，第1212页。

[2]《笠翁阅定传奇八种》（上），《李渔全集》第六卷，浙江古籍出版社1992年版，第277页。

《第七才子书琵琶记总论》中进而将"虚构"拓展至作家为"文"之技巧："若有此文,又实有此事,则无如《左传》《史记》矣,而天下后世有心人之爱读《左》《史》也,为爱其事而读之乎?为爱其文读之乎?苟以为爱其事也,则古今纪事之文甚多,何独有取乎《左》《史》也?其独有取乎《左》《史》也者,诚爱其文,非爱其事也。"[1]此论点最重要的启示在于,虽然历史剧创作要兼顾历史题材的规定,但历史剧创作归根到底是文艺创作,而非史书之编撰,剧作家之"文"——赋予历史题材的文艺质素和作品拥有的文艺品格,才是决定剧作价值的根本因素,也是衡量历史剧作品水准高下的尺度。如此,我们就能理解,那些经典历史剧何以能够从相同题材的作品中脱颖而出,令其他作品黯然失色了。

艺术虚构的观念在历史剧中的极端表现是出于"补恨"目的,尽翻史实,颠倒剧作结局的创作倾向。杜浚为尤侗所作《李白登科记》(又名《清平调》)题词云:

> 余尝私计,彼梨园者与其徒扮状元,何如径扮李白中状元,犹可以解嘲而释憾耶。而悔庵适先获我心,遂有此记。可谓古今之至快。乃或者谓李白之不中状元,儿童走卒知之矣。曲虽工,其如人不信何?余应之曰:是不有蔡邕之例可援乎。夫蔡邕之时,并无状元之名,然高则诚一旦与之状元,则群然而状元之矣。……且夫以李白之狂,使其在世不死,自笑状元不知作何等语。今一旦请入瓮中,正似其生平轻薄之报,而非以荣之也,如谓以李白荣状元,则可矣。然而必无是事也。无是事而忽有之,所谓笔补造化。造化原留此缺陷,以待悔庵之笔。悔庵之笔既出造化之意,则谓从来之状元皆虚,而李白独实可也。[2]

---

[1] 俞为民、孙蓉蓉编:《历代曲话汇编·清代编》第一集,黄山书社2008年版,第473页。

[2] 吴毓华编著:《中国古代戏曲序跋集》,中国戏剧出版社1990年版,第357—358页。

此题词对作者摆脱历史史实的牵绊，以李白中状元为结局，李白高才大志，具状元之才，而一生潦倒，终未获中状元，作者"笔补造化"，为一代才人伸恨，表达对庸才状元的鄙夷之情。作者对于戏曲作品不计事实真假，而能为一代才人伸雪遗恨，扬名天下的功能充满了期待和信心。长松下散人亦认为剧作可以对天地间"缺陷事"加以艺术虚构，"手为平反"能使"向之大痛于心者，究竟大快于事。"(《〈阴阳判传奇〉序》)[1]

在历史剧的创作中，《如是观》和《南阳乐》堪称此类剧作的代表。前者以抗金英雄岳飞为主角，详叙南北宋之交王朝兴衰史实，然一改岳飞功败垂成、被冤身死的悲惨结局，而以其生擒兀尤，收复汴京，迎还徽、钦二帝为结，纯系作者虚构，所谓"假真当作如是观，开怀酌""论传奇可拘假真？借此聊将怨恨伸"[2]。在作者看来，唯有如此翻空出奇，才大快人心。《南阳乐》传奇对历史事实的颠倒与《如是观》相较有过之而无不及，梁廷枏《曲话》云：

> 钱塘夏惺斋纶作六种传奇，其《南阳乐》一种，合三分为一统，尤称快笔。虽无中生有、一时游戏之言，而按之直道之公，有心人未有不拊掌呼快者。第三折，诛司马师，一快也；第四折，武侯命灯倍明，二快也；第八折，病体全安，三快也；第九折，将星灿烂，四快也；十五折，子午谷进兵，偏获奇胜，五快也；十六折，杀司马昭，六快也；擒司马懿，七快也；十七折，曹丕就擒，八快也；杀华歆，九快也；十八折，掘曹操疑冢，十快也；二十二折，诛黄皓，十一快也；二十五折，陆伯言自裁，十二快也；孙权投降，十三快也；孙夫人归国，十四快也；三十折，功成归里，十五快也；三十二折，北地

---

[1] 查慎行：《阴阳判》，《古本戏曲丛刊五集》，上海古籍出版社1986年版，影印清初刊本。
[2] 张大复：《如是观》，《古本戏曲丛刊三集》，文学古籍刊行社1957年版，影印旧抄本。

受禅，十六快也。立言要快人心，惺斋此曲，独得之矣。[1]

由此可见，《南阳乐》之众多关目，皆反历史记载而用之：令原本禳星失败的诸葛亮得以延寿，原本三国之中灭亡最早的蜀汉政权一统天下，亡国后不屈而死的刘谌登基称帝。这些重大关目与历史记载均截然相反，其有意"务虚"的倾向十分明显，而其虚构的程度也达到了极致。当然，这种倾向的根源在于作者思想深处正统的伦理道德观念和由此产生的"笔补乾坤"，为忠臣烈士"一曲笙歌遗恨吐"的创作目的。

这种试图"补恨"的心态在清代具有普遍性。清人袁栋评价《如是观》云："前有《恨赋》，后有《反恨赋》，以前人之所恨者一一而反于正，使人心快然也。传奇有《精忠记》，复有《倒精忠》，中演岳飞直捣黄龙府，迎取二圣还朝，奸桧典刑，山河恢复，观之者田夫贩竖，亦为之快意。一名《如是观》，谓水月空花，当作如是观耳。文人学士又不觉为之堕泪也。因思秦皇虽无道，而扶苏当正位而戮高；晋献虽信谗，而申生宜完身而得国；明皇虽播迁，而梅妃当归宫而宠爱；建文虽流离，而孝孺宜尽忠而反正。安得见之空言，一一而反其恨乎？"[2] 回望历史，忠臣孝子被冤含恨而死者不计其数，虽然往事如水月空花，但毕竟恨海难填，残酷的"实事"与"人心"（包括道德理念主导下的是非判断和主观愿望）发生了严重的对立，产生了极致的反差。

因此，清人毛声山甚至提出了自己创作"雪恨传奇"的庞大计划：

> 凡作传奇者，类多取前人缺陷之事，而以文人之笔补之。……予尝旷览古今，事之可恨者正多，拟作雪恨传奇数种，总名之曰《补天石》。

---

[1] 梁廷枏：《曲话》，载中国戏曲研究院编《中国古典戏曲论著集成》（八），中国戏剧出版社1959年版，第266—267页。

[2] 俞为民、孙蓉蓉编：《历代曲话汇编·清代编》第二集，黄山书社2008年版，第40—41页。

其一曰《汨罗江屈子还魂》，其二曰《博浪沙始皇中击》，其三曰《太子丹荡秦雪耻》，其四曰《丞相亮灭魏班师》，其五曰《邓伯道父子团圆》，其六曰《荀奉倩夫妻偕老》，其七曰《李陵重归故国》，其八曰《昭君复入汉关》，其九曰《南霁云诛杀贺兰》，其十曰《宋德昭勘问赵普》。诸如此类，皆足补古来人事之缺陷。[1]（《第七才子书琵琶记总论》）

人心需要抚慰，道义需要张扬，"补恨"传奇的终极指向在于世道人心。睿水生在《〈祭皋陶〉弁语》中明确提出："夫正史能纪实，而不能翻空，杂剧能翻空，而不能翻人心之所本无。彼谊辟神灵，而忠良得蒙澡雪，此所谓翻空，而非人心之所本无者。夫古今之人心，即古今之实事，空云乎哉！彼正史所载妄语耳！"[2] 唐英《〈转天心〉自序》云："天之外无所信，心之外无所守。守其心以信天，信其转以验守。……惟即其事以揆理，即其理以揆心。心与理洽，而人心转矣；理与事宜，而天道合矣。夫人为天所生，而身心即为天之身心；身心为天之身心，而人心之转不即为天心之转乎？"[3] 在他们看来，"人心"、"天心"（天道或天理）、"实事"是相互贯通、联系、呼应甚至一致的。因此，历史剧创作不仅要承载"人心"之期待与向往，也要符合"天心"之矩矱与法则，这些才是可以超越一时一事，恒久存在、难以磨灭、世代信守的根本"道"。这从更深的层次上揭示了"务虚"型历史剧独特的精神内涵和文化意蕴。

《如是观》《南阳乐》等具有明显"翻案"性质的作品，专门选取观众熟知的历史记载之大关目处做文章，与历史记载截然相反，异常醒

---

[1] 俞为民、孙蓉蓉编：《历代曲话汇编·清代编》第一集，黄山书社2008年版，第469—470页。

[2] 吴毓华编著：《中国古典戏曲序跋集》，中国戏剧出版社1990年版，第385—386页。

[3] 俞为民、孙蓉蓉编：《历代曲话汇编·清代编》第一集，黄山书社2008年版，第745页。

目,容易引起观众注意,暗合了中国人"惩恶扬善"的心理期待、同情悲剧英雄的心理特征、皈依正统的心理定式,又兼其"补恨"的创作目的也容易为观众所理解,所以这些作品不但没有成为历史剧的败笔,反而成为一种特殊的类型存在,丰富了中国古代历史剧的创作样式和审美内涵。

当然,历史剧创作中的虚实处理因题材差别而异,因作者身份而异,因创作目的不同而异,由此形成的历史剧也风格各异,侧重不同。清代著名戏曲理论家李渔对于戏剧创作中虚实处理的问题颇有心得,他结合戏剧创作中的具体问题和不同情况条分缕析,并提出具有针对性的、明确实用的处理原则,对于历史剧的创作有重要的启发和指导意义。[1] 李渔认识到"传奇无实,大半皆寓言耳",抓住了戏剧作为文学作品的特质,历史剧同样不能脱离作者的艺术加工,一经艺术加工,作者于事迹必有增减、

---

[1] 李渔《闲情偶寄·词曲部·结构第一·审虚实》云:"传奇所用之事,或古或今,有虚有实,随人拈取。古者,书籍所载,古人现成之事也;今者,耳目传闻,当时仅见之事也;实者,就事敷陈,不假造作,有根有据之谓也;虚者,空中楼阁,随意构成,无影无形之谓也。人谓古事多实,近事多虚。予曰不然。传奇无实,大半皆寓言耳。欲劝人为孝,则举一孝子出名,但有一行可纪,则不必尽有其事,凡属孝亲所应有者,悉取而加之,亦犹纣之不善,不如是之甚也。一居下流,天下之恶皆归焉。其余表忠表节,与种种劝人为善之剧,率同于此。……凡阅传奇而必考其事从何来、人居何地者,皆说梦之痴人,可以不答者也。然作者秉笔,又不宜尽作是观。若纪目前之事,无所考究,则非特事迹可以幻生,并其人之姓名亦可以凭空捏造,是谓虚则虚到底也。若用往事为题,以一古人出名,则满场脚色皆用古人,捏一姓名不得;其人所行之事,又必本于载籍,班班可考,创一事实不得。非用古人姓字为难,使与满场脚色同时共事之为难也;非查古人事实为难,使与本等情由贯串合一之为难也。予既谓传奇无实,大半寓言,何以又云姓名事实必须有本,要知古人填古事易,今人填古事难。古人填古事,犹之今人填今事,非其不虑人考,无可考也;传至于今,则其人其事观者烂熟于胸中,欺之不得,罔之不能,所以必求可据,是谓实则实到底也。若用一二古人作主,因无陪客,幻设姓名以代之,则虚不似虚,实不成实,词家之丑态也。切忌犯之!"(《李渔全集》第三卷,浙江古籍出版社1992年版,第15—16页)

虚饰,甚至张冠李戴,所以历史剧不能等同于史书,更不能等同于历史事实,因此斤斤计较于剧作"事从何来,人居何地"等考证的饾饤之学,如果过度就等同于"痴人说梦";创作历史剧时主要人物、主要情节要有所依据,不可随意捏造,使"满场脚色同时共事",没有脱离特定历史情境之病,"与本等情由贯串合一",没有针线稀疏、漏洞百出之病,其目的在于保证剧作艺术上的完美性。相反,对于历史剧的重要关目乃至重要人物的改造,对于特定历史情境的建构如果超过了一定的限度,或者给人以"虚假"之感,就会产生过多的"硬伤",为读者和观众指摘,进而损伤历史剧独特的审美特征,在艺术上归于失败。

第三节 "不愧传奇之目"[1]

自元代开始,戏曲作品选材是否新奇,情节是否曲折,手法是否奇特已引起了明代戏曲家们的注意,创作者更是不遗余力地追新逐异,这种倾向一直延续到清代戏剧的创作之中。一种文学艺术样式持久不绝的生命力需要有层出不穷的新作来延续,而新作必须寻求新的题材,在陈陈相因的材料上试图翻新出奇,困难重重;新作也需要不断尝试新的创作方法,模式化、套路化的创作方法也很难将新题材处理到理想状态。而清代正是中国古代戏剧和中国古代戏剧理论集大成的特殊时代,剧作家们在前人创作的基础上为"不愧传奇之目",进行了殚精竭虑的创作,也为传奇创作理论中的"奇正之辨"画上了句点。

清初戏剧家李渔是传奇作品"求奇求新"追求的极力鼓吹者和实践者,在《闲情偶寄·词曲部上》中,他单列"脱窠臼"一条:

"人惟求旧,物惟求新。"新也者,天下事物之美称也。而文章

---

[1] 语出李渔《闲情偶寄·词曲部·结构第一·立主脑》。

一道，较之他物，尤加倍焉。戛戛乎陈言务去，求新之谓也。至于填词一道，较之诗赋古文，又加倍焉。非特前人所作，于今为旧，即出我一人之手，今之视昨亦有间焉。昨已见而今未见也，知未见之为新，即知已见之为旧矣。古人呼剧本为"传奇"者，因其事甚奇特，未经人见而传之，是以得名，可见非奇不传。新即奇之别名也。

在李渔看来，"新"乃事物美称，无怪乎世人喜新厌旧，文学作品尤需去陈言、创新意，传奇创作要选取新的事迹，为人所不熟悉的题材进行创作，才能吸引世人的关注。因此，"新"在某种程度上与"奇"相通，因为新的内容总是给人以新鲜感，这种新鲜感于平淡无奇、司空见惯的作品而言当然意味着"奇"，故传奇创作多选取新题材，而题材本身也要具有"奇"的特点，才更有利于创作传播。因而《闲情偶寄·词曲部上·结构第一》云："有奇事，方有奇文，未有命题不佳，而能出其锦心，扬为绣口者也。""立主脑"条云："此一人一事，即作传奇之主脑也。然必此一人一事果然奇特，实在可传而后传之，则不愧传奇之目，而其人其事与作者姓名皆千古矣。"李渔在"立主脑"条着重强调所选"主脑"必"果然奇特"，然后才能加以创作，而"主脑"关涉全剧关目，其重要性自不待言，因此，对"主脑"之奇的要求实质是对剧作整体"新奇"的审美风格的期待。李渔的创作中较少涉及历史题材，但其观念却与当时历史剧的重要作家们不谋而合。孔尚任在《〈桃花扇〉小识》中云："传奇者，传其事之奇焉者也，事不奇则不传。"那《桃花扇》传奇之"奇"究竟何在？孔氏认为：

桃花扇何奇乎？其不奇而奇者，扇面之桃花也。桃花者，美人之血痕也。血痕者，守贞待字，碎首淋漓，不肯辱于权奸者也。权奸者，魏阉之余孽也。余孽者，进声色，罗货利，结党复仇，隳三百年之帝基者也。帝基不存，权奸安在？惟美人之血痕，扇面之桃花，啧啧在口，历历在目；此则事之不奇而奇，不必传而可传者也。（《〈桃花扇〉小识》）

孔氏友人顾彩所作《〈桃花扇〉序》谈到此剧的创作时云：

斯时也，适然而有却奁之义姬，适然而有掉舌之二客，适然而事在兴亡之际，皆所谓奇可以传者也。

他们认为此剧之主角李香君因行为之烈堪称"义姬"，不同于普通娼妓；而其牵涉忠奸之争，双方水火不容；关系家国兴亡，历历如在目前。其间人物、事迹多有新奇可观之处，故而作剧以传之。此剧选材于明末清初，与孔氏生活之时代相距不远，剧中当事人尚有存者，剧中场景宛如昨日，极易引起读者和观众的兴趣和思想共鸣，可令故臣遗老"掩袂独坐"，故而脱稿之后，风靡一时，"时有纸贵之誉"。

有清一代，选取不为世人所熟知的明末清初人物事迹进行创作蔚然成风。如《合剑记》以明末忠臣彭士弘为主角；《桂林霜》以清初忠臣马雄镇为主角。有意存明末清初史实的《芝龛记》则"为秦忠州（秦良玉）、沈道州（沈云英）二奇女衍传"，因为"二女者，非寻常闺阁之人。乃心乎国事，有功名教之人也"。秦、沈二人不同于寻常闺阁女子，不但行军打仗，而且战功赫赫，在女子中实属罕见，因此堪称奇女，不失为良好的创作题材。特别值得注意的是，对于历史上迷雾重重的帝王秘事，剧作家也表示了极大的兴趣，比如《千忠录》对于建文帝命运行踪的书写，《铁冠图》(阙名)[1]、《虎口余生》(遗民外史)[2]等对于明清易代之际涉及崇祯皇帝遭际的书写等都极为特殊。黄燮清《帝女花》[3]详细描写了明坤兴公主与驸马周世显在明清易代前后的遭际，穿插崇祯自尽、李自成入京等重大政治事件。此剧选材可谓独具只眼，以亡国公主的视角敷演国家兴亡，别出心裁。其人、其事、其作法皆足称奇。

清代历史剧创作所选取的题材多有与前代重合者，但亦有相当部分前人少有演绎之题材，被清人于浩浩史海之中拈出，加以创作。陈侠君《〈吟风阁杂剧〉序》云：

> 先生谱《吟风阁传奇》三十二回，将朝野隔阂，国富民贫，重重积弊，生生道破；心摹神追，寄托遥深，别具一副手眼。文情艳丽，科白滑稽；光怪陆离，独标新义，扫尽浮词，不落前人窠臼，似非寻常随腔按谱填曲编白可比也。[4]

《吟风阁杂剧》中很多作品取材于前人剧作没有涉及的历史记载，表

---

[1]《铁冠图》撰者不详，今无全本流传，仅存残本、散出，部分散出长期上演于舞台。此剧与遗民外史《虎口余生》题材内容有重复之处，但亦存在差异。关于《铁冠图》、遗民外史《虎口余生》、曹寅《虎口余生》(一名《表忠记》)三剧之源流及关系，学界多有探讨，尚无定论。清人刘廷玑《在园杂志》"前后《琵琶》"条(俞为民、孙蓉蓉编《历代曲话汇浩·清代编》第一集，黄山书社2008年版，第727页)引边大绶语云："《虎口余生》，而曹银台子清寅，演为填词五十余出，悉载明季北京之变及鼎革颠末，极其详备。……游戏处皆示劝惩。以长白为始终，仍名曰《虎口余生》。构划排场，清奇佳丽，亦大手笔也。"此云《虎口余生》五十余出，现存清乾隆间抄本《虎口余生》凡四十四出。出数不合。

[2] 遗民外史：《虎口余生》，《古本戏曲丛刊五集》，上海古籍出版社1986年版，影印清乾隆间抄本。后文凡引自此本者不再一一出注。

[3] 黄燮清：《帝女花》，《倚晴楼七种曲》清光绪间刻本。后文凡引自此本者不再一一出注。

[4] 杨潮观撰，胡士莹校注：《吟风阁杂剧》，上海古籍出版社1983年版，第245页。

现出求新求奇的明显倾向。如《汲长孺矫诏发仓》《鲁仲连单鞭蹈海》《魏徵破笏再朝天》《东莱郡暮夜却金》《下江南曹彬誓众》《寇莱公思亲罢宴》《诸葛亮夜祭泸江》等剧作的主人公或故事情节均为前代历史剧罕有涉及，因此"独标新义，扫尽浮词，不落前人窠臼"的评语对《吟风阁杂剧》的题材选择而言同样适用。除此之外，欧阳修（乔莱《耆英会》）、铁铉（夏纶《无瑕璧》）、钱镠（张大复《金刚凤》）、海瑞（朱㿥《朝阳凤》），甚至耶律大石（许鸿磐《西辽记》）等历史人物都进入了历史剧作家们的创作视野。

清代历史剧作家们不仅在题材选择上注重新奇，在艺术表现方面也重视翻新出奇。这在传统题材创作中表现得尤其突出。以杨玉环、李隆基爱情穿插安史之乱的剧作为例，历代层出不穷，元代有《梧桐雨》，明代有《惊鸿记》，清初又有《天宝曲史》，且各剧均有可取之处，在前人多次创作的题材上想要有所超越和突破绝非易事。然而继这些作品之后的《长生殿》却成为了历史剧的经典之作，这与洪昇本人独特的创作观念和方法有重要关系。洪昇深知"从来传奇家非言情之文不能擅场"，又不满于前人之作，因此"断章取义，缀成此剧"，一方面他存"诗人忠厚之旨"，删去了宫廷秽事，以"感金石，回天地，昭白日，垂青史，看臣忠子孝，总由情至"的"至情"理想将杨、李爱情提纯、净化，并加以升华，为这个传统题材注入了新鲜的思想血液，并以"一悔能教万孽清"的宽容精神使爱情在超现实中复生。另一方面，又对与杨、李爱情密切相关的王朝兴亡情有独钟，以大量笔墨书写历史事件。因此在他的笔下，尽管历史兴亡只是作为"李、杨情缘的背景而存在"[1]，但是，从艺术角度而言："这部分内容与李、杨爱情的描写是互为表里的，不宜强行分割。没有这些内容，就没有李、杨爱情展开的实际形态；没有李、杨爱情，这些内容就缺少在

---

[1] 郭英德：《明清传奇史》，江苏古籍出版社2001年版，第461页。

审美情感上的感应效能。"[1]与前代作品相较,洪昇将剧作的双重内涵融合得天衣无缝,互为表里,难以分割。在情节关目设置方面,作者细针密线,起伏照应,运用"钗盒"物线贯穿始终,结构排场注重冷热调剂,且"爱文者喜其词,知音者赏其律"(吴人《〈长生殿〉序》)。正是这种思想与艺术双方面的别出心裁与惨淡经营才促成了《长生殿》的成功。

此外,清代历史剧创作中对于鬼神穿插、巧合错认、戏中戏等手段也广泛加以运用,并且当作不可或缺的艺术手段明确地加以肯定。宋廷魁《介山记》(此剧以介之推一生行迹及其助重耳出逃复国为题材加以创作,清人许廷录《五鹿块》亦写重耳出亡复国事)由于使用了鬼神的元素曾导致读者的质疑:"史家取于核实,传奇传记之遗也。归林以后,似设空幻如何?"宋氏答曰:"大凡事不幻,文不奇;文不奇,则无可传,亦不必传。且宇宙光明正直,精灵灏博之气,其绸缊而赋于物者,在天为日星,在地为山河,在物为麟凤龟龙,在人为高人义士,在上为忠臣,其没则为神为仙,胥是物也。"[2]宋氏认为,忠臣烈士死后为神为仙,在剧中出现相应情节理所当然,而且有利于褒扬宇宙光明正直之气。同时,即使从文学艺术创作和传播角度来说,这些奇幻事迹和情节的添加可以为"文"增加"奇"的意味,而"奇"又直接关联着"文"的"传"。《〈三星圆〉例言》云:

> 名手所制,原在意绪,不肯如《目莲》《西游》,有《搜神记》《穷怪录》之诮。然毕竟传奇是戏耳,戏则何嫌闹热,以炫时人之观?兹集间以意绪运用鬼神,非以鬼神灭裂意绪也。故虽怪怪奇奇,多所搬演,而不诡于正。[3]

---

[1] 余秋雨:《中国戏剧文化史述》,湖南人民出版社1985年版,第424页。
[2] 俞为民、孙蓉蓉编:《历代曲话汇编·清代编》第二集,黄山书社2008年版,第239页。
[3] 吴毓华编著:《中国古代戏曲序跋集》,中国戏剧出版社1990年版,第551页。

此时剧作家们对于戏剧中的鬼神运用已司空见惯，且认为这种手段有助于"戏"的"闹热"。因此，清代历史剧创作中鬼神穿插随处可见：《赤松游》中的黄石翁、《芝龛记》中的九莲圣母、《帝女花》中的释迦牟尼、《南阳乐》中的玉皇大帝……连经典之作《长生殿》《桃花扇》都不能免俗，前者沟通人间天上，仙娥满纸，后者标榜信史，却在《入道》一出写神说鬼，令鬼魂登场。而描写忠奸斗争、英雄发迹的历史剧更是不忘对枉死忠臣封神褒扬（如《蚺蛇胆》），对天命所归的帝王将相们加以神秘渲染（如《金刚凤》），这种手段的运用模式化之后易成俗套，于作品的思想艺术有所伤害。此外，诸如巧合错认（《血影石》第二十六出），"戏中戏"（《芝龛记》第二十出《谳离》）等手段也都被加以运用，对历史剧创作而言，别有新意。

清代的戏剧理论家对于传奇之"奇"固然向往，但他们对于过分的奇幻却持批判态度。陆梦熊在《〈玉搔头〉序》中说："自屠纬真《昙花》、汤义仍《牡丹》以后，莫不家按谱而人填词，遂谓事不诞妄则不幻，境不错误乖张则不炫惑人。于是六尺氍毹，现种种变相，而世之嘉筵良会，势不得不问途于庸琐之剧。"[1]卢见曾《〈旗亭记〉序》所云"射利之徒"出于营利目的，大量新编传奇，"导淫者既流荡而忘返，述怪者又荒诞而不经，愚夫愚妇及小儿女辈且艳称之，将流而为人心风俗之害"。可见"荒诞而不经"的述怪之作在当时并不少见，尽管卢氏出于关注人心风俗的目的加以防范，但"荒诞不经"与历史剧创作精神确实也是背道而驰的。换言之，追新逐奇要把握尺度。清代戏剧理论家对于"奇"与"常"、"奇"与"正"辩证关系的认识对历史剧的创作很有启示意义。李渔明确提出要"戒荒唐"，把握"新奇"的限度：

---

[1] 俞为民、孙蓉蓉编：《历代曲话汇编·清代编》第一集，黄山书社2008年版，第380页。

> 凡作传奇，只当求于耳目之前，不当索诸闻见之外。无论词曲，古今文字皆然。凡说人情物理者，千古相传；凡涉荒唐怪异者，当日即朽。……世间奇事无多，常事为多，物理易尽，人情难尽……性之所发，愈出愈奇，尽有前人未作之事，留之以待后人，后人猛发之心，较之胜于先辈者……岂非五伦以内，自有变化不穷之事乎？……岂非闺阃以内，便有日异月新之事乎？……即前人已见之事，尽有摹写未尽之情，描画不全之态，若能设身处地，伐隐攻微，彼泉下之人自能效灵于我，授以生花之笔，假以蕴绣之肠，制为杂剧，使人但赏极新极艳之词，而竟忘其为极腐极陈之事者。此为最上一乘，予有志焉，而未之逮也。（《闲情偶寄·词曲部上·戒荒唐》）

其《〈香草亭传奇〉序》云：

> 是词幻无情为有情，既出寻常视听之外，又在人情物理之中，奇莫奇于此矣。[1]

他认识到"世间奇事无多，常事为多，物理易尽，人情难尽"，因而创作戏剧单纯在题材方面追逐奇人奇事远远不够，而要贴近人情物理，在平凡的日常生活中寻找创作题材，为"极腐极陈之事"创出"极新极艳之词"，别开生面，独运机杼。而另一方面，创作出的作品既要"出寻常视听之外，又在人情物理之中"，正所谓："有奇可传乃为填词，虽不妨于傅会，最忌出情理之外。"[2] 平中见奇，奇正相生，方为妙手。《长生殿》不就是对旧题材别创新意，开掘提升后形成的艺术精品吗？"补恨"传奇不是将耳熟能详的历史故事成功"陌生化"了吗？《桃花扇》不是用凡夫俗

---

[1]《李渔全集》第一卷，浙江古籍出版社1992年版，第47页。
[2] 俞为民、孙蓉蓉编：《历代曲话汇编·清代编》第二集，黄山书社2008年版，第198页。

子（主角为书生、妓女，而非帝王将相）的悲欢离合串起了一代兴亡吗？清代历史剧的创作实绩为戏剧理论作出了最佳的诠释。

第四节 "寓显微阐幽之旨"[1]

寓言是中国文学创作绵延已久的传统，世间万物成为作者的代言者，为各个体裁的文学创作增添了灵动活泼的气氛，寄托了作家幽微的心曲："从来游戏神通，尽出文人之手，或寄情草木，或托兴昆虫，无口而使之言，无知识、情欲而使之悲欢离合，总以极文情之变，而使我胸中磊块唾出殆尽而后已。"[2]就戏曲而言，古人认为，其与诗有着密切的亲缘关系，作为诗歌延续和流变的结果，继承了中国诗人的精神，但较之诗歌的自抑内敛，更加奔放恣肆、自由活泼："古之人不得志于时，往往发为诗歌，以鸣其不平。顾诗人之旨，怨而不怒，哀而不伤，抑扬含吐，言不尽意，则忧愁抑郁之思，终无自而申焉。既又变为词曲，假托故事，翻弄新声，夺人酒杯，浇己块垒。于是嬉笑怒骂，纵横肆出，淋漓极致而后已。"[3]

清代历史剧秉承了中国古代戏剧创作中的"寓言"传统，剧作评论家们对于剧作的"寓言"特性多持肯定态度。他们普遍认为戏剧作品乃是不得志的剧作家们牢骚不平的心灵寄托。如吴伟业《〈北词广正谱〉序》评论李玉创作动机云："盖士之不遇者，郁积其无聊不平之概于胸中，无所发抒，因借古人之歌呼笑骂，以陶写我之抑郁牢骚，而我之性情，爰借古人之性情而盘旋于纸上，宛转于当场。……士之困穷不得志无以奋发于事业功名者，往往遁于山巅水湄，亦恒借他人之酒杯，浇自己之块

---

[1] 吴伟业：《〈北词广正谱〉序》，载吴伟业撰，李学颖集评标校《吴梅村全集》（下），上海古籍出版社1990年版，第1214页。
[2]《李渔全集》第一卷，浙江古籍出版社1992年版，第47页。
[3] 俞为民、孙蓉蓉编：《历代曲话汇编·清代编》第一集，黄山书社2008年版，第457页。

垒。……李子元玉,好奇学古士也……所著传奇数十种,即当场之歌呼笑骂,以寓显微阐幽之旨,忠孝节烈,有美斯彰,无微不著。"钱谦益《〈眉山秀〉题词》亦云:"元玉管花肠篆,标帜词坛,而蕴奇不偶;每借韵人韵事,谱之宫商,聊以抒其垒傀。"[1]

所谓"不得志""蕴奇不偶",使剧作家中心愤愤不平,而传统的诗文不足以使"忧愁抑郁之思"得到淋漓尽致的宣泄,而戏曲这一题材却可以使作家假托故事,将个人思想情感寄托于创作之中,历史剧作家可以使剧作中的历史人物成为自己的代言人,通过他们释放个人积聚于胸中的抑郁之情;可以通过历史人物的遭际命运和传奇事迹的描写表达个人的政治理想和是非判断;还可以通过历史兴亡和王朝盛衰传达自己独特的政治见解和对历史的理性认知;更可以使历史人物和历史事件成为他们真切的社会体验、幽微的人生感悟和难以言说的矛盾心态婉曲寄托。明末清初,以吴伟业为代表的遗民戏曲家创作的历史剧便寄寓着内蕴丰富的遗民情怀,身处新朝的特定情境使他们的内心体验难以言说,但又不得不说,只能通过剧作寄托这种矛盾的情绪,将它们若隐若现地表达出来。在吴伟业《〈秣陵春〉序》中,这种情绪表现为莫可名状的忧思和烦闷彷徨的痛苦:

> 彼夫文人才士,放诞穷愁,怨女贞姬,忧思郁结,惝兮若有所亡,怳兮若有所见,杳矣冥矣,缥缈无所不之矣。况乎侯王则陵庙丘墟,妃主既荣华消歇,萧条乎原野,漻栗乎悲风,魑魅之与邻,狐兔之与居,其平生图书玩好、歌舞战斗之娱,虽化为飘尘灌莽,不能有以磨灭也。于是神僧异人从而取之以出其变化,李少君之帐中,佛图澄之掌上,皆是物也,而又何疑于余之说乎?余端居无憀,中心烦懑,有所彷徨感慕,仿佛庶几而将遇之,而足将从之,若真有其事

---

[1] 李玉撰,陈古虞、陈多、马圣贵点校:《李玉戏曲集》,上海古籍出版社2004年版,第1789页。

者,一唱三叹,于是乎作焉。是编也,果有托而然耶?果无托而然耶?即余亦不得而知也。[1]

此段文字前后两部分显然有矛盾之处,作者既然于文末云不知此剧有无寄托,又何必行文伊始便出"放诞穷愁""忧思郁结"之语,又何必有"陵庙丘墟""荣华消歇"之叹?又何必对悲剧情节耿耿于怀、喋喋不休?《秣陵春》传奇通过对徐适这一历史人物的改造,设计了两相对照、两相承接的叙事结构,既"描写了已故的旧朝君主对孤臣孽子的关怀与恩眷",又"铺叙了故国遗民在改朝换代中的窘境与新朝天子对他们的抬举笼络","既可以借南唐亡国的沧海变幻,抒发作为孤臣孽子的失国惆怅和兴亡感慨,又可以借剧中徐适的两朝际遇,表达自己身处新朝的矛盾情感和中心焦虑"。[2]而这恰与入清之后吴伟业本人徘徊于入世与出世、功名与忠义、执着与虚无之间的复杂情绪相通。[3]除吴伟业之外,清初遗民剧作家如王夫之、黄周星等人均有不同题材的创作,但剧作的"寓言"倾向在清初成为遗民这一特殊群体特殊的言说方式,成为他们表达个人和群体双重体验的工具则是不争的事实。

嵇永仁的《〈续离骚〉引》为戏剧创作中的"寓言"精神引入了"真情"的质素,丰富了"寓言"的内涵:

> 填词者,文之余也。歌哭笑骂者,情所钟也。文生于情,始为真文,情生于文,始为真情。……缘情之所钟,正在我辈,忠孝节义,

---

[1] 吴伟业撰,李学颖集评标校:《吴梅村全集》(中),上海古籍出版社1990年版,第728页。

[2] 郭英德:《明清传奇史》,江苏古籍出版社2001年版,第424—425页。

[3] 参见孙书磊《明末清初戏剧研究》(社会科学文献出版社2007年版)、李克《清初江南遗民曲家群研究》(硕士学位论文,北京师范大学,2007年)、楚萍《吴伟业戏曲作品研究》(中国社会科学出版社2017年版)。

非情深者莫能解耳。屈大夫行吟泽畔，忧愁幽思而《骚》作。语曰：歌哭笑骂皆是文章。仆辈遭此陆沉，天昏日惨，性命既轻，真情于是乎发，真文于是乎生。虽填词不可抗《骚》，而续其牢骚之遗意，未始非楚些别调云。[1]

在他看来，戏剧创作中的歌哭笑骂皆出于剧作家的一片真情，尤其当作家身处逆境（按：清初"三藩之乱"时，嵇永仁入范承谟幕，被耿精忠囚于狱，《续离骚》作于此时），如屈原一般在忧愁幽思之中痛苦不堪时，才能激发真情，继而产生感动人心的真文，这样的戏剧作品才能与《离骚》一样，寄寓幽深，情真意邃，感动人心。

以《长生殿》《桃花扇》两大名剧而论，前者寄托着洪昇的"至情"理想，为此作者设置了象征叙事结构，使现实情境与虚幻情境并置，并相互交织转换；将杨、李爱情的萌发、成熟、消亡、重圆与国家的由治到乱、由乱终定合观共视，使全剧成为"至情"理想的诠释。而《桃花扇》则"借离合之情，写兴亡之感"，侯方域、李香君的悲欢离合充当了明清易代历史的线索，作者的目的并不在写儿女之情，而是寄寓浓郁的兴亡之感和对历史盛衰的深刻思考，尽管顾彩在《〈桃花扇〉序》中说"作者上下千古，非不鉴于当日之局，而欲铺东林之余糟也；亦非有甚慨于青盖黄旗之事，而为狡童黍离之悲也"，试图为孔尚任的创作目的进行遮掩，但他在同一篇文字中还是忍不住要赞扬此剧"可以当长歌，可以代痛哭，可以吊零香断粉，可以悲华屋山邱"。长歌当哭，凭吊悲叹，不正是对历史沧桑发出的沉重叹息吗？顾氏自相矛盾之语恰是《桃花扇》寄寓"兴亡之感""黍离之悲"的最佳证据。黄燮清创作《帝女花》传奇深受《桃花扇》的影响，此剧借佛家轮回因果之说，写明末坤兴公主与驸马周世显的爱情

---

[1] 吴毓华编著：《中国古代戏曲序跋集》，中国戏剧出版社1990年版，第384—385页。

悲剧，但剧作深意绝不拘于男女之情，黄氏自序云：

> 嗟乎！循环生死，神仙无了结之期；俯仰兴亡，宇宙皆贮悲之境……仆本恨人，史传遗事，抚青编而流览；愁寄天边，怜紫玉之销沉；心伤局外，援少陵《咏怀》之例，写太傅丝竹之情。叙作四万言，胪分二十阕。声捐靡曼，不同《燕子》吟笺；事涉盛衰，窃比《桃花》画扇。彰义门收场凄恻，渺渺兮予怀；众香国说法荒唐，非非有之想。吊灵弦于湘水上，权为楚客招魂；按檀板于梨园部中，尚待周郎顾误。

作者自称"恨人"，于生死兴亡之悲有感同身受的体会，浏览史传，对坤兴公主的遭逢国变、多情薄命十分同情，故援笔作剧，而题材本身的悲剧性奠定了作品的悲剧基调。所以坤兴公主与周世显的爱情婚姻不同于《燕子笺》的靡曼缠绵，而公主与驸马的特殊身份又牵连着王朝盛衰、历史兴亡，其审美特征的确与《桃花扇》有几分相似。在《帝女花》传奇中，我们不能体会到历经波折之后的完聚所带来的喜悦，正如同李香君和侯方域的聚而终散；我们时刻能感觉到弥漫其中的悲凉之气和王朝大厦倾倒带来的巨大痛楚，正如同《桃花扇》向我们展示封建王朝不可挽救的没落和孤臣孽子的无力挣扎。尽管艺术水准不可同日而语，但称《帝女花》是《桃花扇》"借离合之情，写兴亡之感"这一创作方法百年后的再现并不为过。

清代历史剧创作中以剧"补恨"的观念与"寓言"观念内在精神一脉相承，均是为了维系正统伦理道德的权威和神圣。这些剧作往往不满于既成的历史事实，刻意打破历史记载的束缚，甚至反其道而行之，为历史人物或历史事件虚构与历史记载相反的结局，通过这种创作方法寄寓作者对历史人物或事件的价值判断和道德判断，形成了一种风格独特的历史剧作品类型。长松下散人为《阴阳判》所作的序文非专为历史剧创作而言，

但其对"补恨"观念的阐释却颇有可取之处:

> 天地间多缺陷事,天地不能自补而俟人补之。人何以补之?补之以事,补之以心。事则华衮斧钺,其权伸,其事快,心则呼天抢地,其势屈,其心痛,夫至天下后世痛其心而事已无补,天地亦何贵?是人之补之。然使伈伈睍睍,路人君父则不独缺陷在事,且缺陷在心,天地但能以人心补事,又将用何物补心?是故天地之宝,心为贵,心贵故心不易泯,即当局者自甘泯泯,而公道在人,必从而长言之,嗟叹之,流连而歌咏之,甚之感时愤世者摭其事迹,谱以宫商,直欲以野董狐代鬼谷䰩,王章阴律,手为平反,由是枉者伸,覆者发,潜德阐,奸谀诛,向之大痛于心者,究竟大快于事,而天地一缺陷于是乎坦坦平平,此《阴阳判》传奇所以不得不作也。[1]

在作者看来,天地之间"缺陷事"层出不穷,终需人补,而最贵之"人心"亦终不免缺陷,要使人心长存公道,只有"补心"。而戏剧作品承担着补救人心的重要责任,补救人心就意味着为天地间存公道,因而戏剧作品必须代表着天地间的公道正义,最终要让"枉者伸,覆者发,潜德阐,奸谀诛,向之大痛于心者,究竟大快于事,而天地一缺陷于是乎坦坦平平"。这种理想在现实中无异于梦呓,但至少可以在虚构的戏剧世界中实现;戏剧不能代替现实,但是可以充当衡量现实的标尺和批判现实的工具。戏剧中种种美好理想的虚幻实现至少可以让"公道"在现实世界中向世人发出微弱的声响。这或许就是传奇和杂剧兴起之后,中国古代文人乐于选择它们来表情达意的重要原因。

---

[1] 查慎行:《阴阳判》,《古本戏曲丛刊五集》,上海古籍出版社1986年版,影印清初刊本。

在古代历史剧作家们看来，历史发展进程中的"缺陷事""恨事"可谓比比皆是，如项羽、伍子胥般的盖世英雄下场凄凉；如周顺昌、杨继盛一样的忠臣惨遭屠戮；如刘备、诸葛亮般的明君贤相最终功败垂成；如岳飞、杨家将一般的国家栋梁被奸臣陷害身亡……于是，中国古代历史剧作家们让他们死后为神作仙，让他们在阴间审判奸臣宵小，让他们血食庙封，流芳百世……但一切都于事无补。于是，他们将这种愤懑和缺憾转化成一种深深的寄托，在历史剧作中为这些历史人物扬眉吐气，一补缺憾。张大复的《如是观》不满于岳飞精忠报国却被秦桧陷害而死、功败垂成的事实，"不平千古，嗟吁寥落"，"借此聊将冤恨伸"。于是作者在剧中让岳飞大破金兀朮，收复汴京，迎接二圣南还，最终擒杀奸臣秦桧夫妇。这些情节与历史记载完全相反，但却在一定程度上表达了广大民众心底的愿望，暗合了他们爱憎分明的思维习惯，满足了他们为忠臣一伸冤恨的心理期待，同时也与封建统治者褒忠扬孝的思想合拍，此剧用创作实践了清代历史剧创作中的"补恨"观念。夏纶创作《南阳乐》明确称其为"补恨传奇"，在理论和实践两个方面总结了"补恨传奇"的创作经验。其《传概》之【蝶恋花】词对此剧的创作的"补恨"意图作了说明：

> 缺陷纷纭更难数，彩笔才人，炼石将天补。才见黄龙恢故土，又看伯道斑衣舞，独有岐山丞相苦。五丈秋风消歇，吟梁父，一曲笙歌遗恨吐，宫商细按从前谱。

而此剧的评点者徐梦元可谓深得夏纶之苦心，其在出末的评点中十分注意剧作与历史记载的相反之处（即补恨之处），并将其一一点明。[1]

---

[1] 梁廷柟《曲话》对此剧"十六快"的说明即改变历史记载之处，前文已引，此处不再重复。

最终以诸葛亮复生，带领蜀国统一天下为结局，当时评论者多有对这种一反史实、以剧补恨的创作勇气充分肯定者，所谓："文心默夺天心转，笔阵强胜八阵雄。"（壶天隐叟题诗其一）"石破天惊，足代女娲之补。"其词不无溢美，然他们对于此剧别出心裁的情节处理兴味十足则显而易见。

另有清代曲论家结合剧作传播接受探讨作家创作主观寄寓的动机和尺度，角度较为独特。狡狯如李渔者，虽然明确声称生平所著传奇"皆属寓言"，但又刻意强调"其事绝无所指"，"矧不肖砚田糊口，原非发愤而著书；笔蕊生心，匪托微言以讽世。不过借三寸枯管，为圣天子粉饰太平；揭一片婆心，效老道人木铎里巷。……是用沥血鸣神，剖心告世。稍有一毫所指，甘为三世之喑。即漏显诛，难逋阴罚"（《曲部誓词》）。[1]这种信誓旦旦、赌咒发誓、置身事外、刻意回避的姿态与历史剧作家或明或隐的寄寓无疑是大相径庭的，与他混迹于各个阶层，以戏曲为重要谋生手段的创作实践和偏向于喜剧的创作观念密切关联。余治在其《庶几堂今乐》之《答客问》中说："古人作传奇，命意各有所在，如《长生殿》立意在讽喻人主，是为居南面者作前车之鉴，宜演于宫闱，与乡民无涉。《精忠记》立意在劝戒人臣，是为食禄者作当头棒喝，宜演于官场，与乡民亦无涉。至一切战阵胜负设计用谋之戏，是皆为行伍兵勇，激发忠勇而作，宜演于戎行，乡民观之，适以开好勇斗狠之习，是何异以治膏粱之体者，治藜藿之体耶？……古人传奇又往往牢骚感愤，借题发挥，畸重畸轻，未免形容太过，不知写人之恶，必写到十二分，非理非情，无不人人发指，窃恐为恶者见之，非特不引以为戒，必反藉以自宽（若谓古人之恶，过我十倍，以我之过轻之特小焉者耳，庸何伤）。"[2]余治认为，作者主观的创作动机、寄托之意，乃至艺

---

[1]《李渔全集》第一卷，浙江古籍出版社1992年版，第130页。
[2]俞为民、孙蓉蓉编：《历代曲话汇编·清代编》第四集，黄山书社2008年版，第438—439页。

术呈现要与特定的接受对象群体相对应，同时还要注意抒发"牢骚感愤"的限度，避免"畸重畸轻"的极端化艺术处理。尽管作者这些观点都源于作者对戏曲劝惩教化功能的关注，但对于历史剧创作艺术处理而言，也具有一定的参考价值。

历史和历史剧的奇妙之处在于，当寄寓了作者深意的作品问世之后，特定的事件、环境会与之相互激发，特定的人群会有所感触，一如《桃花扇》演出时台下"两度旁观者"的唏嘘不已。当遭逢相似历史情境的作者本人面对自己的旧作，生出的感慨就更耐人寻味了。清人胡盍朋在创作了《汨罗沙》之后不久的癸丑年，"是岁大祲，盗贼蜂起，瘟疫流行，邑人以饿死、疾死、盗死者，十居其五。余每夕坐长明灯前，望荒郊磷火，灿若繁星，恍如屈大夫赋《山鬼》篇，四山啼啸，兼之蒿目时艰，潸然下泪，又如屈大夫倚耒呼号时也"[1]。作者对民生多艰的哀叹，与屈原悲愤的呼号无疑在此时产生了共鸣，作者寄寓剧中的心曲在此时无疑也获得了升华。在流淌的历史长河中，一代代今人可以凭借历史剧与前人甚至自己对话，感受前人幽微的寄托、深邃的心曲，触发心底的波澜、共同的感慨，让历史剧拥有了丰富的艺术内蕴和持久的艺术魅力。

伴随着中国封建君主专制制度在清代走向极端，知识分子的思想活力被进一步压抑禁锢，创造力也随之走向枯竭。所以无论清代的剧作家在历史剧作品中寄寓了怎样复杂的情感或者理念，他们很难冲破时代和历史的局限，也很难冲出封建伦理道德的樊篱，绝大多数的历史剧创作都符合封建王朝官方意识形态的要求，且绝不乏受命于上的应制之作、歌功颂德之作、苦口婆心的教化之作。而且伴随着清朝统治的逐步稳固，历史剧中更难以寻找到《桃花扇》中诸如"开国元勋留狗尾，换朝逸老缩龟头"，

---

[1] 俞为民、孙蓉蓉编：《历代曲话汇编·清代编》第四集，黄山书社2008年版，第470页。

"抽出绿头签,取开红圈票,把几个白衣山人吓走了"(续四十出《余韵》)等令人解颐、沉着痛快的讽刺之语。乾隆、嘉庆之后,要寻找中国戏剧的勃勃生机,感知历史剧鲜活澎湃的生命力,我们就要将眼光投射到在民间大行其道的花部戏中了。[1]

---

[1] 平步青《小栖霞说稗》记载:"湘侍曰:'今剧中有所谓《二十八宿归天》者,盖《刺绣旗》之后出。光武保全功臣,古今所罕,而大反其事,何耶?'璪妣曰:'此必明初人所为,盖以讥太祖诛戮功臣,为傅、蓝诸公而发。'浣霞以为然。"按:此剧描写光武帝诛戮功臣事,包含讥刺之意,就其上演时间及名目判断此剧极有可能是花部戏。平步青:《小栖霞说稗》,载中国戏曲研究院编《中国古典戏曲论著集成》(九),中国戏剧出版社1959年版,第185页。

第三章

清代历史剧的创作方法

作为中国历史上最后一个封建王朝，清政权从代明而立到走向盛世，再到江河日下、寿终正寝的过程对于中国文化史的发展具有重大的影响力。它从建立政权，到取代中原王朝，成就宏图霸业的过程意味着战争与杀戮，必然要给广大民众带来肉体与精神的双重痛苦，"亡天下"的隐痛在众多知识分子身上久萦难散，一直绵延至清末。它的统治者为了维护王朝的长治久安，将中原王朝奉为正统的儒家思想和宋明理学收为己用，大力弘扬，借此笼络人心，"程朱理学从晚明的一度蒙尘中复苏，以官方哲学的殊遇荣膺封建统治的精神支柱，支配和制约着各种样式的文学创作"[1]。而封建制度行将就木的历史命运无法抗拒，当程朱理学的旗帜再次被艰难地挥舞起来，我们不仅能看见庄重背后的滑稽，更能窥见热望背后的无助与苍凉。这些在清代历史剧中留下了分外清晰的影像。

与明代历史剧作家们一样，清代历史剧作家们对封建伦理道德推崇不已，对其教化功能则一如既往采取了主动承担的态度，其创作的指导原则在相当程度上与明代保持了一致，因而叙事策略依旧体现出高度的理性精神。首先，他们以对政治的理性认知为依托，对历朝历代的政治斗争高度关注，对忠臣孝子由衷钦佩，对奸佞小人深恶痛绝，以"春秋笔法"对历史人物、历史事件进行褒贬；并将中下层人物作为历史剧中的重要角色

---

[1] 郭英德：《明清传奇史》，江苏古籍出版社2001年版，第514页。

纳入创作视野，充分表现"小人物"在政治斗争中的地位和作用；而题材选择与作者主观创作倾向的结合，使"戾气"[1]充斥在他们的政治理性之间，甚至令剧作散发出血腥的气息，充分暴露了封建伦理道德不断走向僵化的必然趋势。[2]其次，他们一方面延续了历史剧征史尚实的创作倾向，以"曲史"精神作剧，详细地记录和描写王朝兴衰的始末，以敏锐的个人体验感受历史兴亡的气息，以深入的理性思索表达对历史兴亡的认知，极大地提升了历史剧对历史题材开掘的深度和广度，使历史剧具备了哲学思考的特性。另一方面又大胆对历史记载进行有意改造，甚至基于"补恨"的目的（与对历史的理性认知密切相关）为历史人物和历史事件大作翻案文章，出人意表。最后，清代历史剧集中国古代历史剧创作技法的大成，广泛吸取了其他题材和其他艺术形式的优点，在线索安排、排场调剂、人物形象塑造、科诨运用、戏曲语言运用等方面都取得了高度的艺术成就，这些因素共同创造了中国古代历史剧最后的辉煌。

第一节 一片痴情终难易：政治理性的艰难前行

在清代历史剧创作中，剧作家们仍然不能摆脱历史题材以"忠奸"斗争为核心的状况，这固然与历史题材本身关联甚大，但更深层次原因在于这种类型的剧作更有利于表明他们个人的政治立场，表达他们对于政治事件的理性认知、对政治斗争的价值判断和道德判断。从另一个角度来讲，作家们已经从艺术创作理论的角度认识到了设计忠奸双方的斗争对于剧作创作的重要意义。丁耀亢《赤松游》卷首所附《啸台偶著词例数则》云："词有六反，清者以浊反，喜者以悲反，福者以祸反，君子以小人反，合者以离反，繁华者以凄凉反。"所谓"反"即要使剧作的诸多方面产生

---

[1] 参见赵园《明清之际士大夫研究》（北京大学出版社1999年版）相关论述。
[2] 以《千忠录》《蚺蛇胆》《桂林霜》《无瑕璧》等为代表。

矛盾双方的对立，并和谐统一于剧作内部，既为剧作提供矛盾张力，成为戏剧冲突建立和展开的依据，又共同服务于剧作主题。历史剧作品中忠义之士即"清"者，"君子"者，而奸佞之徒则"浊"者，"小人"者，正反双方缺一不可。丁耀亢《蚺蛇胆》第三出《佞寿》自评曰："褒忠则必斥佞，有丑、净而生、旦始可传神。"这种认识已经成为历史剧创作的普遍经验，所以历史剧作家们往往有意于剧中以奸臣为剧作横生波澜，徐梦元对《南阳乐》第十一出《贿珰》评曰："是集既云补恨，则一帆顺境有何拂意处足以深人哀惋？不得已借黄皓作一祸首，与北地为难，因而累及崔夫人受无妄之灾，此亦勉强波澜，非天然也。"由此可见，除去忠奸斗争题材本身无法摆脱忠奸之辨，旨趣并不在描写忠奸斗争的作品也都有意设置忠奸对立，以增加剧作的可观性，《耆英会》以王安石为奸相，亦属此类。绝大多数的历史剧设置奸佞一方，则是推进故事情节，展开矛盾冲突，反思历史兴亡的必要手段，在艺术上也取得了较为突出的成就。

明代历史剧《鸣凤记》《清忠谱》《宝剑记》等极力渲染惨烈的忠奸斗争，乃是剧作家们初萌的政治理性精神的产物，清代历史剧作家们同样具备高度的政治理性精神，延续了这一类型的创作，并以严肃的创作态度，试图在人物、情节设置和细节描写方面加以拓展，但这种努力却与该类型的历史剧内在精神的僵化和枯竭构成了矛盾，作者原本可贵的政治理性由于过度地强调而在剧作中成了令人窒息的血腥场景，充斥着令人心悸的"戾气"，而这种极致化的描写正是忠奸斗争型历史剧在清代归于失败的标志。与明代历史剧不同的是，清代该类型剧作不仅描写庙堂之上以臣子为代表的忠奸双方的直接斗争，还将眼光投向了明初"靖难之役"这一重大历史事件，使"忠臣""奸臣"成为忠于旧君和背叛故主的双方，他们之间的政治见解固然对立，但相互之间的直接斗争却缺乏感染力，因此，忠臣与新君（叛逆）之间的斗争、忠臣与新君所掌握的强大国家机器之间的斗争成为"忠奸"斗争的外化表现，斗争双方力量的极大悬殊，造成了忠臣更为复杂的斗争情境，使其斗争行为更为壮烈悲惨，使剧作具备了震撼人心的力量，然而这些剧作同样无法挽回忠奸斗争型历史剧内在精神的枯竭和艺术上失败的整体趋势。

《蚺蛇胆》和《朝阳凤》堪称敷演忠臣与奸臣庙堂斗争的代表作，作者秉承了明代历史剧创作中的政治理性，塑造了心目中忠臣的典型形象，突出了忠臣强烈而主动的政治斗争意识和无所畏惧的凛然正气，并通过细节描写着力表现他们对封建君主和封建王朝的无限忠诚，在将封建社会的忠臣形象推向极致的同时，也暴露了"愚忠"的荒谬性。《蚺蛇胆》全名《新编杨椒山表忠蚺蛇胆》，乃丁耀亢为"奉命进呈"顺治皇帝而创作的作品，"一脱《鸣凤记》枝蔓，专用忠愍为正脚，起孤忠于地下，留正气于人间"（《〈蚺蛇胆〉题词》）。此剧以明代忠臣杨继盛为主角，贯穿剧作始终，一改《鸣凤记》头绪纷乱的情况，以杨继盛与严嵩奸党的斗争历程为主线，穿插沈炼与严党的斗争，其目的则是为表彰杨氏等人的忠义。所以，作者将"忠"作为贯穿杨继盛一生的品质加以描写，在作者看来，正是"忠"的品质促使他把扫除奸佞作为毕生的信念与追求。作品以杨继盛自作年谱为依据，展现了杨氏从忠义士子到忠义臣子的成长过程：第二出《矢忠》写杨尚未取得功名，黄卷青灯苦读之时，已经"常抱酬君报国衷"，对国家"颓波久延"深深忧虑，希望"遇明王，愿学鹰隼击权奸"，初步显示出与权奸斗争的锋芒。第四出《饭牛》写杨牧牛之时，以牛比喻忠臣，"努力反受鞭答，正如忠臣受祸"，暗示杨继盛早有为报君恩不惧受祸的心理准备。第八出《盟义》写杨继盛中进士后与王世贞、邹应龙、林润等人结成同盟，"借同仇，志同道"，"刺虎矛，屠龙手，诛奸自有机关就"，实现了杨继盛从普通士子向国家官员身份的转变。这一身份的转变使他更加迫切地希望参与到铲除奸佞的斗争中。第十三出《忧国》写杨氏痛心于皇帝日日"修斋礼醮"，宠信严嵩父子，"好似宋徽宗道君皇帝"，他有着强烈的担当意识，"人臣见义当忠勇，官微也受君王俸"，因此下定决心上疏谏之。第十四出《前疏》中对严党党羽之一仇鸾的弹劾标志着杨氏对奸党第一次正面斗争的展开。第十六出《谪遇》以杨氏对奸党第一次斗争的失败告终，贬谪途中，他虽然因遭遇挫折心境凄凉，慨叹"丹心成泛梗，热血等寒灰"，但是依旧关心国事，因"唤不醒九天昏睡"而痛苦万分。第二十一出《修本》写杨继盛被皇帝复官之后，感激涕零，欲"捐生报主"，"轰轰烈烈做一场"，不顾妻子和先人劝阻，修本弹劾严嵩。第二十二出《后疏》写杨继盛二次上疏，与严党展开第二次正面斗争，但以被投狱中的结局告终。第二十四出《挥胆》写杨氏拒绝王世贞托人送来可以减轻伤痛的蚺蛇胆，而要亲领皇帝责罚，认为"今日圣上赐责，就是打死也要实心领受，既服此药，打得不痛，分明又是欺君一念"，将杨氏对皇帝迂执的忠诚表露无遗。第二十六出《割股》详细描写了杨氏在狱中受尽折磨的惨状，详尽还原其割股剜肉的场景，其血腥与残酷更能激起人们对忠臣的钦敬和对奸党的愤恨。第二十八出《赴义》描写杨氏从容赴义的情形，他视死如归，"笑呵呵把俺威风长"，并坚定相信"一条硬索，绞不尽万古纲常"。直至临刑之前，他仍念念不忘铲除奸党，留下绝命诗"生平未了事，留与后人补"，嘱托盟友继续抗争；他仍然执着、寄希望于君王"天王自圣明，制度高千古"，甚至希望"平生未报恩，留与忠魂补"，不仅生前为忠君可以放弃生命，直到死后一缕忠魂依然要报君主"隆恩"。如此"忠贞"的臣子，难怪顺治皇帝初定中原就要拿来晓谕臣下大加赞赏了。

无独有偶，《朝阳凤》以中国古代清官的杰出代表海瑞为主角，在表彰其清廉与干练的同时，作者更竭力将其塑造成为刚直不阿的忠臣形象，通过其与张居正为首的奸党（中国古代文学作品将王安石、张居正等杰出的政治改革家视为奸臣者比比皆是，流风所及，此剧作者亦未免俗）不屈不挠的斗争和对君主苦口婆心的上疏劝谏展示海瑞之"忠"。为将海瑞的忠臣形象塑造得更加集中、更加典型，作者在情节设置和细节描写方面煞费经营。海瑞因不满国家法纪废弛、朝政日非、万马齐喑的状况，冒着触怒龙颜的危险直言因皇帝佞信道教、不理朝政、劳民伤财，导致"天不和、地不和、人不和"，但却被盛怒之下的皇帝责打御棍三十，下刑部天牢。面对这种冤屈，海瑞自我表白"臣碎身，臣心快，臣了愿……忠魂不怕森罗殿……须知我一息如存还叫天"。他将自己的生命完全奉献给了进谏皇帝的"忠臣事业"。(第六出)下狱之后,他不念个人安危,"碎首可拼,批鳞不惮",自云:"求死乃分内之事,也不在我心上,但小人渐进,积弊日烦,我海瑞身受国恩,那得一朝瞑目。"足见其早已将生死置之度外,国家和君主的利益才是他牵挂之事。(第十一出)当朝中忠臣先后因弹劾张居正而被一一打击报复之后,海瑞勇敢继承了他们未竟的事业,而此时皇帝下旨凡弹劾张居正者要全家绑赴国门,面对母亲,海瑞犹豫不决,但作者笔下海瑞的母亲深明大义,慷慨陈词:"头颅可偿,便全家挈带何须让?……难道你能尽忠,老身独不能成你之志么?"不但打消了儿子的顾虑,而且充当了海瑞"尽忠"行为的坚强后盾,海瑞抱定了牺牲的决心:"千秋策,感吾皇,犬马同厮养,便横尸碎首何妨?"既然自己仅仅是皇帝的犬马,那又何惜性命呢?于是他自缚其身,其母亲、妻子均自缚,同赴国门,诣阙上疏弹劾张居正四十余条罪状,最终罢斥了奸党。(第二十四、二十五出)为了忠于封建帝王和封建王朝,"海瑞们"的斗争在抛弃个人最珍贵的生命的同时,也毫不留情地剥夺着他们的亲人故旧最珍贵的生命(包括他们父母的生命,弃"孝"而取"忠")。忠臣们将自己和自己周围的一切自觉地当作了封建国家和封建君主的附属物,所谓"皮之不存,毛将焉附"? 真正的忠臣,为了君主和国家什么不能捐弃呢?历史剧作家们正赋予了忠臣们这样一种鲜明的政治理念,然而君主的权威不可侵犯,在他们庇护下的乱臣贼子自然逍遥快活,于是乎,进谏成了忠臣们唯一合法的斗争工具。于是乎,历史剧作家们笔下的忠臣们仿佛为进谏而生,为进谏而死,他们的呼声愈来愈凄厉,态度越来越激切,甚至甘冒天下之大不韪,高呼"只顾作忠臣碎首分尸煞,强似伴昏君装聋作哑"(《朝阳凤》第二十五出)可谓振聋发聩。但当我们整体观照这批忠臣形象时,又发现他们的形象被模式化、工具化、僵硬化了,动人的艺术力量又从何谈起呢?

这种以忠奸斗争为主题的历史剧深刻揭示出以维护君主权威和忠于

君主为动力的忠奸斗争，在封建社会除去用符合伦理道德规范的理性温和手段铲除诞生于这种制度本身的毒瘤之外，别无他途，而采取这种手段的忠臣们就会陷入无法超脱的可悲循环，即一次又一次以生命为代价重复梦魇般的宿命。经历了君主变更和朝代更迭的忠臣们同样如此，多部清代历史剧作品就取材于君主变更和朝代更迭的时代，将忠臣置身于这种特殊的历史情境，使他们面临政治抉择和严峻的人格考验，塑造出一大批心系君父、气节凛然的忠臣形象。在这些作品中，作者让笔下的忠臣们保持着对正统与叛逆清醒的政治判断，在正统被难的时刻，他们前赴后继，不惧生死；而面对叛逆他们则义正词严，慷慨赴难，以死明志。为了突出忠臣的品质，历史剧作家们笔下这种忠奸斗争的场景（表现为正统与叛逆的激烈对立和冲突）分外惨烈，血腥化的场景层出不穷，此举固然有利于以生死考验烘托忠义，但作者有意渲染的血腥和恐怖则体现出明清时代封建伦理道德不断走向反面的趋势，透露出封建制度烂熟之后的腐朽气息。

明初，燕王朱棣发动的"靖难之役"对于明王朝而言无疑是一个重大的历史事件，尽管燕王代建文而立乃是明朝王室即统治集团内部的斗争，但是以封建道德衡量，建文显然是正统，燕王无论如何难脱叛逆的嫌疑。因事涉忌讳，明代戏剧作品自然无法涉及，而这一题材却为清代剧作家们所热衷，《千忠录》《血影石》《无瑕璧》等剧作均取材于这一历史事件，空前一致地表彰忠于建文帝的臣子，在剧作中塑造了靖难忠臣的群像。其中，《千忠录》一剧与明清易代的兴亡之感颇有关涉，但与其他二剧一样，都以作者褒奖忠臣、宣扬忠义为创作的驱动力。在剧作家们的观念中，建文帝毫无疑问居于正统，忠于建文的臣子就是忠于正统，恪守封建正统观念、忠贞不二的"忠臣"，而他们正是剧作家这种政治见解在作品中的代言人。他们的行为被剧作家赋予了高度的政治理性精神和不容置疑的正义感，经过作家的凝炼、集中、夸张、放大，显得激情十足，气力千钧。李玉的《千忠录》不仅塑造了一系列忠臣的形象，而且力图呈现忠臣们前赴后继的抗争过程。这种处理方式一方面能揭示出忠臣抗争的群体特征,暗示封建正统观念早已深入人心,忠臣们的抗争代表着一种被广泛接受的、代表正义的政治理念的抗争;另一方面能展示这种抗争的艰难性、曲折性、残酷性,用忠臣们绵延不绝的牺牲来褒扬忠贞。在第八出《草诏》中,方孝孺形象的塑造尤其引人注目。作为建文忠臣,国破君亡的残酷现实令他痛苦不堪:"吾凄风带怨号,兀的这惨雾如云罩,痛杀那苍天含泪洒,望不见白日吐光照。"他眼见齐泰、黄子澄被斩首示众,盛赞他们"不负读圣书彝伦名教",远赛"渐离击筑""博浪槌敲""常山舌骂""豫让衣枭",认为他们死得其所。对于因行刺朱棣而被剥皮楦草、凌迟处死的景御史,他钦羡不已:"他、他、他好男儿义薄云霄,大忠臣命弃鸿毛。俺、俺、俺羡你个着绯衣行刺当朝,羡你个赤身躯剥皮楦草,羡你个闪灵英厉鬼咆哮。"他抱定玉石俱焚的信念,身着孝服,面斥朱棣,令其哑口无言;在朱棣淫威的逼迫下,他义正词严,拒绝草诏:"凭着你千言万语,俺甘受着万剐千刀。"大书朱棣篡逆之后,他慷慨赴死:"老妻呵,一任他死蓬蒿,儿孙呵,也顾不得宗枝杳。"意欲"拼却生抛,完却臣操",被敲牙割舌之后,血溅朱棣龙袍,最终被诛夷十族。他为了保持忠臣的节操,付出了惨重的代价!第十三出《双忠》中吴成学、牛景光声言:"汉朝纪信诳楚,高帝时韩成代死,都是臣子分内之事,何须齿及?"于是"剖破面皮、割下头颅",代建文、程济而死,此情此景与其称为壮烈,不若称为惨烈。

  在清代历史剧创作中,剧作家们似乎认为缺乏了这种血淋淋的殉节场景便不足以表现忠臣之忠,所以此类场景成为众多剧作竞相呈现的对象,而且血腥惨烈的程度不断升级,愈演愈烈,令人毛骨悚然。夏纶的《无瑕璧》同样以"靖难之役"为背景,而且一改《千忠录》以末扮燕王的角色设置,使用丑角扮演明成祖朱棣,表达自己对于叛逆的深恶痛绝,足见其观念之正统。在塑造铁铉这一忠臣形象时,作者同样对他与朱棣的冲突大加铺展,对其殉节的细节刻画入微。该剧第八出《烹铁》单就题目名称已足令人胆寒,在朝堂之上,铁铉始终背对朱棣,这是对其正统性的强烈否认,他一针见血地揭露了朱棣发动所谓"靖难之役"的虚伪嘴脸和其潜在的政治野心:"你道周公恐惧原非假,谁不晓王莽谦恭总未真,怎骗得万载千春?"实乃字字千钧的诛心之论。恼羞成怒的朱棣下令用惨无人道的酷刑折磨铁铉,他下令将铁铉耳鼻、双目割下,烹炙后使其自啖,而后推入油鼎。而铁铉则高呼:"生烹五鼎吾何恨,正气昭昭万古伸,一任油翻天惨昏,肉堕刀砧冤血喷,视死如归少泪痕。肯为家门恋子孙?但晓君恩迈等伦,矢报拼将骨作尘,自痛遭逢太苦辛。"直至死后仍不愿正面朱棣。此情此景在戏剧舞台上很难实现,即使侥幸实现也会因其血腥与恐怖使艺术效果大打折扣。然此病绝非夏纶独有,同时期的蒋士铨文采斐然,才情出众,多部剧作均有可观之处,而其一涉历史剧创作便因过度的"曲史"观念使剧作产生了头绪纷乱、主次混淆之病(《冬青树》尤为突出)。不仅如此,这样一位能写出《临川梦》如此清新之作的作家居然在历史剧《桂林霜》中将血腥的场景毫无保留地展示在剧作中。他为了褒扬马雄镇在"三藩之乱"时对清廷的忠贞,不避繁琐,细致刻画了满门殉节的场景。第十七出《完忠》特意设置了马雄镇亲睹一双幼子丧命,强忍悲痛,以幼子头颅掷叛军将领的细节,第十八出《殉烈》则详细描写了马门数名女眷依次投缳自尽的场面,在作者笔下,女眷们对死亡表现出超乎常人的镇定和冷静,甚至还有些许欣慰,这显然是作者艺术加工后的结果。然而这些场景的触目惊心之状和笼罩其中的恐怖气氛却难以驱散,大大冲淡了读者和观众对忠臣殉节行为的同情,甚至引起他们的质疑。

如果说清代历史剧将政治理性灌注于忠臣形象的塑造,缺乏创新,丧失活力,或者过犹不及,令历史剧的艺术成就大打折扣的话,那么当剧作家们把政治理性赋予远离庙堂的"小人物"们,让他们参与到政治斗争中时,一系列光彩夺目的人物形象,一幕幕感人肺腑的戏剧场景就出现了。《长生殿》中的乐工雷海青就是一个杰出的"小人物",他充当了剧作第二十八出《骂贼》的主角,而这场戏则显然充满了政治斗争的意味。正是这样一个在封建社会里地位低贱、供人消遣的俳优伶工,超越了血统高贵、衣冠楚楚的堂上诸公。他一出场就被作者赋予了清醒而坚定的政治态度：

【北仙吕·村里迓鼓】虽则俺乐工卑滥，硁硁愚暗，也不曾读书献策，登科及第，向鹓班高站。只这血性中，胸脯内，倒有些忠肝义胆。今日个睹了丧亡，遭了危难，值了变惨，不由人痛切齿，声吞恨衔。

【元和令】恨子恨泼腥膻莽将龙座洿，癞虾蟆妄想天鹅啖，生克擦直逼的个官家下殿走天南。你道怎胡行堪不堪？纵将他寝皮食肉也恨难剿。谁想那一班儿没掂三，歹心肠，贼狗男。

他虽然地位卑微，没有功名，但是却天生血性，怀着一副忠肝义胆，对亡国之痛，他深有感触，对异族入主，他痛恨不已，可见他有着鲜明的政治立场。这种理性的认识和坚持绝非其自云乃天性使然，而是作者使其代言的结果。同样是出于维护正统、反对叛逆的政治立场，他痛斥投敌叛国的无耻之徒：

【上马娇】平日价张着口将忠孝谈，到临危翻着脸把富贵贪。早一齐儿摇尾受新衔，把一个君亲仇敌当作恩人感。咱，只问你蒙面可羞惭？

不仅如此，作者还赋予了这个形象勇敢的承担精神和抗争精神，将政治立场转化为了现实的行动：

【胜葫芦】眼见的去做忠臣没个敢。雷海青呵，若不把一肩担，可不枉了戴发含牙人是俺。但得纲常无缺，须眉无愧，便九死也心甘。

他怒骂安禄山忘恩负义,"兽心假人面","窃神器,上逆皇天,少不得顷刻间尸横血溅"。并将琵琶掷向安禄山,展示了一个手无寸铁的伶工所能进行的最激烈抗争,令人钦佩。从雷海青被杀直至此出结尾,作者还不忘将这个形象再次升华:

(四伪官起介)杀得好,杀得好。一个乐工,思量做起忠臣来。难道我每吃太平宴的,倒差了不成!
【尾声】大家都是花花面,一个忠臣值甚钱。(笑介)雷海青,雷海青,毕竟你未戴乌纱识见浅!

作者通过伪官大言不惭的自我剖白,从反面说明雷海青才是真正的"忠臣",赞赏卑贱者("未戴乌纱")气节的高尚,批判高尚者("戴乌纱")灵魂的卑鄙。而这个形象和场景的设计显然是作者政治理性主导下的艺术创作使然。

在清代另一部杰出的历史剧《桃花扇》中,作者也塑造了一个出身低微却品格高尚的形象——李香君。无论从艺术还是思想角度分析,李香君的形象都大大超越了雷海青,这不仅因为她是女性,也不仅因为她充当了整部剧作的主角,更重要的是作者不但通过艺术虚构让她逐步参与到政治斗争之中,让她的命运与政治斗争密切关联,而且展示了其在政治斗争中不断成长的过程,塑造出一个富于主见、性情刚烈、见识不凡且颇有政治眼光的女性形象,这在中国古代历史剧创作中无疑是独一无二的。据侯方域《李姬传》记载,李香君"侠而慧,略知书,能辨别士大夫贤否",在剧作中,第七出《却奁》初次展示了李香君不同凡响的政治见识,当她得知侯方域梳拢自己的银两衣物来源于阉党阮大铖时,质问摇摆不定的侯方域:"官人是何说话,阮大铖趋附权奸,廉耻丧尽;妇人女子,无不唾骂。他人攻之,官人救之,官人自处于何等也?"表现出与阉党势不两立的政治立场,并进一步提醒侯方域不能因小失大,由于私情而丧失原则:

"官人之意，不过因他助俺妆奁，便要徇私废公；那知道这几件钗钏衣裙，原放不到我香君眼里。"并且毅然拔簪脱衣。"脱裙衫，穷不妨；布荆人，名自香。"体现出高洁的政治操守。第十二出《辞院》通过李香君催促侯方域逃难展示了李香君冷静的处事能力和刚烈的性格，为李香君直接参与反对阉党的政治斗争的可能性在性格和能力两个方面提供了依据。继第十七出《拒媒》之后，作者在第二十二出《守楼》集中表现了李香君与阉党的第一次激烈冲突，尽管这次冲突是侧面的，但李香君手握折扇，奋力守楼针对的绝不仅仅是对其爱情的维护，这种抗争包含着对以阉党为代表的黑暗势力的深切厌恶与不满，正如香君所说："阮、田同是魏党，阮家妆奁尚且不受，倒去跟着田仰么？"她宁可碰毁花容月貌，也不愿身堕阉党浊淖，她的以死相拼不仅表现了对爱情的忠贞，更划清了清浊之间的界线，体现了其斗争精神的决绝。第二十四出《骂筵》既是整部剧作的高潮，也是李香君斗争精神和政治理性集中体现的高潮。国难当前，马士英、阮大铖之流迫害正直人士，大权独揽，置国家利益于不顾，反而有闲情逸致征歌选舞。李香君眼中的奸党："赵文华陪着严嵩，抹粉脸席前趋奉；丑腔恶态，演出真《鸣凤》。"如此入木三分、一针见血之语，足见其非凡的政治眼光。"俺做个女祢衡，挝渔阳，声声骂，看他懂不懂。"更俨然"斗士"之语，李香君的斗争精神从中亦可见一斑。面对祸国殃民的大奸巨佞，李香君的满腔悲愤、胸中之气倾泻而下：

【五供养】堂堂列公，半边南朝，望你峥嵘。出身希贵宠，创业选声容，后庭花又添几种。把俺胡撮弄，对寒风雪海冰山，苦陪觞咏。

【玉交枝】东林伯仲，俺青楼皆知敬重。干儿义子从新用，绝不了魏家种。……冰肌雪肠原自同，铁心石腹何愁冻。……奴家已拼一死。吐不尽鹃血满胸，吐不尽鹃血满胸。

何等辛辣的讽刺！何等愤怒的斥责！何等卓越的见识！何等喷薄的气势！作者笔下的弱质女子在瞬间爆发出了如此强大的政治批判力量！李香君与阉党的斗争在此时达到了顶点，李香君这一特殊人物形象的塑造也就此完成。她具备了如此深刻的政治批判意识，如此强烈的斗争精神，如此清醒的政治见解。那么，我们也就不难理解，当她被张瑶星"国在那里，家在那里，君在那里，父在那里"之语当头棒喝之后，立即割断"花月情根"（第四十出《入道》）的描写绝非牵强突兀的生硬之笔了。在《桃花扇》中，除去李香君之外，作者让苏昆生、柳敬亭等下层人物都参与到了政治斗争之中，而且表现不俗，兹不赘述。

无论是对忠臣形象大力褒扬，还是对下层人物参与政治斗争的描写，都是清代历史剧作家们基于政治理性所采取的叙事策略，无论在艺术上成功抑或失败，他们与元、明两代的作家们拥有共同的思想根源，即牢不可破的封建伦理道德观念，因为他们笃信这是使国家长治久安、百姓安居乐业的法宝，他们不断呼唤这种观念在封建国家和封建君主身上的复归，他们在作品中一次又一次满怀痴情地编织着贤君臣忠、政治清明、国泰民安的幻梦……

第二节　青史山河总幻梦：历史理性的痛苦升华

与元、明两代的戏剧家一样，清代历史剧作家们对历史兴亡有着浓厚的兴趣，仍然延续了历史理性精神，在剧作中探讨王朝兴衰的原因，探究历史发展的规律和内在动因。但这一王朝的特殊性又造成了清代历史剧不同于前代的风貌，它使历史剧作家们对历史的理性思索具备了鲜明的时代特征（主要表现为对明朝亡国原因的探索）；而它作为中国最后一个封建王朝，花团锦簇的盛世之下渐露"末世光景"，敏感的历史剧作家们在对历史的理性思索和对历史兴亡的浩叹中隐约传达了封建社会走向必然破败的声音。

明末清初的知识分子遭逢国变，老大帝国的瞬间灰飞烟灭，中原的迅速沦亡，造成了他们内心极度的痛苦，也强烈地刺激着他们反思历史的意识，而中国数千年的封建进程中无数王朝的兴亡也促使思想家们对国家兴亡的认识上升到了更高的层次。黄宗羲、王夫之、顾炎武等一大批经历易代的学者在反思历史，总结封建社会盛衰经验方面都达到了相当的理论深度，其中不但不乏精辟的论断，而且萌发了可贵的民主思想。历史剧作家们作为知识分子阶层的一部分，将他们对于国家兴亡的理性认识融入了剧作之中，通过对前代王朝兴亡的描写总结历史经验教训，寻找历史兴亡的根源和动因，"为末世之一救"。

清初苏州派作家张大复的《如是观》虽然以南宋忠臣岳飞为主角，描写他的抗金事迹，但是对北宋王朝的灭亡却表现出浓厚的兴趣，他使用了大量笔墨描写徽、钦二帝遭逢国变前后思想的转变过程，通过他们颠沛流离之后的自我反省总结北宋灭亡的原因。在上卷十五出的篇幅中，第二、三、四、六、十一、十四出等将近一半详细记录了北宋灭亡的始末，这固然是为岳飞的军事斗争构筑历史背景，但作者总结北宋灭亡教训的深意是显而易见的。第二出钦宗的出场便暴露了王朝统治的腐朽，皇帝沾沾自喜为"太平天子"，沉醉于"珠歌翠舞，月夜花朝"，"秉烛夜游，金樽频倒"。其父徽宗则自称"道君皇帝"，佞信道教，大兴土木，搜集奇珍异宝，宠信蔡京、童贯等奸臣。当边庭急奏传来时，钦宗则天真而自负地认为："自古天生德于予，金人其如予何？"作者用王朝自上而下的腐化堕落和盲目乐观为随后的瞬间败亡埋下了伏笔。第三出作者借金国探子之口指出宋王朝的一系列致命缺陷：军事方面，"关津无备，将怠兵残"；吏治方面，官吏们"为着花魔酒债，子幼妻娇，美得个武怠文疏"，皆是"逸利名徒，甘受着皇家俸禄"；统治者方面，"宋官家终日沉迷酒色"，置百姓疾苦于度外，"不知野外有饥寒苦，满道上短叹长吁几多"。而以兀尤为代表的金国统治者则雄心勃勃，虎视眈眈。这两出显然是作者对北宋灭亡原因的理性总结。第四出金军进逼汴京，徽、钦二宗被迫赴金营议和，先后被扣留，"如釜中之鱼，几上之肉"，任人欺侮。第六出作者详细描写徽、钦二帝在金营受到种种侮辱，忠臣李若水一怒之下以身殉主。第十一出写徽、钦二帝被发五国城，历经风霜颠沛，觅一碗糖水而不得，太后、皇后难忍屈辱，自杀殉节。第十四出作者设置了雪夜冷冷清清的破庙这一特殊场景，使徽、钦二帝处于其中，惨惨戚戚地哀叹"受饥寒，凄凉影子，叹黄昏古庙受风雪"。而此时野老进食刚好触发了钦宗和徽宗的悔意：

> 咳，我赵桓今日知罪也，【古仑台】悔不迭，穷奢极欲向时节，蔡京童头（贯），你这般奸贼呵，（叹）我一时信任奸谋设，无明无夜，令得四海兵荒，累得个腥膻郊野。……（外）林灵素先生，你此时也该来救我一救，（叹）秘授符章，罗天醮设，飞升鸾鹤杳然绝……百僚溃散，妻奴不保，苍生流血，江东父老见红颜……

作者相信经历了国破家亡打击后的君主会对王朝的覆亡有深刻的反思，于是他笔下的二帝对往日的骄奢淫逸痛悔不已，对自己宠信奸邪的昏聩和沉迷宗教的荒唐认真反省，对自己为人民带来的伤害深深自责。或许正因为他们的悔意，作者一改二人老死金国的悲惨下场，最终让岳飞迎还二圣，这种结局的设置主要出于作者为岳飞补恨的目的，却恰与洪昇"一悔能教万孽清"的观念不谋而合。

《如是观》《天宝曲史》等作品尽管对王朝兴亡的原因进行了认真的探索，但与明代相比，都没有获得一种超越，而仅仅是对明代类似观念或者结论的叠加与重复。他们往往将王朝的衰亡或者归结于君主的昏庸，或者归结于臣子的奸邪，或者归结为忠义之士远离庙堂，他们无法透过这些陈陈相因的表层原因找到症结的所在，也无法用一种凝练了的哲学化的观念来将他们对历史的理性认知加以升华，而始终停留在"就事论事"的层面，堕入对某一朝代衰亡原因的琐屑排列。《芝龛记》堪称清代历史剧的大制作，但是作者"修前史，昭特笔"（首出《开宗》【双调词·庆清朝】）的创作观念使得这部剧作将明万历、天启、崇祯三代的史实大加铺排，唯恐有所疏漏，导致剧作俨然一部史书，蜗寄居士评其："叙事处千丝万缕，各及毫末，靡不周到，且行文井井，笔致珊珊，真良史也！"但其"意在一人不遗，未免失之琐碎，演者或病之焉"[1]。对戏剧创作而言，线索纷繁，人物众多，细大不捐，恰是大病。在长达六十出的篇幅中自然不乏作者对重大历史事件与历史人物的评价与看法，其细致、深入的程度自然非一般历史剧可比，但是终难免琐碎枯燥、重复叠加之病，令人难以卒读。作者的存史之心固然无可厚非，其付出的创作努力也绝非寻常，但其艺术上的失败实在令人惋惜。

相比较而言，《南阳乐》传奇乃是一种明确的政治理念指导下的创作，即对封建国家正统继承人的严格维护（正统在作者观念中同时代表着仁义与忠诚），对乱臣贼子的批判和打击（乱臣贼子在作者观念中同时代表着暴虐与奸诈）。作者用自己这种对于历史兴亡的理性认知设置故事情节，改造故事结局，使正统在剧中复归本位。三国时期以正统自我标榜的蜀汉政权最终为魏所灭，司马氏建晋统一天下。蜀相诸葛亮病逝五丈原，统一大业烟消云散，北地王刘谌不满其父屈膝投降，自刎殉国。作者不满于这种历史事实，他认为蜀汉既为正统，理应统一天下；刘谌"忠孝两全，群黎爱戴，实足膺图嗣统"；诸葛亮为一代贤相，理应天假以年完成统一大业。作者强调了蜀汉融正统、仁君、贤相于一体，应当为天下之主。因此他让玉帝作为自己政治理念的代言人："兴废虽由天数，予夺亦顺人情，朕岂可固执三分之局，有拂四海之心，为此特沛殊恩，重兴汉祚，要使诸葛亮肤功克奏，北地王大宝诞登，俾天下后世，人人称快，才补得乾坤缺憾也。"在剧作中，作者将历史细节一一更改，从而将历史遗

---

[1] 李调元：《雨村曲话》，载中国戏曲研究院编《中国古典戏曲论著集成》（八），中国戏剧出版社1959年版，第27页。

恨——弥补。其《丹拯》《星瑞》《遣将》诸出是对正统力量的正面维护；而《擒懿》《丕执》《掘冢》《权降》《逮逆》《献俘》诸出则是对乱臣贼子力量的打击。二者的结合使正统复归本位，统一天下。此剧独特的创作方法可以作为作者历史理性精神的最好诠释。当然，个人对历史的理性认知永远不能代替历史，也无法左右事实和事件发展的方向，夏纶所持的这种政治观念尽管出于理性，尽管被掌握政权的封建统治者一再吹捧，却早已被数千年封建社会的现实所否认，成王败寇，尔虞我诈，生灵涂炭，阴谋杀戮，写满了封建王朝的兴衰史。恶战胜善、奸诈战胜仁义、强权战胜公理、武力战胜民心的悲剧在中国封建社会的历史进程中也一再上演，其中的"遗恨"岂是一两部剧作能够补完？梦呓般的文字又岂能改变冰冷的历史？

当作者的历史理性精神摆脱了"个人恩怨梦魇般的纠缠，超逸传统的道德规范和伦理准则，发扬终极的人类关怀和社会良心，才能对家国兴亡的历史进行真正的哲学思考"[1]。清代与杨玉环、李隆基爱情及安史之乱题材有密切关联的剧作主要有孙郁的《天宝曲史》、洪昇的《长生殿》及阙名的《重重喜》[2]，为何《长生殿》能超越其他两部剧作，在传统题材的创作上取得如此重大的成就呢？这与洪昇赋予传统题材哲学层面的思考和融入其中的时代感受有重要关联。这种哲学思考是通过"至情"理想在爱情和政治活动中的双重展示得以进行的，这种思考跨越了朝代的界限，不但沟通了唐代与清代，甚至贯穿于整个封建社会的历史。他还将自己切身体会到的时代感受忠实地在剧作中加以表达，引起了读者和观众的共鸣。两者的交织和融合使这部剧作具有了丰富的思想内蕴。爱情与政治在"至情"理想上的沟通，在情节展开过程中的血脉相通，更使这部历史剧呈现出一种独特的审美风貌，余韵悠长，耐人寻味。

---

[1] 郭英德：《明清传奇史》，江苏古籍出版社2001年版，第429页。
[2] 阙名：《重重喜传奇》，《古本戏曲丛刊三集》，文学古籍刊行社1957年版，影印旧抄本。后文凡引自此本者不再一一出注。

洪昇在《长生殿》第一出《传概》中对他所指的"情"作了这样一番描述：

【满江红】今古情场，问谁个真心到底？但果有精诚不散，终成连理。万里何愁南共北，两心那论生和死。笑人间儿女怅缘悭，无情耳。感金石，回天地。昭白日，垂青史。看臣忠子孝，总由情至。先圣不曾删《郑》《卫》，吾侪取义翻宫徵。借太真外传谱新词，情而已。

在洪昇观念中，"真心到底""精诚不散"的"情"才能被称为"至情"，这从实质上提出了"至情"必须要具备两个条件：一要真诚，发自内心需求，排斥虚伪与外力强迫；二要深沉持久，经得住种种考验，排斥朝秦暮楚和轻浮浅薄。

具备了这两个特征的"至情"甚至可以冲破地域和生死的阻隔，具有"感金石，回天地"的神奇力量。在洪昇的心目中，只有这种力量巨大的"至情"才足以维持封建伦常纲纪，才是保持封建国家长治久安的法宝。他对"至情"的特征和力量极力渲染，但对于"情"的内涵却没有给出一个确切的解释，我们可以肯定的是这种"至情"在洪昇看来足以囊括儿女之情、忠臣孝子之情，但前提是不能违背"先圣不曾删《郑》《卫》"的儒家大义。这是洪昇为所谓的"至情"自觉添加的伦理枷锁，它固然使得《长生殿》中的杨、李爱情更多地表现为夫妻伦理之情，但对于"忠"和"孝"这两个本身归属于伦理范畴的概念而言，却可以披上"至情"的华丽外衣在历史剧的舞台上翩翩起舞了。

于是，在洪昇的笔下，不仅有杨玉环和李隆基的爱情在现实中毁灭，因其"至情"特征得以在天界重圆的情节，又有国家在"无情"的奸臣叛将打击下走向混乱衰败，因"至情"的忠臣良将力挽狂澜走向安定复兴的情节。作者的历史理性精神是分明的，正是有了这种理性精神，才有《贿权》(第三出)、《权哄》(第十三出)、《合围》(第十七出)、《侦报》(第二十出）、《陷关》（第二十三出）对杨国忠、安禄山这帮乱臣贼子"无情无义"的强烈批判；正是有了这种理性精神，才有《禊游》（第五出）、《疑谶》（第十出）、《进果》（第十五出）、《献饭》（第二十六出）对杨氏"兄弟姐妹，挟势弄权"、骄奢淫逸的深刻揭露；正是有了这种理性精神，才有《骂贼》（第二十八出）、《剿寇》（第三十一出）、《收京》（第三十五出）中心怀君王国家的"至情"忠臣们舍身骂贼、奋勇平叛的感人场景。

既然洪昇出于高度理性的观念，阐发了"至情"对于封建社会中男女之情和国家兴亡巨大的维系作用，他就要费尽心机地在剧作中为自己的这种理想寻找完满的结局，以证明其合理性。作者找到了"情悔"，让它充当缺陷向完满转化的契机。他的拳拳之心是展示"乐极哀来"的痛苦，他的目的是"垂戒来世"，他不仅要给封建社会中包括统治者在内的人们敲响警钟，他更试图以儒者"嘉其败而能悔"的博大胸怀热切地希望"逞侈心而穷人欲，祸败随之"的人们能"深悔"。因为在他的观念中，"一悔能教万孽清"，这种悔恨之情之所以能够消除万孽，是因为它体现着主体对"至情"的坚守和回归。《情悔》一出，是作者这一观念的集中体现，杨玉环"一点那痴情，爱河沉未醒"，她对爱情的执着坚守赢得了上天的同情，这实质上是对"至情"理想在爱情层面的坚守；她认识到自己"在生所为，那一桩不是罪案。况且弟兄姊妹，挟势弄权，罪恶滔天，总皆由我"，痛悔之情溢于言表，可以"感动天庭"，这种深切的忏悔实质上表达了向政治层面的"至情"理想复归的倾向。这两者的结合成为杨玉环和李隆基爱情从破灭向重圆转化的重要契机，同时也是洪昇"至情"理想在统治者身上一定程度的实现，能够促成"至情"理想的完满。

洪昇将《长生殿》定位为"言情之文"（《自序》），"借太真外传谱新词，情而已"，而且将主要的精力和审美的焦点置于杨、李爱情的发展变化之上，就剧作的情节重心分布而言，描写爱情的篇幅也大大超过了对政治斗争和历史兴亡的描写。历史理性精神指导下对历史兴亡的描摹，提供了杨、李爱情展开的"实际形态"[1]，在展开杨、李爱情的过程中，洪昇的眼光始终无法摆脱现实的政治斗争和王朝兴亡，这固然与题材本身密切相关，但更主要的是洪昇高度自觉的历史理性精神和敏锐的艺术家眼光将他不断地引向清初的社会现实。在剧作中，我们分明可以窥见洪昇对现实的高度关注和对于某种具有鲜明时代色彩情绪的抒发（如雷海青《骂贼》一出"恨子恨泼腥膻莽将龙座淳"等语言都带有一定情绪，这可能与明清易代的特殊政治形势相关），但洪昇的眼光没有如此局限和狭隘。他的"至情"理想面向的不是唐、清这一两个封建王朝，他面向的是整个中国整个封建社会的进程，他用一种跨越时空的眼光，"发扬终极的人类关怀和社会良心"，为他所处的社会寻找希望。

但寻找的结果，并不尽如人意，洪昇在事实上不得不痛苦地击碎自己的"至情"幻梦。杨、李爱情在现实中的遭遇和在虚空中的重圆实质昭示了"情缘总归虚幻"，"至情"理想的一半已经破灭，那它的另一半命运又会如何呢？洪昇在剧中描写了忠臣孝子努力之下王朝的复兴，但面对数千年王朝不断更迭的现实，感受着明清易代残存的历史气息，他又不得不陷入了深深的迷茫和怀疑之中。他唯恐自己的"至情"幻梦被唤醒，但这种令他自己都无法释然的迷茫和怀疑最终唤醒了他的美梦。梦醒了，却无路可走的洪昇只能用一声沉重的叹息来为他对历史的理性反思和自己构筑的"至情"之梦草草结尾："唱不尽兴亡梦幻，弹不尽悲伤感叹，大古里凄凉满眼对江山。我只待拨繁弦传幽怨，翻别调写愁烦，慢慢的把天宝当年遗事弹。"（第三十八出《弹词》【转调货郎儿】）他对杨、李爱情悲剧的成功描写使得这声浩叹愈加沉重绵渺，"兴亡梦幻""悲伤感叹""凄凉满眼"，在中国封建社会的黄昏时分，洪昇率先向我们传达了这样一种莫名的感伤情绪，展示了历史剧非凡的艺术魅力。

但是再浓厚的历史兴亡感毕竟也没有对历史兴亡的深刻反思和痛切

---

[1] 余秋雨：《中国戏剧文化史述》，湖南人民出版社1985年版，第424页。

感受来得深沉。孔尚任的《桃花扇》明确标举反思历史、惩创人心的目的，详细描写南明兴亡史末，"场上歌舞，局外指点，知三百年之基业，隳于何人？败于何事？消于何年？歇于何地？不独令观者感慨涕零，亦可惩创人心，为末世之一救矣"（《〈桃花扇〉小引》）。正是基于这种目的，孔尚任广泛阅读史料笔记，采访遗老，获取创作材料，"朝政得失，文人聚散，皆确考时地，全无假借。至于儿女钟情，宾客解嘲，虽稍有点染，亦非乌有子虚之比"（《〈桃花扇〉凡例》）。以严肃的创作态度再现重大历史事件，塑造历史人物，在剧作中阐述自己对南明灭亡的理性认识。为了突出剧作的历史真实感，他作《〈桃花扇〉考据》，展示自己依据的历史文献；在每出之前，开创性地标明事件发生的具体时间，在剧中交代地点，使剧作呈现出"现场实录"的艺术效果，大大增强了读者和观众对剧作内容的信赖感。

"结构第一"是明清以来戏剧家们在创作实践基础上达成的共识，《〈旗亭记〉凡例》云："传奇之难，不难于填词，而难于结构。"孔尚任在《桃花扇》中独运匠心，在整体上设置了一种独特的套式双重结构，大大深化了这部剧作反思历史的理性精神。双重结构是指"以侯、李离合为表，以南朝兴亡为里来描述历史故事的双重叙事结构"[1]。而所谓的"套式"是指作者在全剧正文四十出之外，在上下两本的首尾分别加上了两出戏，上本开头试一出《先声》（以老赞礼为主角），末尾闰一出《闲话》（以张瑶星为主角），下本开头加一出《孤吟》（以老赞礼为主角），末尾续一出《余韵》（以苏昆生、柳敬亭、老赞礼为主角），"套装上以历史见证人老赞礼等为主角，抒发兴亡之感的抒情结构，作为'全本四十出之始终条理'"[2]。使整个剧作的客观叙事结构被切割成为两段，分别包容于主观抒情结构之中，前段为"（试一出）—（一至二十出）—（闰二十出）"，后

---

[1]郭英德：《明清传奇戏曲文体研究》，商务印书馆2004年版，第335页。
[2]郭英德：《明清传奇戏曲文体研究》，商务印书馆2004年版，第335页。

段为"(加二十一出)—(二十一至四十出)—(续四十出)",而上下两本又分别形成了首尾包裹的特殊形态。[1]

所谓的双重结构,实质就是对"借离合之情,写兴亡之感"这一创作方法的成功实践。孔尚任自云:"每出脉络联贯,不可更移,不可减少。非如旧剧,东拽西牵,便凑一出。"(《〈桃花扇〉凡例》)儿女之情与政治斗争、历史兴亡的配合浑然一体,极少矫揉造作的痕迹。尤为出色的是,孔尚任选取了处于政治中心之外的"小人物",一个普通士子,一个风尘女子,要把他们作为一部宏大历史剧的线索人物,需要出色的创作才能。作者通过李香君和侯方域的悲欢离合,将南明的历史舞台上错综复杂的矛盾和激烈的政治斗争贯串起来,党社之争、军阀割据、权奸祸国、君昏臣庸的一幕幕鲜活的历史被呈现在我们眼前。

作品从第一出《听稗》到第六出《眠香》写侯、李二人从相识到结合的过程,其中穿插了包括男主人公侯方域在内的复社文人与阉党余孽阮大铖的斗争,一方面将侯、李二人与政治斗争建立初步联系,另一方面又埋下了政治斗争毁灭爱情的伏笔。

第七出《却奁》到第十二出《辞院》为侯、李的爱情涂抹了更加浓厚的政治色彩,女主人公李香君的却奁之举标志着侯、李二人与阉党即将展开正面冲突,他们的爱情愈加岌岌可危。左良玉率军东下(第九出《抚兵》)、侯方域修书劝阻(第十出《修札》)、柳敬亭辕门投书(第十一出《投辕》)等政治事件,在初步暴露明末军阀之间矛盾的同时,致使阮大铖有机可乘,陷害侯方域,侯、李二人不得不由合而离。

第十三出《哭主》到第十六出《设朝》纯写南明政治斗争,《哭主》交代崇祯自尽的历史背景引出拥立之事,马士英与部分军阀置史可法、侯方域等人的建议和国家利益于不顾,相互勾结,拥立了昏庸的福王,昭示了南明迅速败亡的必然命运。

---

[1] 参见许建中《明清传奇结构研究》,中州古籍出版社1999年版,第141页。

第十七出《拒媒》到第三十出《归山》，生旦仍处于分离状态，但各领一线，牵连着政治斗争。李香君一线主要通过权奸阉党对李香君的报复和迫害，揭示南明王朝政治的腐朽和黑暗（第二十一出《媚座》、第二十五出《选优》），其中《守楼》（第二十二出）和《骂筵》（第二十四出）分别是李香君维护爱情和参与政治斗争两方面的高潮，基本完成了这一形象的塑造。侯方域一线则通过其与史可法对江北四镇军阀内讧的调停，揭示了南明军事力量的自我消耗（第十八出《争位》、第十九出《和战》、第二十出《移防》等）；又展示了朝廷内部马、阮等人大兴党狱，迫害正直之士，自毁长城的罪行（第二十九出《逮社》、第三十出《归山》）。苏昆生与侯方域乱中相遇又为侯、李重逢暗伏针线（第二十七出《逢舟》）。

　　第三十一出《草檄》到第四十出《入道》描写内部矛盾重重的南明王朝在内斗与外患的双重打击下走向覆亡。侯、李二人则在南明覆亡之际重逢，由离而合。左良玉兵发南京（第三十一出《草檄》），马、阮恐惧，不顾清兵南下，慌忙调三镇阻挡（第三十二出《拜坛》、第三十四出《截矶》），史可法独力难支，沉江殉国（第三十五出《誓师》、第三十八出《沉江》）。弘光逃窜，被军阀所擒，当作"宝贝"献与清廷，下场可耻（第三十七出《劫宝》），马、阮亦遭天谴而死（第四十出《入道》）。侯、李二人历经磨难，道观相逢，本待再续前缘，却被张瑶星当头棒喝，双双入道（第四十出《入道》）。

　　从对这种双重结构的分析可见，作者基本将侯、李之情与政治斗争一一对应，相互生发，彼此交织，不见斧凿痕迹，以儿女之情为线索，展示了广阔的历史空间和风云诡谲的政治斗争，很好地回答了"三百年之基业，隳于何人？败于何事？消于何年？歇于何地"的一系列疑问，展示了离合之情服务于作品、反思历史的创作目的。但总体而言，后半部分二者的结合，不如前半部分紧密，这主要是由于剧作后半部分"主要场面都让出来演绎历史，推进剧情了，生旦的离合之情被淹没于紧张复杂的兴亡故事之中，兴亡之感不是通过'借'离合之情，而是在剧情展开过程中相当独立地抒发的"[1]。

　　所谓的"套式"结构，焦点就在于作者为剧作特意加上四出戏，这四出戏的内容主要是抒发兴亡之感，而人物的设置又打破了时空限制，沟通了戏剧与现实，使这种兴亡之感分外悠长真实，感动人心。试一出《先声》写"康熙甲子八月"之事，令年已九十七岁，阅尽兴亡的老赞礼出场，指出作品主要内容乃"明朝末年南京近事"，"实事实人，有凭有据"，"不但耳闻，皆曾眼见"。而且自云被"拉上了排场，做了一个副末脚色"，因剧作"哭一回，笑一回，怒一回，骂一回"。这个脚色的设置在沟通历史与现实的同时，也打破了舞台与观众的隔阂，使读者和观众一方面明白这是戏，是艺术创造；另一方面又不得不因为剧中脚色的自我表白而产生真实之感，从而对作品展示的历史内容产生兴趣，在老赞礼的引导下一起品味兴亡，歌哭笑骂。闰二十出《闲话》写"甲申七月"之事，张瑶星用大段言语追述明亡前后北京发生的重大历史事件，这一方面是对整部剧作历史内容的补充说明，另一方面则是为抒发"亡国之痛"和"兴亡之感"提供事实依据。本出哭奠崇祯，夜梦帝后及殉难忠臣等描写就是"兴亡之感"的一种表达方式。紧随其后的加二十一出《孤吟》迅速实现了时空转换，将剧作的历史内容突然停止，又回到清代康熙甲子八月，老赞礼再次出场，表达作为"剧中人"的他对剧作的感受："演的快意，演的伤心，无端笑哈哈，不觉泪纷纷。"这分明是与老赞礼一样的"故臣遗老"，"掩袂独坐"者所应有的痛切感受，"当年真是戏，今日戏如真"。剧作内容深深触动了这些"两度旁观者"内心的痛楚，他们禁不住发出了对历史兴亡的一声叹息：

　　【前腔】（换头）望春不见春，想汉宫图画，风飘灰烬。棋枰客散，黑白胜负难分；南朝古寺王谢坟，江上残山花柳阵。人不见，烟已

---

[1] 许建中：《明清传奇结构研究》，中州古籍出版社1999年版，第149页。

昏，击筑弹铗与谁论。黄尘变，红日滚，一篇诗话易沉沦。

但这仅仅是孔尚任"兴亡之感"的一层微澜，梁廷枏《曲话》云："《桃花扇》以《余韵》折作结，曲终人杳，江上峰青，留有余不尽之意于烟波缥缈间，脱尽团圆俗套。"[1] 在续四十出《余韵》中，作者才将积聚满胸、无处倾吐的"兴亡之感"尽情发泄出来。顺治戊子九月，南明王朝早已覆亡三载，苏昆生、柳敬亭均隐居深山，以打鱼砍樵为生，日日歌唱，"好不快活"，但这只是一种表象，他们内心的亡国之痛、"兴亡之感"一经触发，便不可收拾了。他们与老赞礼的相逢，是饱经易代沧桑后的相逢，他们有着共同的人生体验，所以他们的吟唱也有着潜在的共鸣。老赞礼所唱【问苍天】叹息着"地难填，天难补，造化如斯"的无奈。柳敬亭的【秣陵秋】以苍凉的曲调唱出南明"琼花劫到雕栏损，玉树歌终画殿凉"的衰亡颓丧。苏昆生的【哀江南】更是重游南京之后，"一路伤心"的产物，曾经作为南明故都的南京何等繁华，而今却满目凄凉：

【哀江南】【北新水令】山松野草带花挑，猛抬头秣陵重到。残军留废垒，瘦马卧空壕；村郭萧条，城对着夕阳道。

【驻马听】野火频烧，护墓长楸多半焦。山羊群跑，守陵阿监几时逃。鸽翎蝠粪满堂抛，枯枝败叶当阶罩；谁祭扫，牧儿打碎龙碑帽。

【沉醉东风】横白玉八根柱倒，堕红泥半堵墙高，碎琉璃瓦片多，烂翡翠窗棂少，舞丹墀燕雀常朝，直入宫门一路蒿，住几个乞儿饿莩。

【折桂令】问秦淮旧日窗寮，破纸迎风，坏槛当潮，目断魂消。

---

[1] 梁廷枏：《曲话》，中国戏曲研究院编《中国古典戏曲论著集成》(八)，中国戏剧出版社1959年版，第271页。

当年粉黛，何处笙箫。罢灯船端阳不闹，收酒旗重九无聊。白鸟飘飘，绿水滔滔，嫩黄花有些蝶飞，新红叶无个人瞧。

今昔之间的强烈反差，繁华与衰败的强烈对比，怎能不刺痛这些人的心灵？怎能不惹出他们的眼泪？怎能不引发他们痛苦的思索？历史兴亡的浩叹终于化作直下千尺的九天飞瀑，发出了惊心动魄的轰鸣。

【离亭宴带歇指煞】俺曾见金陵玉殿莺啼晓，秦淮水榭花开早，谁知道容易冰消。眼看他起朱楼，眼看他宴宾客，眼看他楼塌了。这青苔碧瓦堆，俺曾睡风流觉，将五十年兴亡看饱。那乌衣巷不姓王，莫愁湖鬼夜哭，凤凰台栖枭鸟。残山梦最真，旧境丢难掉，不信这舆图换稿。诌一套【哀江南】，放悲声唱到老。

但是，"苏昆生的悲歌，不仅是对回光返照的南明王朝的凭吊，不仅是对三百年大明江山一旦覆亡的伤感，也不仅是对瞬息万变的历史兴亡的慨叹"[1]。如同侯、李二人双双入道，爱情不可挽回地走向毁灭一样，孔尚任在这里仍要表达一种"深沉的破灭感"，因为他的这种感觉是超脱了民族和国家的限制，摆脱了个人的恩怨和封建伦理的束缚，发扬了终极的人类关怀和社会良心之后得出的结论，他要忠实地传达这种经历了历史理性之火锤炼后的真实体验，这种体验的核心内容就是对"封建末世的刻骨铭心的感受，对封建社会急剧下沉趋势的无可奈何的叹息"[2]。但这绝非孔尚任创作《桃花扇》的初心所愿，他和洪昇一样，对他们所处的社会有着深深的"痴情"，正是这种"痴情"激励着他们理性地反思历史，试图从中寻求疗救封建社会弊病的良药，维持封建社会的健康发展。但事与愿违的

---

[1] 郭英德：《明清传奇史》，江苏古籍出版社2001年版，第483页。
[2] 郭英德：《明清传奇史》，江苏古籍出版社2001年版，第481页。

是，处于封建末世的他们恰恰由于艺术家的敏锐和理性患上了"千古无人医得"的"伤心之病"(《帝女花》第十六出《医穷》)，病根则是痴情终归幻梦的残酷现实。

第三节　成败兴亡皆擅场：艺术技巧的丰富精工

传奇这一体裁发展到清代，艺术上已经高度成熟，积累了丰富的艺术技巧，这些技巧对历史剧创作而言，同样是非常宝贵的财富。清代的历史剧作家们对它们认真加以体会，进行消化吸收，并在创作中加以运用，使历史剧作品呈现出多姿多彩的审美风格。

首先，清代历史剧作家们十分重视剧作中"物线"的运用。"物线"的运用不但可以充当剧作中男女主人公的信物，串联起人物的悲欢离合，还可以起到引起矛盾冲突、连贯故事情节的作用。早在明代历史剧《浣纱记》中，作者就用西施和范蠡定情的一缕白纱书写了二人的悲欢离合，在清代历史剧中，"物线"的运用成为一种比较普遍的现象，如《秣陵春》中的于阗玉杯、宜官宝镜、钟王墨迹和烧槽琵琶，《血影石》中血泪滴成的血影石，《合剑记》中的腾空、画影二剑，《长生殿》中杨贵妃和李隆基定情的金钗钿盒，《桃花扇》中见证侯方域、李香君爱情的桃花扇，《无瑕璧》中铁铉分赠儿女的一双白璧，等等。此外，还有一些物品，虽然未贯穿始终，却是推进情节极为关键的道具，如《千忠录》中建文帝逃出皇宫前打开的遗箧（由太祖朱元璋事先安置于奉先殿，内放僧衣、僧帽、僧鞋、剃刀等物）、《虎口余生》中崇祯皇帝看到的铁冠道人留下的暗示明朝命运的图画（朱元璋洪武十三年手封），这些具有神秘气息的道具一方面体现了宿命论观点，另一方面增加了作品的传奇色彩。

不同的作家对于物线运用的能力存在差别，有些物线的设置甚至成为累赘，似无必要，但有些物线的运用是十分出色的，其中最为人称道者当属桃花扇。孔尚任本人对这个物线的使用也颇为自负："剧名《桃花扇》，则桃花扇譬则珠也，作《桃花扇》之笔譬则龙也。穿云入雾，或正或侧，而龙睛龙爪，总不离乎珠；观者当用巨眼。"（《〈桃花扇〉凡例》）他提示我们全剧情节基本围绕桃花扇展开，经过对作品的分析，我们会发现这个物线不仅仅串起了侯、李二人的爱情，也串起了整个南明王朝的兴亡，而且具有了象征意蕴。

　　桃花扇这一物线的特点还表现为它自身存在的一个变化过程，其前身是一把白纱宫扇，侯、李定情之时，侯方域为李香君题诗扇头（第七出《却奁》）；在阉党逼迫下，杨龙友等人强拉李香君嫁给魏党田仰，香君挥扇如剑，防身自卫，撞头毁容，血溅诗扇，宫扇沾染了香君反抗的鲜血（第二十二出《守楼》）；香君抗婚负伤，独守空楼，杨龙友、苏昆生去探望时发现了被鲜血沾染的宫扇，遂取草汁为绿色，将鲜艳的血痕加以点缀成为数枝桃花，宫扇变成了一把名副其实的桃花扇，李香君对扇自怜，慨叹"桃花薄命，扇底飘零"；为与侯方域团聚，她将包含了自己"千愁万苦"的桃花扇权当书信，嘱托苏昆生寄与侯方域（第二十三出《寄扇》）；苏昆生携桃花扇寻找侯方域，与其偶遇舟中，遂出扇相示，侯方域得扇感动不已（第二十七出《逢舟》）；方域得扇，急赴南京寻找李香君不遇，出扇玩赏，将二人悲欢始末告诉了暂寓香君故居的蓝瑛（第二十八出《题画》）；侯方域和李香君乱后重逢于白云庵，欣喜之余，出扇共观，却被张瑶星撕裂掷地。在张瑶星的喝斥点化之下，二人斩断花月情根，双双入道（第四十出《入道》）。由此可见，从爱情角度来说，白宫扇经历了题诗、血污、点染之后才成为了"桃花扇"，这一变化展现了侯、李二人由合而离的过程；桃花扇被寄、被撕裂的变化则描写侯、李二人由离到合，又迅速由合到离的过程。由于他们的爱情与南明兴亡密切相关，那么桃花扇作为爱情的见证同时也就见证了南明的兴亡，所以它被"赋予了特殊的理想的象征意蕴，'桃花薄命，扇底飘零'，这本身就给理想带上悲伤情调；而李香君的桃花扇却是'美人之血痕'点染成的，这就染上了悲壮的色彩；最后张道士裂扇掷地，隐寓地透露出理想的破灭。于是，'南朝兴亡，遂系之桃花扇底'"[1]。"桃花扇底送南朝"的诗句常常被人们吟咏，则说明这一物线的运用还为这部严肃的历史剧提供了不少诗意的成分。

此外，《长生殿》中金钗钿盒的运用也较有特色。《定情》一出，李隆基赐杨贵妃金钗钿盒定情，"惟愿取情似坚金，钗不单分盒永完"，标志着二人爱情的初步确定，但"钗不单分盒永完"之语却暗伏了钗分盒缺的危机。第二十五出《埋玉》中杨玉环被逼自缢马嵬坡，高力士遵其遗愿，将金钗钿盒殉葬，为杨玉环日后分钗劈盒作证暗埋伏笔。第三十出《情悔》乃是全剧情节转化的一大关键，金钗钿盒作为杨、李二人定情之物，此时被杨玉环把玩，成为杨氏表达悔恨之情、深刻忏悔的触媒。第三十七出《尸解》，杨玉环得天孙相助，尸解飞升之时，随身紧守金钗钿盒，唯恐丢失爱情信物。第四十出《仙忆》，升仙后的杨玉环再出钗盒，痛惜"金钗钿盒情犹在，早难道地久天长盟竟寒"，热切期盼"缘重续，人重会，两下诉愁烦"。第四十七出《补恨》杨玉环于织女面前出钗盒，表白自己与李隆基的深情："位纵在神仙列，梦不离唐宫阙。千回万转情难灭。"令织女深受感动。第四十八出《寄情》杨玉环将钗分一股，盒劈一扇，付杨通幽寄予李隆基以为信物。第四十九出《得信》李隆基得见钗盒，爱不释手。第五十出《重圆》杨、李二人于月宫相见，各出钗盒，使"同心钿盒今再联，双飞重对钗头燕"，爱情得以在天界延续。在《长生殿》中，金钗钿盒更多地成为一种情感的寄托贯穿始终，其出现的场次较多，但大多充当了追忆爱情的触媒，推进故事情节发展的功能并不明显，与历史主题距离比较遥远，但是对渲染杨、李之间的"至情"却有着巨大的作用。

其次，清代历史剧作家们对于戏剧情节的安排十分关注，他们力图使故事情节张弛有度，冷热调剂，达到一种理想的状态，这一意图在排场设计、科诨运用方面具有突出的表现。《长生殿》的排场设计以精美谨

---

[1] 郭英德：《明清传奇史》，江苏古籍出版社2001年版，第486—487页。

严著称，获得了广泛的好评。"传奇五十出中，若以故事情节分场，包括开场一出（《传概》），大场九出（即《定情》《偷曲》《舞盘》《絮阁》《惊变》《冥追》《哭像》《弹词》《重圆》等），正场二十五出（如《贿权》《春睡》《复召》等），过场十二出（如《献发》《闻乐》等），短场三出（即《傍讶》《献关》《私祭》）。正场为骨子排场，故占全剧之半。大场场面宏大，依次分配于第二（《定情》）、十四（《偷曲》）、十六（《舞盘》）、十九（《絮阁》）、二十四（《惊变》）、二十七（《冥追》）、三十二（《哭像》）、三十八（《弹词》）、五十（《重圆》）等出，使全剧有波澜起伏之妙。而其他的过场、短场则上下承递，搭架牵索，细密衔接，井然有序。若以表现形式分场，则全剧五十出中，文场计有三十四出，武场、闹场计有十五出，调配其间，恰足以调剂冷热。例如，第二出《定情》是群戏大场，第三出《贿权》是粗口正场，第四出《春睡》是文细正场，第五出《禊游》是热闹大过场，第六出《傍讶》是文静短场……动静、繁简、冷热、唱做等等相映成趣。"[1]

除去对排场设计的运用，清代历史剧作品中对科诨的运用也相当自觉。清初李渔在《闲情偶寄》中说：

> 插科打诨，填词之末技也。然欲雅俗同欢，智愚共赏，则当全在此处留神。文字佳，情节佳，而科诨不佳，非特俗人怕看，即雅人韵士，亦有瞌睡之时。作传奇者，全要善驱睡魔。睡魔一至，则后乎此者虽有《钧天》之乐，《霓裳羽衣》之舞，皆付之不见不闻，如对泥人作揖，土佛谈经矣。……若是则科诨非科诨，乃看戏之人参汤也。养精益神，使人不倦，全在于此，可作小道观乎？（《词曲部下·科诨第五》）

---

[1] 郭英德：《明清传奇史》，江苏古籍出版社2001年版，第463—464页。排场为中国戏曲之重要概念，笔者对此并无专门之研究，此处暂以郭师相关论述为据。关于戏曲排场研究之梳理，参见曾永义长文《说"排场"》，载《曾永义学术论文自选集甲编·学术理念》，中华书局2008年版，第71—107页。

李渔的戏剧理论建构在实际演出的基础上，所以他认为科诨乃是观众的"参汤"，用来养精益神，解除疲倦。其实，就戏剧文本的阅读者来说，科诨同样能起到相同的作用，出色的科诨不仅能令人发笑，还具有讽刺丑恶或自我解嘲的深意，值得玩味。清代的历史剧作家们都把科诨当作戏剧创作必不可少的元素，注意在自己的剧作中加以运用，即使单纯的案头作家也不例外。丁耀亢创作的《蚺蛇胆》是为了表彰忠臣杨继盛的壮烈事迹，此剧主题严肃，而且笼罩着悲剧的气氛，但作者还是设计了两出大量使用科诨。《佞寿》一出着重以科诨揭露赵文华、鄢懋卿奉承严氏父子的无耻嘴脸，作者自评曰："褒忠则必斥佞，有丑、净而生、旦始可传神，至忠孝节义之曲，尤忌板执，易使观者生倦，故必借以开笑口焉，且小人逢迎，有甚于此者。"作者在这里认识到了科诨对于历史剧创作的独特意义。此剧《分唾》一出亦以诙谐调笑为主，作者自评曰："戏者，戏也，不戏则不笑，又何取于戏乎？本曲求要笑甚难，故于世蕃唾盂中取出，以供喷饭。"他能充分认识并肯定戏剧的娱乐特征，故以科诨求"要笑"，在当时的剧作家中是比较罕见的。思想保守顽固如夏纶者，在创作补恨传奇《南阳乐》时常不忘在剧中插科打诨起到调节气氛的作用，徐梦元在《丕执》出评曰："是剧花面科诨甚少，以华歆充当此职，可称允当，折内趣语迭出，殊解人颐。"此折写曹丕与华歆逃亡，平日对曹丕极尽阿谀奉承之能事的华歆临难出卖了曹丕，其丑恶的内心通过一番科诨表露无遗。

孔尚任创作《桃花扇》亦非常重视科诨的使用，但他对科诨又有独特的要求："说白则抑扬铿锵，语句整练，设科打诨，俱有别趣。宁不通俗，不肯伤雅，颇得风人之旨。"(《〈桃花扇〉凡例》)他要求科诨的"雅"体现出文人的独特审美趣味。李渔在《闲情偶寄·词曲部下·科诨第五》中对科诨提出了较高的要求："戒淫亵""忌俗恶""重关系""贵自然"。其"忌俗恶"一条云："科诨之妙，在于近俗，而所忌者又在于太俗。不俗则类腐儒之谈，太俗即非文人之笔。"这种观念与孔尚任有类似的追求，但孔氏"宁不通俗,不肯伤雅"的态度似乎太过保守。因此《桃花扇》中的科诨文人气浓,内涵深刻,要细细品味之后才觉余蕴悠长,试举一例。

  (净扮马士英,副净扮阮大铖,末扮杨文骢,外、小生扮从人喝道上)……(副净向净介)荒亭草具,恃爱高攀,着实得罪了。(净)说那里话。可笑一班小人,奉承权贵,费千金盛设,十分丑态,一无所取,徒传笑柄。(副净)晚生今日扫雪烹茶,清谈攀教,显得老师相高怀雅量,晚生辈也免了几笔粉抹。(净)呵呀!那戏场粉笔,最是利害,一抹上脸,再洗不掉;虽有孝子慈孙,都不肯认做祖父的。(末)虽然利害,却也公道,原以儆戒无忌惮之小人,非为我辈而设。(净)据学生看来,都吃了奉承的亏。(末)为何?(净)你看前辈分宜相公严嵩,何尝不是一个文人,现今《鸣凤记》里抹了花脸,着实丑看。岂非赵文华辈奉承坏了。(副净打恭介)是是!老师相是不喜奉承的,晚生惟有心悦诚服而已。(第二十四出《骂筵》)

  这段对话中,马士英附庸风雅,大言不惭,说自己不喜人奉承,而阮大铖则唯唯诺诺,极尽奉承之能事,对马士英的"不喜奉承"大加奉承,马士英的自负和愚蠢、阮大铖的狡诈和虚伪跃然纸上,深思之后亦足令人解颐,但的确缺乏科诨应有的畅快浅显。

  最后,清代历史剧成功塑造了一批特殊的人物形象,最值得关注的是居于社会两极的帝王形象和大量的"小人物"形象。在艺术创作中,前者形象的塑造以出色的曲词抒情为长,后者则以穿插勾连情节、服务于叙事为胜,各有侧重,各有特色。

  在帝王形象中,最引人注目者莫过明代的建文帝朱允炆、崇祯帝朱由检。这两位帝王都遭逢国变,以一国之君痛失权柄,或颠沛流离,或无奈殉国,经历了人生命运戏剧性的高峰低谷,也直接牵涉着江山易主、国家兴亡,清代历史剧作家对这两位极具敏感性的政治人物在作品中予以独特呈现，熔铸了他们的情感、体验、想象和寄托。

清代以明初靖难之事为题材或以之为主要背景的戏曲作品有李玉《千忠录》、朱佐朝《血影石》、无名氏《凤雏圆》、丘园《一合相》、陈晓江《读书种》等几种。[1]李玉《千忠录》不仅是"靖难"戏曲的代表之作，涉及靖难史事最为详细，塑造的建文帝形象也最为丰满，充分体现了苏州派戏曲创作的艺术特色，情节曲折生动，曲辞雅俗共赏，更重要的是渗透了作者关心家国命运、胸怀天下的精神，隐含了明末清初易代时作者复杂的心理感受，因其高超的艺术水平成为中国古代历史剧优秀代表作之一。其问世之后，便有"家家'收拾起'，户户'不提防'"的雅誉（"收拾起"指《千忠录》之《惨睹》【倾杯玉芙蓉】"收拾起大地山河一担装"。"不提防"指《长生殿》第三十八出《弹词》【南吕·一枝花】"不提防余年值乱离"）。此剧的多个折子戏《奏朝》《草诏》《惨睹》《搜山》《打车》活跃于昆曲舞台。"收拾起大地山河一担装"获得如此持久的关注与欢迎和这段曲辞高超的文学艺术成就密不可分：

> （小生上，生挑担、各色蒲团上。小生白）徒弟，走吓。（生）大师请。【倾杯玉芙蓉】（合）收拾起大地山河一担装，四大皆空相。历尽了渺渺程途，漠漠平林，叠叠高山，滚滚长江。（小生）我自吴江别了诸徒出门，师徒两人一路登山涉水，夜宿晓行。一天心事，都付浮云，甘为行脚。身作闲云野鹤，心同槁木死灰。（合）但见那寒云惨雾和愁织，受不尽苦雨凄风带怨长。（小生）徒弟，这里是甚么所在了？（生）是襄阳了。（小生）是襄阳了么？（合）这雄城壮，看江山无恙。谁识我一瓢一笠到襄阳。[2]

---

[1] 孙俊士《"靖难"戏曲初探》（《戏曲研究》第70辑）对此题材有所梳理。《读书种》之作者陈晓江误作"陈晓红"。

[2] 李玉：《千忠录》，中国艺术研究院藏旧抄本。后文凡引自此本者不再一一出注。

李玉的这段唱词为一位逊国的帝王所写，既要符合帝王身份，行脚僧的装扮，又要符合他颠沛流离的情境，还要兼顾这样一个人物的复杂心境。"收拾起大地山河一担装，四大皆空相。"既有帝王吞吐万里的气势，又有失国的不甘与无奈，还有失国之后的痛苦和失落，还有竭力寻找解脱的心迹。"历尽了渺渺程途，漠漠平林，叠叠高山，滚滚长江。"一代君王，却被迫隐姓埋名，辗转于曾经为自己所执掌的万里大好河山，前路渺茫，福祸难测，苦不堪言。"一天心事，都付浮云，甘为行脚。身作闲云野鹤，心同槁木死灰。"此番心事，非同一般，虽付浮云，岂能甘心？行脚之身，闲云野鹤，实属无奈之举，槁木死灰之心，岂无逢春复燃之念？"但见那寒云惨雾和愁织，受不尽苦雨凄风带怨长。"忧愁如织，不离不断，常伴寒云惨雾；此恨绵绵，难去难消，相随苦雨凄风。升华了落魄帝王的苦痛和不甘。"这雄城壮，看江山无恙。谁识我一瓢一笠到襄阳。"昔日的帝王，如今只是一瓢一笠的行脚僧人，风尘满面，无人识得了。虽然政权更迭，江山易主，物换星移，但青山依旧，几度夕阳，"天行有常，不为尧存，不为桀亡"，面对依旧安然的江山、依旧雄壮的城池，落魄帝王心中除去绝望、哀怨、凄凉、不甘，是否多了几分无奈抑或释然？这段悲壮苍凉、酣畅淋漓、内蕴丰富的唱词将抒情、叙事、表演很好地融于一处，成为中国古代历史剧的一段华彩篇章。

《铁冠图》（阙名）、《桃花扇》、《虎口余生》（遗民外史）、《佣中人》（唐英）、《芝龛记》、《帝女花》等戏曲作品都涉及崇祯皇帝殉国事，但只有极少数作品直接描写崇祯皇帝自缢煤山的细节，多数作品对此细节采取暗场处理或他人叙述的手段加以说明。[1] 由于作品创作时间、创作主体、创作动机的不同，这些作品也表现出不同的倾向。例如，《铁冠图》体现出悲悯同情的情绪，充满了愤恨和无奈的哀伤，表现的亡国之恨获得了观众的共鸣。《桃花扇》则主要被赋予和史书相等的春秋大义。《虎口余生》

---

[1]《虎口余生》之《观图》一出中出现了崇祯皇帝的形象。

《佣中人》《芝龛记》不再以悼明或纪念崇祯之死作为剧作思想情感的重心，而是扩大了书写甲申之变的视角，对于庶民百姓和女性忠义楷模的书写，完成了"崇奖忠贞，风励臣节"，教化世人的使命。《帝女花》对忠孝道德的关注，远不及作者对一种凄苦不自由人生处境的关心及解脱之道的求索。[1]

阙名《铁冠图》之《煤山》（又名《归位》）历经后代梨园人士精雕细琢，曲白相生，唱做相辅，具有极强的艺术感染力。

（内呐喊，末玉蟾冠，内穿缎褶，外罩龙披，奔出，扑跌左上角，玉蟾冠落地，即撒发，慌扒起，又仰跌，就势摔左靴，甩落后场，赤左足仰身科）（俗摔右足靴，论理落左靴妙，唱科）【幺篇（又一体）】（左右手三摔袖）哎呀，天天天恨漫漫把天地迷（龙披撒地，留褶，挣立起，作腿软状，唱科）哎呀，怨怨腾腾阳光蔽，心惊胆碎，忽地里山河迸裂金汤废，生擦擦巍巍社稷受凌夷。顾不得身和命如飞絮。（内作雷声，空鼓，浪板，风伯引雷公绕场转，又立台。末作冲地侧身看天唱）哎哟，顷刻间雷声沸。（鼓作响，雷雨师引电母，作闪电飞围上台，末唬，冲身唱科）呀，又只见那金蛇走闪电驰飞。（青龙、白虎接科，末恐）又只见狰狞鬼紧相（作迎，摇首退）嘎嘎随。（二神引行科）这的是，幽冥咫尺命绝须臾。（作喘悲白）朕嗣位已来，虽然薄德匪躬，上干天咎，然皆（含悲着力云）诸臣之误朕也。（哭科，拭泪，冷看身上下至两足，又扯发看，骇状）哎呀，蓦然想起铁冠先师所遗画图，今已应验，想大数难逃，哎呀，命该如此。（大哭带悲云）但天下人民，何由知朕冤惨，也罢，不免将此白练，咬破指尖，写成血诗，以谢天下。（哭科，白练放地，咬左手小指，捏左拳，盘坐地，

---

[1] 参见华玮《谁是主角？谁在观看？——论清代戏曲中的崇祯之死》，载《清代戏曲中的明史再现》，中华书局2019年版，第3—51页。

右手小指醮血写，唱）【乌夜啼】顾不得毁伤毁伤遗体，写不尽亡国身悲。哎呀，御妻，管不得身首离，娇儿，免不得遭戮诛。今日里国破身夷，子奔妻危，只留得素练血痕遗，留得素练血痕遗，（将褟揩手指血科）这的是，亡国君王命绝词。（读白）得[1]薄承天命，登庸十七年，（悲云）朕非亡国主，（恨念）误国是谗奸。去冠发覆面，自缢入黄泉。朕尸苦碎裂，万姓望垂怜。（内呐喊，城隍、本境土地在此上，打躬科，末即拏血练在手，急立起，看下场科，白）呀，贼兵已至。（冷走上二步，看天）哎呀，苍天嗄，苍天，（唱）闪闪得我上天无路，入地无门，（作见树睁目看，擦眼对上白科）哎呀，（唱）再不想万乘邦基（城隍、本境土地两角跪执笏恭介）嗄嗄到到头来致身（双手拏血练摊退）无地。（将练挂高自缢科，撒发面正对，上用黄罗笼脸，众神下台，护围遮式，仍上台归位立科）。[2]

此出录自清人所编《审音鉴古录》，与本书所引诸剧本显著区别在于戏曲身段（包括演员表情）、舞台调度乃至舞台、音乐、美术手段的增加，我们不仅可以从阅读中体会唱词的优美，还可以凭借这些说明想象作品舞台呈现的丰满。乌云蔽日，末代帝王，心惊胆碎，命如飞絮，彷徨四顾，失魂落魄，陷入极度的绝望之中。他是一代帝王，也是丈夫和父亲，骨肉分离，天伦惨变，他表现出了丈夫和慈父的深深牵挂和无奈。他既想以理性反思自己为政得失，又不免怨天尤人，心有不甘，羞愤交加。而当他自缢时，又表现出一种万念俱灰之后的决绝。这些幽微的心理活动不仅通过唱词表现出来，还通过演员的演唱、身段乃至面部表情、道具使用、服饰穿着、声音模拟以及其他舞台人物配合，细腻准确、恰到好处地展示出来。戏曲作为一种舞台艺术，从优秀的文本到出色的舞台展示，需要经历

---

[1] 得，当作德。
[2] 琴隐翁：《审音鉴古录》，载王秋桂主编《善本戏曲丛刊》第五辑，台湾学生书局1984年影印版，第921—923页。

众多戏曲人心血的累积和共同成就，文本研究有其明显的局限性，舞台表演为艺术的呈现提供了更广阔的空间和可能，也为研究提供了更多的内容和视角，对古代历史剧的研究，也是如此。

有趣的是，在清代，表现"靖难"之役诸剧作与表现崇祯殉国诸剧作，涉及明王朝的一首一尾，两位皇帝命运又极为相似。崇祯皇帝面对铁冠道人留下图卷时的惊疑（《虎口余生》之《观图》）与建文皇帝面对朱元璋所留遗箧时的惊悸（《千忠录》之《披剃》），似曾相识；建文皇帝出逃前的唱词，与崇祯皇帝《煤山》自白，又极为类似：

【小桃红】四年宵旰苦撑持，期负荷承先世也。日战兢兢，尊天法祖抚群黎。（白）寡人御极以来，并无失德。不意燕藩夺我基业，城破宫焚。中宫投火身亡，兀的不痛杀我也！（唱）一旦触藩威。早则是弃天亲，蔑臣规，亡祖制，直杀入我皇都地也，顿教人血溅宫闱。（白）来此已是奉先殿了，不免拜辞了太祖高皇帝和先考孝康皇帝，随即自尽便了。（拜哭介）我那高皇、先考吓！子孙不能保全你相传的基业，万死莫赎矣！（哭唱）禁不住哭灵筵，含冤愤死如归！

当我们将这些作品置于中国古代历史剧乃至中国古代文学（涉及各种文学体裁）创作历程中加以观照时，可以生发出诸多值得探讨的话题。

不同于万人之上的帝王，清代历史剧中的"小人物"形象大多来自下层，社会地位不高，但是富有正义感，敢于担当，往往与剧作的主人公结成同盟，参加政治斗争。当然，他们身上也保留着下层人物不可避免的缺陷，但是有些人物个性鲜明，具有很强的艺术感染力，对于推进剧作情节的发展，调节故事节奏，塑造多样化的审美风貌都有重要作用。

《桃花扇》中就有很多位此类人物，苏昆生和柳敬亭就是杰出的代表。苏、柳二人均出身于市井，但都颇具胆略，重情重义，顾大局、识大体，古道热肠。作者为了塑造柳敬亭的形象，设计了《听稗》《访翠》两出展示他鲜明的政治立场和嫉恶如仇的性格，又以《修札》《投辕》来描写他敏锐的政治眼光和处乱不惊的胆略，以及随机应变的机智。尤其是《投辕》一出，他对左良玉暗含讥刺的讽谏恰到好处，体现出出众的勇气和才能。剧作下本写他不惧危险，代左良玉赴南京，下讨马、阮的檄文，被逮入狱之后依然不乏乐观精神，具有较强的艺术感染力。苏昆生宅心仁厚，乐于助人，受人之托，忠人之事，数次相助李香君，将其从危难中解救。代李寄扇，历经波折；相助左良玉发兵南京，在左良玉死后，伤心哭奠，重情重义。但二人性格又存在差异："柳豪爽，苏忠厚；柳直捷，苏婉曲；行事相似，而面目不雷同。故能成为《桃花扇》中市井义侠人物的双璧。"[1]此剧中诸如李贞丽、郑妥娘、寇白门等人虽同为风尘女子，然性格迥异，各有千秋，梁廷枏《曲话》云"《桃花扇》笔意疏爽，写南朝人物，字字绘影绘声"[2]，可谓的评。此外，《血影石》中的妓女墨云深明大义，处变不惊，勇敢藏匿忠臣之后，甚至以身相代，进入教坊，颇有侠女之风。

  清代历史剧中"义仆"的形象也大量涌现，很多拥有如《一捧雪》中莫诚为主献身的品质，他们的主人往往是被冤忠臣，他们为了挽救忠臣的后代或者家庭，勇担风险，客观上服务于忠奸斗争。[3]《无瑕璧》中的马千里原为铁铉部将，他心怀忠义，为报铁铉之恩，始终不与叛逆者朱棣合作，举兵相抗，代表了铁铉之"忠"在身后的延续；《朝阳凤》中的紫苔，原为海瑞婢女，为了保护忠臣一家，屈身相府数载，奸相倒台后出家为尼；《合剑记》中的王义为彭士弘所救，为报恩历尽波折，以存忠良骨血……他们具备共同的献身精神，事迹也多可歌可泣，但个性并不鲜明，

---

[1]洪柏昭：《孔尚任与桃花扇》，广东人民出版社1988年版，第166页。

[2]梁廷枏：《曲话》，载中国戏曲研究院编《中国古典戏曲论著集成》（八），中国戏剧出版社1959年版，第270页。

[3]李玫《明清之际苏州作家群研究》（中国社会科学出版社2000年版）设专章"为主献身的'义仆'"对此问题进行研究，可供参考。

反而成为一种类型化的人物，他们的事迹也大量雷同、重复，在艺术上并不十分成功。

此外，清代历史剧作家们还注意广泛吸收其他艺术样式的精华，为历史剧的创作带来了新的气息，《长生殿》和《桃花扇》都借鉴了说唱艺术，将弹词、鼓词、评话等引入戏曲创作。首先，这些说唱艺人成为作者的代言人，他们所唱的曲子就是作者的心声，《长生殿》中《弹词》一出李龟年手拨琵琶，"唱不尽兴亡梦幻，弹不尽兴亡感叹"；《桃花扇》续四十出《余韵》中苏昆生的一曲【哀江南】荡气回肠，透露出作者对封建末世的不祥预感。其次，多种多样的说唱形式丰富了剧作的审美内容，如《桃花扇》中有鼓板说书的样式（第一出《听稗》、第十三出《哭主》），讲笑话的形式（第五出《访翠》），鼓板唱曲的形式（第三十一出《草檄》）；以巫腔演唱的神弦歌、盲女弹词和敲板演唱的弋阳腔（续四十出《余韵》），可以让作者欣赏戏曲的同时获得更加丰富的审美感受。最后，部分说唱表演对于戏曲情节的发展有特殊作用，如第十三出《哭主》崇祯皇帝归天的消息传来之前，左良玉约柳敬亭说书，"纱帽隐囊，清谈消遣"，气氛十分平和，但这个消息一经传来，气氛顿时紧张，左良玉的心境由平静突然坠入痛苦，此出中柳敬亭说书起到了间隔效果，这种间隔一旦被抽掉，剧作情势就发生了逆转，这种迅速逆转会给读者和观众带来一种富于冲击力的审美体验。

值得注意的是，"戏中戏"这一新奇的创作技巧在清代历史剧中也有出现。苏州派剧作家对于"戏中戏"的运用颇具特色，"已经不仅仅作为剧情间歇、调剂气氛、使人发笑的因素，而起到了推进戏剧情节发展，协调、展现全剧各方面内容的作用"[1]。历史剧《桃花扇》中《传歌》一出描写了李香君演唱《牡丹亭》的情景，为说明风雨飘摇中弘光小朝廷腐败堕落进行铺垫。《芝龛记》第二十出《谳离》中有蜀锦班优人演出《东征记》

---

[1] 李玫：《明清之际苏州作家群研究》，中国社会科学出版社2000年版，第221页。

（此剧演明朝援助朝鲜扫平关白的故事）的情景，也暗合了此剧宣扬女将战功的主题。

需要特别说明的是，历史剧呈现于舞台之上，最重要依赖戏曲演员传神的表演。在部分清代戏曲资料中，我们还可以略窥清代伶人搬演历史剧的风采。铁桥山人、石坪居士、问津渔者《消寒新咏》记载了一位以表演历史人物见长的伶人——庆宁部生角范二官。"即以贵贱轻重论，帝王将相，至贵者耶；忠孝节义，至重者也。岂优伶足以当之？而当场重开生面，居然忠孝节义，居然帝王将相，从不闻于优伶下干犯名分之诛，反惟恐其装之不肖。彼范二官者，摹形绘影，声情逼真，须眉活现，观者莫不快心醒目，啧啧称羡焉。"[1] 他主要演出的历史剧剧目有《彩毫记》(《吟诗》一出扮演李白)、《鸣凤记》(《吃茶》《杨本》两出扮演杨继盛)、《千忠录》(《打车》一出扮演程济)、《牧羊记》(《望乡》一出扮演苏武)、《长生殿》(《弹词》一出扮演李龟年)、《金貂记》(《妆疯》一出扮演尉迟敬德)。他的表演不仅"摹形绘影，声情逼真，须眉活现"，更重要的是对特定戏剧情境中历史人物微妙的情绪和状态把握无一不准确、传神。如他扮演的李白"不漫不呆，纯是儒臣丰致，略露才子酒狂，梨园无能学者"；他扮演杨继盛，"会悟忠臣梗概"，"绘出全神"；扮演尉迟敬德，摆脱了"故意显假"和"故意装真"的弊病，在"有意无意之间"，"或假或真恰个中"，"最为入妙"。其中，戏剧情境最为复杂者，莫过《千忠录》之《打车》：

> 程济于患难中隐护建文，已十六载。一旦少离，主即被系。此时，忙寻奔救，忽见囚车，自应肝胆俱裂，疾视雠仇。但心酸气激情状，两处极难装点。范二官于车前哭诉，即色黯神伤；与震直辩论，

---

[1] 俞为民、孙蓉蓉编：《历代曲话汇编·清代编》第四集，黄山书社2008年版，第652页。

复词严气壮。哀痛是真哀痛,怒骂是真怒骂。精忠劲节,咄咄逼人,允为梨园独步。[1]

正基于对剧中人物复杂情绪的准确把握和艺术表现能力,范二官扮演的历史人物都具有极强的艺术感染力,"秉节当场望俨然,一颦一笑总堪怜。无端绘出忠臣影,欲觅欢娱反涕涟"[2]。对古代历史剧舞台表演的关注可以为我们全面考察中国古代历史剧提供颇多启示和线索,也是一个值得深入研究的课题。

---

[1] 参见俞为民、孙蓉蓉编:《历代曲话汇编·清代编》第四集,黄山书社2008年版,第694—696页。
[2] 俞为民、孙蓉蓉编:《历代曲话汇编·清代编》第四集,黄山书社2008年版,第696页。

余论

中国古代历史剧创作从"杂剧时代"跨入"传奇时代"的过程是一个继承与发展并存、因循与创新同在的历史过程,这一特征无论在历史剧作品的叙事观念还是叙事策略以及由此形成的审美风貌中都有集中的体现。

其一,元、明、清代历史剧创作都表现出鲜明的伦理教化观念,戏剧作品的教育功能和社会影响受到了高度重视,封建正统的伦理道德观念成为剧作一以贯之的精神内核,少有变更。所不同者在于元代历史剧较好地保持了"自娱娱人"的双重功能,强调自我释放和寓教于乐,总体而言,伦理道德教化作为作家内在的思想旨归尚未凌驾于作品的艺术性和娱乐性之上,而明、清两代历史剧创作则以富于理性色彩的政治斗争观念和历史反思精神赋予作品更为明确的政治启蒙与政治批判的功能,不但在伦理教化的道路上有所开掘和延伸,而且先入为主地左右着作品的艺术创作。

其二,就元、明、清三代历史剧精神特质与审美特质的生产过程而言,虽然三者都注重历史剧作品的历史意味,通过对历史人物和事件的重塑表现独特的政治观念和历史意识,透露出反思历史、有补于今日的精神追求,但是具体的创作过程却存在较大区别。元代历史剧的创作表现出"由情生理"的生产轨迹,特殊的社会环境和个人遭遇激起了元代历史剧作家心底的情感波澜,作家们在尽情挥洒这些情感的过程中表达着内在的道德追求和历史反思，但总体而言体现出一种充满探索和迷茫的感性体验色彩。与元杂剧历史剧不同，明、清传奇历史剧的创作表现出"为理造情"的特征，历史剧作家从思想深处信守封建道德观念，对现实政治高度关注并抱有独立见解，对历史发展的规律与动因有明确的理性追逐意识，所以他们会有意识地将他们的政治见解和历史观念作为创作历史剧作品的内在依据，众多的历史剧作品成为历史兴亡、家国兴衰的独特诠释，成为特定见解与观念的艺术图解，总体上表现出一种以强烈的导向功能、迫切的诠释欲望为特征的理性认知色彩。

其三，从艺术操作层面来讲，在虚实处理方面，元、明、清三代历史剧创作实践充分证明了艺术虚构的必要性和重要性，元代历史剧创作以张扬主体感情为主，作品的虚构倾向极为明显；明、清两代历史剧创作开始有意识地推崇"史传"传统和"实录精神"，"征史尚实"成为历史剧创作中的重要倾向。与此同时，艺术虚构也得到了重视，在创作中二者呈现出自然融合的趋势，"虚""实"彼此消长，创造出历史剧作品多样化的审美风格。从历史剧创作的"寓言"传统来讲，历史剧创作中"寓言"观念从元代到明清两代大致经历了由隐而显、由自发到自觉的发展过程，"寓言"创作方法在明、清两代历史剧作品中有了更为明确和丰富的体现。从历史剧创作追新逐异的倾向而言，明清两代与元代一脉相承，明、清两代历史剧对剧作"新奇"的艺术追求不仅仅停留在元代注重"新奇事迹"的题材选择上，在情节处理、结构设置、线索安排等方面匠心独运。元杂剧中出现的充满神异色彩的叙事要素开始被后代历史剧作品大量运用，呈现出更为奇异多姿的风貌。

其四，从元、明、清三代历史剧的题材来源、主要内容及其精神内涵来讲，三代作品的主要描写对象、主要题材来源、主要人物形象乃至作品分类基本一致，但是最富于光彩的作品在取材上各有特色，元代历史剧作品中反映英雄传奇、国家兴亡与文人磊落不平之气者最为出色，而明、清两代则以激烈的庙堂斗争、忠奸之辨、反思历史的高度热情为特色。与此相关，三代历史剧作品中都有杰出的悲剧，但是悲剧的精神内核却有极大的区别，元代历史剧描写了无情的历史面前有价值的东西不可挽回地走向毁灭的残酷现实；而明、清历史剧则试图通过牵强附会、荒诞不经的结尾作为苍白无力的补偿，使得剧作的悲剧性较元代大打折扣。也正因为如此，元代历史剧中的主人公尚具有藐视一切的冲天豪气，毫不妥协、反抗压迫的人性张扬与斗争精神；而明、清两代历史剧作品的主人公则更多体现出对权威的忠诚与崇拜。惨烈悲壮的抗争场面背后是充满无奈的压抑灵魂和被严重异化的人格。从根本上来讲，这种区别是不同时代与不同的社会环境和文化氛围使然。

其五，就元、明、清三代历史剧呈现出的总体艺术风格而言，元代历史剧热情奔放、少有顾忌的风貌，到明清两代历史剧中变为拘谨内敛、温柔敦厚；元代历史剧粗豪奔放的粗线条勾勒转化为明清两代精雕细琢的工笔描绘；元代历史剧戏曲语言达到了"雅俗之间"、恰到好处的天然浑成境界，而明清两代尽管有众多作家努力，但戏曲语言总体则溺于典雅之风而无法自拔，没有达到元代历史剧那样真正意义上"雅俗共赏"的"本色"境界。此外，与元代历史剧创作游离于主流文学传统之外不同，明清两代历史剧创作由于大量文人士大夫的染指开始与主流文学产生更为明显的互动，地位较元代有所提高，历史剧创作与社会文化思潮（诸如心学思潮、实学思潮等）发生更为直接和深刻的联系。这也就使得明清两代历史剧的创作与元代相较在艺术构思上更为精巧，艺术技巧上更加繁复，艺术表现的社会历史内容更加广阔、思想内涵更加深厚。

通过对中国古代历史剧一番粗浅的考察，我们会发现，中国古代历史剧的创作体现了中华民族鲜明的传统文化特征，这种特征深刻渗透着数千年封建社会形成的文化基因。浦安迪说："人生经验和历史事实都只是'原料'，叙事作品的作者要将它变成'成品'，就要遵循某种既定的内在规则去操作。"[1]中国独特的文化土壤酝酿出中国古代戏曲独特的"内在规则",表现在历史剧创作中具有以下几个鲜明的特征。

其一,中国古代历史剧创作深受儒家政治功利主义文艺观的影响,其创作题材本身具备的浓厚政治色彩又将这种文艺观在创作中的影响推向了极端。在中国古代历史剧的创作中,"政治伦理教化即使不是唯一的目的,至少也是主要的目的,戏剧艺术特有的审美娱乐功能反而成为手段"[2]。历史剧作家们无论采取多么丰富的叙事策略与手段,无论抒发多少个人的愤懑与不平,无论表达多么激烈的批判与否定,无论张扬恣肆到何种程度,其根本目的毫无二致:追求封建政治的清明与封建国家的长治久安。

其二,中国古代历史剧注重戏剧作品的"寓言"特征,重视在剧作中寄托作者自己的主观理念或情感,而历史题材和历史人物往往成为作家这种理念或者情感的载体[3],戏剧故事情节的设置和发展往往要以这种理念和情感的发展和渗透为内在依据。主体情感对历史剧创作的影响最突出地表现在元杂剧历史剧的创作中,而明清两代传奇历史剧的创作则可被视为主观理念左右戏剧创作的典型代表。综观中国古代历史剧的创作,作家主体理念的内容不外乎"忠、孝、节、义"等封建传统道德观念,而作家的主体情感无论多么波澜起伏,其根源总是封建道德观念在现实社会中的沉沦、丧失与由此而生的封建社会理想秩序的混乱。所以,从根本上来讲,中国历史剧作家们在剧作中表达的乃是一种社会性的、普遍性的、集体性的人生体验,真实、深刻、动人,但缺乏个性。

其三,与"寓言"倾向密切相关,中国古代历史剧作家高度关注作品的"虚实"处理,"重虚"与"尚实"的两种倾向此消彼长,既相互对

---

[1] [美]浦安迪:《中国叙事学》,北京大学出版社1996年版,第59页。

[2] 郭英德:《优孟衣冠与酒神祭祀——中西戏剧文化比较研究》,河北人民出版社1994年版,第52—53页。

[3] 参见郭英德《明清传奇戏曲文体研究》,商务印书馆2004年版,第278页。

立排斥，又相互交融渗透。总体而言，中国古代历史剧创作的实践充分证明了适度的艺术虚构在历史剧创作中的广泛存在及其重要价值。元代历史剧集中体现了作家主体情感影响下"不以谬悠为讳"的艺术虚构显示出的独特魅力，建构了以《梧桐雨》《汉宫秋》《单刀会》等为代表的中国古代历史剧第一种经典类型；明清传奇历史剧创作中出现的对"征史尚实"观念的推崇体现出剧作家们提高戏曲文学地位的强烈意向，也体现出正统文学观念对通俗文学的改造和同化，这种创作观念指导下产生的《鸣凤记》《长生殿》《桃花扇》诸剧尽管不可能完全排除艺术虚构，但总体上呈现出与元代历史剧迥异的"写实"化的艺术风貌，同样堪称中国古代历史剧的经典之作。

其四，中国古代历史剧创作重视戏曲作品的"抒情性"特征，中国古典戏曲中"曲以言情，白以叙事"的功能划分在一定程度上削弱了占据绝对数量优势的"曲语"直接叙事的功能，连篇累牍的情感宣泄如果冗长浮泛，给人以游离于情节之外的感觉，延宕了故事情节发展的节奏，但这些情感描写又恰是中国古代历史剧创作的重要组成部分和独特的叙事策略，历史剧中情感描写对作品主题升华、情节发展、矛盾冲突、线索设置、思想内蕴等都起到了不可替代的作用。《梧桐雨》《汉宫秋》《浣纱记》《长生殿》《桃花扇》等历史剧经典之作就见证了"以离合之情，写兴亡之感"这一独特的艺术手段不断成熟的过程，而这一过程恰是中国古代历史剧"抒情性"叙事手段的最好证明。从另外一个层面上来讲，历史剧作品重视"抒情性"还表现为对戏曲感动人情、激励人心的艺术感染力的关注，历史剧作品试图通过再现生动的历史情景、历史人物以真情来打动观众，进而引起观众的情感共鸣。

其五，中国古代历史剧创作体现出追新逐奇的强烈倾向。无论是元杂剧还是明清传奇，都重视历史题材和历史人物本身的传奇性，重视情节发展的复杂性，重视结构线索设置的独具匠心，重视多种奇异化叙事要素的运用，"新人耳目"，保持作品本身独特的艺术价值，造成对观众和读者审美感受上的冲击力和持久的吸引力。

总而言之，无论是寓言还是抒情，无论是尚虚还是尚实，无论是追新逐异还是感动人心，它们仅仅是五光十色的叙事手段，而决定这些手段的法则则是以封建伦理教化为核心的儒家功利主义的文艺观。也正是这个事实塑造了中国古代历史剧表面风格各异，实质殊途同归的创作风貌。它是否呈现出与其他体裁历史题材一致的创作轨迹？它是否昭示了古代历史题材文学创作道路上的某种共同宿命？它对我们今天依然在延续的历史题材创作有什么样的启示？面对太多的疑问，我们唯有不断地探求与寻找。

中国古代历史剧的创作和研究已经涌现出许多成果，但这真是一个常谈常新、见仁见智的议题。更重要的是，我们的历史依然在延续，我们书写、呈现历史的行为也一直在延续。历史、当下、未来，血脉相连，水乳交融，现实、艺术，相互观照、呼应。在对历史的观照和书写中，我们与古人对话，也留给后人对话的资料。关于历史的创造、记录、书写将永远绵延，伴随人类社会全部的进程。这或许是历史题材的艺术创作永远能够拥有蓬勃生命力的原因。

杜维运在《中国史学史》自序中说："真的历史，有待美与善的历史相辅翼。历史而流于'断烂朝报'，历史而变成'人类罪恶、愚昧与不行的记录'（Edward Gibbon 语），历史的景象，是'人类愚蠢、蛮横、贪婪与邪恶的一幅景象'（Immanuel Kant 语），历史之有，反不如其无。所以史学家须在真的历史上，进一步写美的历史、善的历史。历史的文字，优美典雅；历史的内容，翔实生动；渊博的学术，精湛的文化，自历史而展现；知识的火炬，智慧的光芒，从历史而散发；善恶邪正，真伪是非，圣贤豪杰的光明磊落，巨奸大恶的残暴淫邪，皆现于历史。历史造福于人类者，又岂笔墨所能道尽！"[1]笔者深以为是。历史研究乃至文学艺术对历史的呈现图景如此丰富繁杂，光明与黑暗并存，善良与邪恶对峙，文明与野

---

[1] 杜维运：《中国史学史》第一册，商务印书馆 2010 年版，自序。

蛮交织，但终究要激励作为万物灵长的人类坚守并向着真、善、美不断努力和前进，追求更加安宁的生存和幸福的生活，探索人类文明的绵延与更加美好的未来，而绝非让人类走向对立、仇恨、伤害和毁灭。这才是历史之于人类永恒的价值所在。

参考文献

一、基本文献

《古本戏曲丛刊》编辑委员会编:《古本戏曲丛刊初集》,商务印书馆1954年版。

《古本戏曲丛刊》编辑委员会编:《古本戏曲丛刊二集》,商务印书馆1955年版。

《古本戏曲丛刊》编辑委员会编:《古本戏曲丛刊三集》,文学古籍刊行社1957年版。

《古本戏曲丛刊》编辑委员会编:《古本戏曲丛刊四集》,商务印书馆1958年版。

《古本戏曲丛刊》编辑委员会编:《古本戏曲丛刊五集》,上海古籍出版社1986年版。

上海古籍出版社编:《明代笔记小说大观》,上海古籍出版社2005年版。

邓绍基等编:《中国古代戏曲文学辞典》,人民文学出版社2004年版。

董榕:《芝龛记》,光绪十五年(1889)刻本。

魏同贤主编:《冯梦龙全集》,江苏古籍出版社1993年版。

傅惜华:《元代杂剧全目》,作家出版社1957年版。

郭英德编著:《明清传奇综录》,河北教育出版社1997年版。

洪昇著,徐朔方校注:《长生殿》,人民文学出版社1983年版。

胡应麟:《少室山房笔丛》,上海书店出版社2001年版。

胡祗遹著,魏崇武、周思成校点:《胡祗遹集》,吉林文史出版社2008年版。

祁彪佳著,黄裳校录:《远山堂明曲品剧品校录》,上海出版公司1955年版。

黄燮清:《帝女花》,《倚晴楼七种曲》,清光绪间刻本。

孔尚任著,王季思、苏寰中、杨德平合注:《桃花扇》,人民文学出版社1959年版。

蓝立蓂校注:《汇校详注关汉卿集》,中华书局2006年版。

李开先著,卜键笺校:《李开先全集》,文化艺术出版社2004年版。

李修生主编:《古本戏曲剧目提要》,文化艺术出版社1997年版。

李修生主编:《元曲大辞典》,江苏古籍出版社1995年版。

李渔撰,萧欣桥等点校:《李渔全集》,浙江古籍出版社1992年版。

李玉:《千忠录》,中国艺术研究院藏旧抄本。

李玉撰,陈古虞、陈多、马圣贵点校:《李玉戏曲集》,上海古籍出版社2004年版。

梁辰鱼撰,吴书荫编集校点:《梁辰鱼集》,上海古籍出版社1998年版。

梁淑安、姚柯夫编著:《中国近代传奇杂剧经眼录》,书目文献出版社1996年版。

廖立、廖奔校注:《朱有燉杂剧集校注》,黄山书社2017年版。

罗烨:《醉翁谈录》,古典文学出版社1957年版。

毛晋编:《六十种曲》,中华书局1958年版。

孟称舜著,朱颖辉辑校:《孟称舜集》,中华书局2005年版。

孟元老等:《东京梦华录》(外四种),古典文学出版社1956年版。

邵曾祺编著:《元明北杂剧总目考略》,中州古籍出版社1985年版。

沈泰、邹式金辑:《盛明杂剧》,中国书店2012年版。

沈自晋著，张树英点校:《沈自晋集》，中华书局2004年版。

宋濂等:《元史》，中华书局1976年版。

苏轼撰，王松龄点校:《东坡志林》，中华书局1981年版。

隋树森编:《元曲选外编》，中华书局1959年版。

陶宗仪撰:《南村辍耕录》，中华书局1959年版。

王季思主编:《全元戏曲》，人民文学出版社1990年版。

王利器辑录:《元明清三代禁毁小说戏曲史料》，上海古籍出版社1981年版。

王秋桂主编:《善本戏曲丛刊》，台湾学生书局1984年版。

吴伟业著，李学颖集评标校:《吴梅村全集》，上海古籍出版社1990年版。

吴毓华编著:《中国古代戏曲序跋集》，中国戏剧出版社1990年版。

夏纶:《新曲六种》，清乾隆癸酉(1753)世光堂刻本。

徐振贵:《孔尚任全集辑校注评》，齐鲁书社2004年版。

俞为民、孙蓉蓉编:《历代曲话汇编·唐宋元编》，黄山书社2006年版。

俞为民、孙蓉蓉编:《历代曲话汇编·明代编》，黄山书社2009年版。

俞为民、孙蓉蓉编:《历代曲话汇编·清代编》，黄山书社2008年版。

臧晋叔编:《元曲选》，中华书局1989年版。

张凤翼撰，隋树森、秦学人、侯作卿校点:《张凤翼戏曲集》，中华书局1994年版。

昭梿撰，何英芳点校:《啸亭杂录》，中华书局1980年版。

赵翼著，李学颖、曹光甫校点:《瓯北集》，上海古籍出版社1997年版。

中国戏曲研究院编:《中国古典戏曲论著集成》，中国戏剧出版社1959年版。

庄一拂编著:《古典戏曲存目汇考》，上海古籍出版社1982年版。

二、研究论著

［法］狄德罗:《狄德罗美学论文选》,张冠尧、桂裕芳等译,人民文学出版社1984年版。

［法］丹纳:《艺术哲学》,傅雷译,人民文学出版社1963年版。

［美］华莱士·马丁:《当代叙事学》,伍晓明译,北京大学出版社2005年版。

［美］浦安迪:《中国叙事学》,北京大学出版社1996年版。

［日］青木正儿:《元人杂剧概说》,隋树森译,中国戏剧出版社1957年版。

［日］青木正儿:《中国文学概说》,隋树森译,重庆出版社1982年版。

［日］青木正儿原著,王古鲁译著,蔡毅校订:《中国近世戏曲史》,中华书局年2010年版。

《戏剧报》编辑部编:《历史剧论集》(第一集),上海文艺出版社1962年版。

蔡钟翔:《中国古典剧论概要》,中国人民大学出版社1988年版。

陈大康:《明代小说史》,上海文艺出版社2000年版。

陈仕国:《〈桃花扇〉接受史研究》,中国戏剧出版社2016年版。

楚萍:《吴伟业戏曲作品研究》,中国社会科学出版社2017年版。

邓绍基、史铁良主编:《明代文学研究》,北京出版社2001年版。

邓绍基主编:《元代文学史》,人民文学出版社1991年版。

丁汝芹:《清代内廷演戏史话》,紫禁城出版社1999年版。

董每戡:《说剧——中国戏剧史专题研究论文集》,人民文学出版社1983年版。

杜桂萍:《清初杂剧研究》,人民文学出版社2004年版。

杜维运:《中国史学史》,商务印书馆2010年版。

段启明、汪龙麟主编:《清代文学研究》,北京出版社2001年版。

高小康:《中国古代叙事观念与意识形态》,北京大学出版社2005年版。

高益荣:《元杂剧的文化精神阐释》,中国社会科学出版社2005年版。

顾肇仓:《元代杂剧》,作家出版社1962年版。

郭沫若:《沫若剧作选》,人民文学出版社1978年版。

郭伟廷:《元杂剧的插科打诨艺术》,中国社会科学出版社2002年版。

郭英德、谢思炜、尚学锋、于翠玲:《中国古典文学研究史》,中华书局1995年版。

郭英德:《痴情与幻梦——明清文学随想录》,生活·读书·新知三联书店1992年版。

郭英德:《建构与反思——中国古典文学研究思辨录》,陕西人民教育出版社2006年版。

郭英德:《明清传奇史》,江苏古籍出版社2001年版。

郭英德:《明清传奇戏曲文体研究》,商务印书馆2004年版。

郭英德:《明清文人传奇研究》,北京师范大学出版社2001年版。

郭英德:《优孟衣冠与酒神祭祀——中西戏剧文化比较研究》,河北人民出版社1994年版。

郭英德:《元杂剧与元代社会》,北京师范大学出版社1996年版。

郭英德编:《吴梅词曲论著四种》,商务印书馆2010年版。

郭英德主编:《中国古代文学通论·明代卷》,辽宁人民出版社2005年版。

郝成文:《〈昭代箫韶〉研究》,西安交通大学出版社2015年版。

华玮:《清代戏曲中的明史再现》,中华书局2019年版。

黄天骥、陈寿楠编:《董每戡集》,广东高等教育出版社1999年版。

邝健行、吴淑钿编选:《香港中国古典文学研究论文选粹(1950—2000)——小说、戏曲、散文及赋篇》,江苏古籍出版社2002年版。

李昌集:《中国古代曲学史》,华东师范大学出版社1997年版。

李纪祥:《时间·历史·叙事》,兰州大学出版社2004年版。

李玫:《明清之际苏州作家群研究》,中国社会科学出版社2000年版。

李小红:《〈鼎峙春秋〉研究》,北京出版社2016年版。

李修生、查洪德主编:《辽金元文学研究》,北京出版社2001年版。

李修生:《元杂剧史》,江苏古籍出版社2002年版。

李真瑜:《明代宫廷戏剧史》,紫禁城出版社2010年版。

林叶青:《清中叶戏曲家散论》,江苏古籍出版社2002年版。

刘奇玉:《古代戏曲创作理论与批评》,中国社会科学出版社2010年版。

刘新文编著:《〈录鬼簿〉中历史剧探源》,南开大学出版社1989年版。

陆萼庭:《昆剧演出史稿》,上海教育出版社2006年版。

罗钢:《叙事学导论》,云南人民出版社1994年版。

罗锦堂:《元杂剧本事考》,陕西师范大学出版社2017年版。

罗宗强:《明代后期士人心态》,中华书局2019年版。

罗宗强:《明代文学思想史》,中华书局2019年版。

茅盾:《关于历史和历史剧——从〈卧薪尝胆〉的许多不同剧本说起》,作家出版社1962年版。

苗怀明:《二十世纪戏曲文献学述略》,中华书局2005年版。

聂石樵主编:《古代文学中人物形象论稿》,北京师范大学出版社2000年版。

彭放编:《郭沫若谈创作》,黑龙江人民出版社1982年版。

戚世隽:《明代杂剧研究》,广东高等教育出版社2001年版。

钱南扬:《戏文概论》,上海古籍出版社1981年版。

商韬:《论元代杂剧》,齐鲁书社1986年版。

沈燮元编:《周贻白小说戏曲论集》,齐鲁书社1986年版。

孙书磊:《中国古代历史剧研究》,南京师范大学出版社2004年版。

孙书磊:《明末清初戏剧研究》,社会科学文献出版社2007年版。

谭帆、陆炜:《中国古典戏剧理论史》,华东师范大学出版社2005年版。

谭坤:《晚明越中曲家群体研究》,上海三联书店2005年版。

唐文标:《中国古代戏剧史》,中国戏剧出版社1985年版。

田根胜:《近代戏剧的传承与开拓》,上海三联书店2005年版。

王国维:《王国维戏曲论文集》,中国戏剧出版社1984年版。

王国维撰,马美信疏证:《宋元戏曲史疏证》,复旦大学出版社2004年版。

王宏维:《命定与抗争——中国古典悲剧及悲剧精神》,生活·读书·新知三联书店1996年版。

王卫民编:《吴梅戏曲论文集》,中国戏剧出版社1983年版。

王永健:《中国戏剧文学的瑰宝——明清传奇》,江苏教育出版社1989年版。

王芷章:《清昇平署志略》,商务印书馆2006年版。

吴国钦、李静、张筱梅编:《元杂剧研究》,湖北教育出版社2003年版。

吴国钦:《中国戏曲史漫话》,上海文艺出版社1980年版。

夏咸淳:《情与理的碰撞——明代士林心史》,河北大学出版社2001年版。

熊静:《清代内府曲本研究》,上海书店出版社2018年版。

徐扶明:《元代杂剧艺术》,上海古籍出版社2014年版。

徐振贵:《孔尚任评传》,南京大学出版社2000年版。

徐子方:《明杂剧史》,中华书局2003年版。

许建中:《明清传奇结构研究》,中州古籍出版社1999年版。

许金榜:《中国戏曲文学史》,中国文学出版社1994年版。

杨连启:《清代宫廷演剧史》,文化艺术出版社2017年版。

杨义:《中国叙事学》,人民出版社1997年版。

叶长海:《中国戏剧学史稿》,中国戏剧出版社2005年版。

余秋雨:《中国戏剧文化史述》,湖南人民出版社1985年版。

俞为民、刘水云:《宋元南戏史》,凤凰出版社2009年版。

云峰:《民族文化交融与元杂剧研究》,人民出版社2012年版。

袁行霈主编:《中国文学史》,高等教育出版社1999年版。

袁世硕:《孔尚任年谱》,山东人民出版社1987年版。

曾永义:《明杂剧概论》,商务印书馆2015年版。

曾永义:《说戏曲》,台湾联经出版事业公司1976年版。

曾永义:《中国古典戏剧论集》,台湾联经出版事业公司1979年版。

曾永义:《曾永义学术论文自选集甲编·学术理念》,中华书局2008年版。

查洪德、李军:《元代文学文献学》,中国社会科学出版社2002年版。

张法:《中国文化与悲剧意识》,中国人民大学出版社1989年版。

张庚、郭汉城主编:《中国戏曲通史》,文化艺术出版社2014年版。

赵山林:《中国戏剧学通论》,安徽教育出版社1995年版。

郑传寅:《传统文化与古典戏曲》,湖南人民出版社2004年版。

郑传寅:《中国戏曲文化概论》,武汉大学出版社1993年版。

周贻白:《中国戏剧史长编》,上海书店出版社2004年版。

朱崇智:《中国古代戏曲选本研究》,上海古籍出版社2004年版。

朱光荣:《中国古代戏曲艺术论续编》,贵州人民出版社2002年版。

朱家溍、丁汝芹:《清代内廷演剧始末考》,中国书店2007年版。

左东岭:《王学与中晚明士人心态》,人民文学出版社2000年版。

左鹏军:《晚清民国传奇杂剧文献与史实研究》,人民文学出版社2011年版。

左鹏军:《近代传奇杂剧研究》,广东高等教育出版社2001年版。

三、学术论文

陈建平：《士人意识与平民意识对侠意识的重新编码——明清水浒戏的文化透视》，《戏曲研究》第75辑，文化艺术出版社2008年版。

程毅中：《试论古代历史剧》，《文学遗产（增刊）》第9辑，中华书局1962年版。

程毅中：《再论古代历史剧》，《文学遗产（增刊）》第12辑，中华书局1963年版。

崔彩红：《〈梧桐雨〉和〈汉宫秋〉的比较研究》，《武汉大学学报（人文科学版）》2005年第1期。

丁合林：《元杂剧历史剧浅论》，硕士学位论文，首都师范大学，2004年。

伏涤修：《论〈长生殿〉、〈桃花扇〉在古代历史剧创作中的典范意义》，《同济大学学学报（社会科学版）》2005年第3期。

郭启宏：《传历史之神 写时代之真——再论传神史剧》，《中国文艺评论》2015年第2期。

郭启宏：《传神史剧论》，《剧本》1988年第1期。

郭启宏：《历史剧旨在传神》，《大舞台》2009年第4期。

郭启宏：《溯洄从之，道阻且长——回顾〈东周列国〉创作兼谈历史剧》，《广东艺术》1999年第4期。

郭启宏：《我所理解的历史剧》，《剧本》1997年第1期。

郭启宏：《新编历史剧的思考》，《戏剧报》1986年第12期。

郭英德：《〈宝剑记〉：忠奸剧的定型——〈明清传奇史〉选载（一）》，《佳木斯大学社会科学学报》1998年第2期。

郭英德：《〈浣纱记〉：历史剧的新篇——〈明清传奇史〉选载之二》，《佳木斯大学社会科学学报》1998年第3期。

郭英德：《〈鸣凤记〉：时事剧的发轫——〈明清传奇史〉选载之三》，《佳木斯大学社会科学学报》1998年第4期。

郭英德:《刺世伤时　显微阐幽——论苏州派传奇的文化内涵》,《北京师范大学报(社会科学版)》1996年第3期。

郭英德:《明清传奇戏曲叙事结构的演化》,《求是学刊》2004年第1期。

郭英德:《叙事性：古代小说与戏曲的双向渗透》,《文学遗产》1995年第4期。

郭英德:《元杂剧：中国古典戏曲艺术的奇葩》,《高校理论战线》1999年第2期。

李克:《清初江南遗民曲家群研究》,硕士学位论文,北京师范大学,2007年。

李丽娟:《〈桃花扇〉的史剧个性论》,硕士学位论文,河北师范大学,2003年。

李秋新:《杨潮观历史剧的创作特色》,《青海师范大学学报(社会科学版)》1996年第1期。

李轼华:《从元代历史剧看元代文人的二难情结》,《成都大学学报(社会科学版)》2004年第1期。

李雁:《对历史剧的界定及其在元杂剧中的鉴别和统计》,《山东社会科学》2003年第4期。

李雁:《元代历史剧兴盛之内在原因初探》,《山东师大学报(社会科学版)》1999年第3期。

李占鹏:《论关汉卿的历史剧〈单刀会〉》,《甘肃联合大学学报(社会科学版)》2005年第4期。

刘丽文、李瑞霞:《〈千忠戮〉对传统历史观的突破》,《沈阳师范大学学报(社会科学版)》2005年第5期。

刘彦君:《历史、历史真实和历史剧创作——从〈赵氏孤儿〉的改编谈起》,《剧本》2004年第4期。

刘彦君:《有关历史剧创作的几个问题》,《戏曲研究》第55辑,文化艺术出版社2000年版。

马少波：《谈历史剧创作》，《剧本》1981年第6期。

沈渭滨：《关于历史和历史剧的思考》，《南京师范大学文学院学报》2002年第1期。

孙俊士：《"靖难"戏曲初探》，《戏曲研究》第70辑，文化艺术出版社2006年版。

孙书磊：《论"发愤著书说"在中国古典史剧创作中的实现》，《河南师范大学学报（哲学社会科学版）》2005年第5期。

孙书磊：《论中国古典史剧理论的批评范式：代置式》，《戏剧艺术（上海戏剧学院学报）》2002年第3期。

孙书磊：《略论大众审美与古代艺人的历史剧创作》，《淮海工学院学报（人文社会科学版）》2004年第4期。

孙书磊：《明清传奇之历史剧创作的党人心态》，《戏曲艺术》2001年第3期。

孙书磊：《曲史观：中国古典史剧文人创作的中心话语》，《求是学刊》2002年第4期。

孙书磊：《史学意识与中国古代历史剧的发生》，《南京师范大学学报（社会科学版）》2002年第1期。

孙书磊：《以曲为史：中国古代文人的历史剧创作》，《南京师范大学文学院学报》2002年第3期。

孙书磊：《元代历史剧文人作者的创作心态蠡测》，《艺术百家》2001年第2期。

孙书磊：《中国古典史剧的元性形态及其他》，《戏剧文学》2005年第2期。

孙书磊：《中国古典史剧理论中"曲史观"的形成与演进》，《戏剧（中央戏剧学院学报）》2002年第4期。

王海燕：《元明伍子胥戏研究》，博士学位论文，北京师范大学，

2006年。

王世声:《〈清忠谱〉再现历史的艺术经验》,《河南大学学报(社会科学版)》1998年第1期。

吴帼屏:《论中国古典戏剧的"虚"与"实"》,《中国文学研究》1997年第2期。

吴晗:《论历史剧》,《文学评论》1961年第3期。

许建中:《论传奇历史剧的虚实相生》,《扬州大学学报(人文社会科学版)》1997年第4期。

余秋雨:《历史剧简论》,《文艺研究》1980年第6期。

曾垂超:《论吴伟业的戏曲创作——兼评案头戏》,《厦门教育学院学报》2003年第2期。

张莉姗:《试述元代历史剧的情感基调》,《贵州教育学院学报(社会科学)》2005年第6期。

郑传寅:《形神二元论与古典戏曲的传神特色》,《汕头大学学报(人文社会科学版)》2004年第3期。

郑怀兴:《关于历史剧创作》,《剧本》2000年第4期。

郑怀兴:《关于历史剧创作(续)》,《剧本》2000年第5期。

郑怀兴:《戏曲编剧理论与实践(八)》,《艺海》2015年第6期。

附 录

"厚道今主""酸心旧臣"
——试论康熙与孔尚任的"心结"

在中国古代戏曲史上,《长生殿》和《桃花扇》是两部历史剧的经典之作,他们的作者以"南洪北孔"并称于世。这两部作品在给它们的作者带来殊荣的同时,却都留下了颇有传奇色彩的罢官疑案。康熙二十八年(1689)太平园演出《长生殿》,一时名流齐集,其中不乏众多朝廷官员,后因人以国丧期间演剧之罪名弹劾,最终导致五十余人被革除功名,留下了"可怜一曲《长生殿》,断送功名到白头"的深深嗟叹。《长生殿》罢官案缘由清晰,但《桃花扇》作者孔尚任的罢官缘由却备受争议,官方的"耽于诗酒,荒废政务,宝泉局监铸不善"并未能使得历来的文人和学者完全信服。后人从孔尚任"命薄忽遭文章憎,缄口金人受谤诽"的诗句中推论出孔氏罢官与《桃花扇》之间千丝万缕的联系,但也未能提出确切的证据,因此,孔尚任罢官便成了一桩"疑案"。在勾稽康熙皇帝与孔尚任君臣遇合的来龙去脉,挖掘其中耐人寻味的细节之后会发现,一种"心结"贯穿了二人交往的始终,这种心结与孔尚任的罢官有密不可分的关系,对于探究孔尚任的罢官原因具有一定的参考价值。

"出山异数"——和气君臣,"心结"初露

康熙二十三年(1684),康熙皇帝玄烨南巡返京之际,驾临曲阜致祭孔子,其自云"朕幸鲁地,致祭先师,特敷文教,鼓舞儒学"。孔尚任充讲经官及引导,得以接近康熙皇帝。在祭孔活动中,康熙皇帝表现十分出色,充分赢得了孔尚任的好感。孔尚任《出山异数记》对此记载颇为详明。

康熙皇帝在祭孔活动中尊孔敬孔,庄重恭谨:

> 上乘舆进城,诣先师庙,至奎文阁前,降辇入斋幄少憩,即步行升殿,跪读祝文,行三献礼,三跪九叩,为旷代所无。牲用太牢,祭品十笾豆,乐舞六佾,其执事礼乐弟子,皆任所教者也。

在游览孔庙、孔府、孔林的过程中,康熙皇帝表现出了独特的亲民作风:

> 衍圣公毓圻率尚任等,跪迎道左。上顾笑曰:"尔等已先到此。"

> 上又问:"有蓍草丛生地上者,可寻一观!"尚任导引,历楷亭之西,岗垄崎岖,榛莽深密,批丛指奏曰:"此即蓍草。"上亲摘一茎,玩其枝干,又采子盈掬,辨其气味,倾赐尚任手曰:"细嗅之,亦有异香。"

> 霁堂陛之威严,等君臣于父子,一日之间,三问臣年,真不世之遭逢也。

对于御前侍讲、陪伴左右的圣裔孔尚任，康熙皇帝优容有加，格外关照：

> 尚任先至讲案前，北面对立，陈书开卷，用二银尺镇定；御案前，书亦展开，用金尺镇定。两案相距咫尺，上肃容端坐……讲毕，退。天颜悦霁，顾侍臣曰："经筵讲官不及也。"

> 上面谕大学士明珠、王熙，曰："孔尚任等，陈书讲说，克副朕衷，着不拘定例，额外议用。"

孔尚任请旨扩建孔林。

> 祭酒阿公告任曰："上在思堂数语，尔知之乎？"任曰："不知。"阿公曰："上云'此秀才好胆子，知朕敬重先师，尽力乞请，既到其家，皆依所奏可也。'"任荷皇上温旨优容之恩，随路感泣，逢人称述。

> 二十一日早行，憩傍路古庙，上遥望见，遣飞骑来，问："此队何人？"答云："衍圣公孔毓圻等，送驾过此。"又问："有讲书秀才孔尚任否？"答云："尚任亦在此。"飞骑复命。少顷，遣侍卫来，赐茶各一椀。

当然，最令孔尚任感激涕零的是康熙皇帝将其破格录用为国子监博士，孔氏得以跻身封建国家最高学府教师之列，成为正八品官员。孔尚任自云："书生遭际，自觉非分，犬马图报，期诸没齿。"

但正是在君臣初遇，大有相见恨晚的一团和气中，却有一个细节颇耐人寻味，在孔尚任随侍康熙游览孔林的过程中，遇到了一棵大树：

> （康熙）又问："此大树为何木？"尚任奏曰："俗名橡子树。"上笑曰："本名槲树，乃木旁加斗斛之斛，朕胡人，不必讳也。"

附录　311

值得注意的是，这段出自《出山异数记》的文字中"朕胡人，不必讳也"七字，仅见于曲阜市文物管理会藏本《出山异数记》，张潮《昭代丛书》所收《出山异数记》中此七字已经被删去了。在康熙面前，孔尚任有意回避"榍"字发音，足见其机敏和谨慎。而康熙皇帝的会心一笑也意味深长，是对孔氏回答心满意足，还是对帝王权谋的志得意满，还是故作大度？我们不得而知，但这一细节暴露了某些心结在君臣心目中的客观存在，尽管他们对此心照不宣。

沉浮宦海——十载闲职，"心结"潜滋

得到康熙皇帝垂青后的孔尚任满心喜悦地踏上了仕途。早在为康熙御前讲学之前，孔氏就已经敏感地感觉到，功名即将是他的囊中之物了。《出山异数记》载：

> 十七日……薄暮，有二骑至庙，呼任诣行宫，跪幔城外，请圣安毕……少顷，则先时二骑者，捧誊本讲义，恭陈御案及讲案上。举首见堂中画屏，云："此画我识得，乃'两个黄鹂鸣翠柳，一行白鹭上青天'也。"任私捉兄鈺袖曰："我两人将登朝矣。"
>
> 夕，见内阁王公，告任曰："议官已定，不日为国博矣。"任喜谢曰："汉唐儒生，以经术进用者，皆赐博士。任虽才学不称，而皇上授官之典，可称允当。"

此后，孔尚任又跟随衍圣公入都谢恩，追随末班。康熙赐宴礼部，命尚书张公士甄陪侍。孔氏"享大官醴酪，观教坊歌舞"，春风得意。

但现实仕途远没有孔尚任设想的那么理想、那么完美。康熙二十四年（1685）乙丑正月十八日入京赴官不久，孔尚任便徘徊在依稀的热望

与孤寂的等待中:"殷勤劳帝简,仿佛记臣名。""教胄官原美,分帘职又清。""茶叶分冷署,诗社聚闲官。"(《乙丑闱中拨闷,和王宪尹韵》"佳节豪华住帝都,闲官冷署自踟蹰。"(《中秋待月》)

康熙并没有让孔尚任过久等待,康熙二十五年(1686)七月,他令孔尚任随工部侍郎孙在丰赴淮扬治水。这对于一心想经世济民的孔尚任来说,自然是难得的机遇,当然,这自然也是康熙皇帝作为君主对孔尚任这位臣子的磨炼与试验。但治河官员钩心斗角,沉醉歌舞酒宴,治河工程一再拖延,孔尚任堕入了深深的失望之中,发出了"为问琼筵诸水部,金樽倒尽可消愁"(《淮上有感》)的感慨。在百无聊赖之际,流连于江南的孔氏凸显了其文人特质。他开始和江南著名文人诗酒唱和,其中不乏著名的明代遗民冒襄、黄云、邓汉仪等人。黄云在《湖海集序》中对此颇有赞誉之意:"南方人士,相与订缟纻之欢,而阐风雅之义。"孔氏《与王安节》对这段经历也进行了总结:"下河斥卤波涛,为生平第一恶梦;金陵山水文章,为生平第一好梦。"康熙二十八年(1689),南巡途中的康熙皇帝令孔尚任登舟,并赐宴一盒,又赐果饼四盘。孔氏感而泣下:"三年粗粝中肠惯,饱饫珍馐翻泪流。"(《三月三日迎驾至江口,蒙召登舟,赐御宴一盒,恭谢用前韵》)这次哭泣既是对三年辛苦的回忆,更是对康熙念旧之情的感激。康熙皇帝的关照令孔尚任日趋平静的仕途心态再次燃起了希望。但即使如此,孔尚任仍未能给自己的仕途做过多的打算,或者说仍缺乏一种政治敏感性。康熙二十八年(1689)四月,康熙撤下河局,孔尚任待命返京。但他却借机访问了明遗民王弘撰、杜岕、张瑶星和余怀之子余宾硕。并且游历南京,亲过明故宫,拜谒明孝陵。这一切,当然有利于《桃花扇》的写作,但其间对历史的兴亡浩叹,黍离之悲,故国之思,自然无法避免:

  数语发精微,所得已不浅。先生忧世肠,意不在经典。埋名深山巅,穷饿极淹蹇。每夜哭风雷,鬼出神为显。说向有心人,涕泪胡能

免？(《白云庵访张瑶星道士》)

夕阳红树间青苔，点染钟山土一堆。厚道群瞻今主拜，酸心稍有旧臣来。(《拜明孝陵》其一)

萧条异代微臣泪，无故秋风洒玉河。(《拜明孝陵》其二)

这些诗句情真意切，但其中某些词汇和情感在即将到来的康熙盛世中不免有些敏感，或者说不合时宜。尤其是出自这样一个颇具文化意义且被康熙皇帝特别关注的"圣裔"之口。假如这样的诗句出现在康熙皇帝案头，这位雄才大略的"厚道今主"会做何感想？他是否能对这位"圣裔"保持一如既往的宽容与耐心？而对于天真的孔尚任来说，他或许根本没有考虑"文字贾祸"的可能性，或许他认为这些诗句在胸怀宽广的康熙皇帝那里会得到理所当然的包容，或许他还沉浸在对康熙的感激之中，对未来的仕途有所希冀。

而治河归京的孔尚任宦情依旧，理想与现实之间的差距依然未能弥合。康熙二十八年（1689）孔氏回京后仍任国子监博士。"重随佩剑趋新步，乍入班行认旧僚。事事生疏资笑柄，向人难折病时腰。"(《庚午二月自淮南还朝》)宦海十年，孔尚任仕途并无进展，因此他发出了"弹指十年官尚冷，踏穿门巷是芒鞋"(《岸堂予京寓也，在海波寺街，其前有青场，乃先朝牧马处》)的感慨。"雀噪新槐吏散衙，十年毡破二毛加。不知城外春深浅，博士厅前老荠花。"(《国子监博士厅》)更是充满了失落。政治上的失意使他寄情于古董收藏（其《商调集贤宾·博古闲情》【梧叶儿】云："喜的是残书卷，爱的是古鼎彝，月俸钱支来不够一朝挥。大海潮，南宋器；甘黄玉，汉羌笛；唐羯鼓，断漆皮；又收得小忽雷，焦桐旧尾。"）、诗酒唱和和戏曲创作。他结交了王士禛、顾彩、吴穆、田雯、清宗室岳端等著名文人，并于康熙三十三年（1694）与顾彩合撰完成了《小忽雷传奇》，积累了丰富的戏曲创作经验。尽管孔氏想方设法排遣政治失意的苦闷，但这种失意情绪中隐隐包含着他对仕途的种种不满，包含着对有恩于己的康熙皇帝徒劳等待后的某种失望。因为在孔尚任看来，他的入仕缘于康熙，而仕途的停滞或前进也完全取决于康熙。

终于，失望中的孔尚任迎来了仕途上的转机。康熙三十四年（1695）九月下旬，孔尚任迁户部主事，知宝泉局监铸，官正六品，较之原先的正八品国子监博士连升两级。由于任官于被视作"肥差"的造币机构，一时多有主动结交者。其《燕台杂兴三十首》十七云："铜山金埒势峥嵘，暴富乞儿恬不惊。每日垂鞭归第邸，有人来看孔方兄。"自注："予畏监仓而得监铸，免累可矣，寒如故也。泛交者不知，多来称贷。"世态人情，可见一斑。那么孔尚任此次升迁是否康熙独特的眷顾与恩宠呢？据袁世硕先生《孔尚任年谱》考证，这次升迁是清政府管理机构大幅度调整的结果，大批官员获得了升迁的机会，孔氏只是其中的一位。换言之，孔氏升官固然要通过康熙首肯，但极有可能并非康熙皇帝特别的擢拔，而是有秩序的按部就班的升迁。康熙三十六年（1697），因平定噶尔丹，颁诏大赦，封赏百官，孔尚任受封承德郎（正六品文官虚衔），这次受封并非康熙单独擢拔是可以肯定的。假如这两次孔氏的升迁封赏并非康熙皇帝青目，那么，此时的孔尚任已经不再是康熙皇帝寄予厚望的人选，或者说，康熙皇帝已经开始对这位"圣裔"的仕途采取放任自流的态度了。

疑案罢官——"心结"难解，"桃花"贾祸

从任职户部开始，孔尚任全心投入了《桃花扇》的写作，康熙三十八年（1699）六月，《桃花扇》三易其稿之后，终于完成。此剧一经问世，便名播京城。孔氏自云："《桃花扇》本成，王公荐绅，莫不借钞，时有纸贵之誉。"（《桃花扇本末》）

《桃花扇》的流传也引起了康熙皇帝的注意："己卯（1699）秋夕，内侍索《桃花扇》本甚急；予之缮本莫知流传何所，乃于张平州中丞（按：即张勄）家，觅得一本，午夜进之直邸，遂入内府。"（《桃花扇本

末》)康熙皇帝对"圣裔"的作品表现出浓厚的兴趣,但《桃花扇》这夜入宫之后的详情便无人知晓了。而宫外的孔尚任生活依然波澜不惊,康熙三十八年(1699)年底至三十九年(1700)年初,孔氏可谓春风得意。"己卯(1699)除夜,李木庵总宪遣使送岁金,即索《桃花扇》为围炉下酒之物。开岁灯节,已买优扮演矣。其班名'金斗',出之李相国湘北先生宅,名噪时流,唱《题画》一折,尤得神解也。"(《桃花扇本末》)康熙三十九年(1700)正月初七,孔尚任招友人齐集岸堂,演奏新曲《桃花扇》。二月,又于衍圣公孔毓圻在北京的府邸,与孔传铎、顾彩等集饮,听《桃花扇》曲。文场得意的孔尚任似乎时来运转,官场也颇为得意。这年上巳(三月初三)后不久,孔氏便晋升户部广东清吏司员外郎,官从五品。但好景不长,升官短短十天之后,孔氏便以"耽于诗酒,荒废政务,宝泉局监铸不善"的罪名被贬,时间之快,出人意料。而当时孔氏的友人也颇感疑惑,刘中柱《真定集》卷三《送岸堂》云:"身当无奈何将隐,事在莫须有更悲。"因此,孔氏罢官可谓"疑案"。袁世硕先生在《孔尚任年谱》中指出了孔氏罢官中的四大疑点:其一,孔尚任为康熙亲自提拔,不经康熙同意,户部不应轻易罢其官。其二,孔尚任晋升户部员外郎仅十余天,不应如此迅疾。其三,孔尚任罢官正当衍圣公孔毓圻进呈《幸鲁盛典》之际,孔尚任恰是康熙幸鲁盛典的受益者,罢官时刻颇为敏感,并非偶然巧合。其四,孔尚任罢官之后欲拜见其户部的直接上司兼好友田雯,被拒之门外,田雯有刻意回避之嫌。

孔尚任在《和蔡纲南赠扇原韵,送之南还》一诗中说"满眼浮云幻莫窥,逢君说破古今疑"。并自注云:"予被谪疑案,纲南颇知,曾赠金慰余。"但究竟疑案细节如何?我们不得而知。在《放歌赠刘雨峰寅丈》中,孔尚任认为:"命薄忽遭文章憎,缄口金人受谤诽。"他的罢官可能与某个"文章"或他的文学才能有密切关联,但这部招人妒忌诽谤的"文章"是什么?缺乏明确的资料记载加以证实。

20世纪,关于孔尚任罢官与《桃花扇》是否相关的命题学界曾多有争议，莫衷一是。袁世硕先生《孔尚任年谱》认为："《桃花扇》虽无悖逆之词，褒忠诛奸也合乎圣道，但演明末遗事，题材本身容易动人兴亡之感。至少表明孔尚任耽于词曲，没有勤于王事，有负皇帝示以特别眷顾、朝廷破格任用之初衷。孔尚任又毕竟是康熙自己作为尊儒崇圣的姿态而特拔的'圣裔'，也不好公然加罪，所以康熙便含糊其词地示意户部堂官将孔尚任解职。"笔者以为，袁先生的见解颇为精辟，但有些细节还值得深入分析。今天循着康熙与孔尚任"心结"发展的轨迹探究孔氏罢官原因时，会发现《桃花扇》与孔尚任罢官有千丝万缕的联系。康熙与孔尚任之间的"心结"从君臣相见伊始的刻意隐藏最终在孔氏的罢官过程中被表面化。《桃花扇》勾连起了君臣双方，并勾连起了君臣双方的"心结"。孔尚任对《桃花扇》情节内容的处理，以及流露出的种种复杂情绪触动了帝王的"心结"。

其一，剧作的结局处理不利于新朝统治：

（外怒介）呵呸！两个痴虫，你看国在那里，家在那里，君在那里，父在那里，偏是这点花月情根，割他不断么？（《桃花扇》第四十出《入道》）

孔尚任在作品中让经历了明清易代的侯方域、李香君双双入道，采取了不与新朝合作的态度（事实是侯方域曾参加了清廷主办的科举考试），而所谓的"君父"则明确指向了已经灭亡的朱明王朝。这种结局的处理与康熙皇帝笼络知识分子的决策背道而驰，极易引起康熙的反感。

其二，尽管孔尚任刻意回避了清兵暴行，但剧作中不乏少量讥讽、犯忌之语。如讽刺与清廷合作的知识分子"开国元勋留狗尾，换朝逸老缩龟头"（续四十出《余韵》）。"抽出绿头签，取开红圈票，把几个白衣山人吓走了"（续四十出《余韵》）讽刺了清廷"求贤"的方式。这些显然也不利于清廷争取知识分子的合作。

其三，此剧创作于康熙"盛世"之中，但剧作立意"不独令观者感慨涕零，亦可惩创人心，为末世之一救也"（《桃花扇小引》）。剧作结尾苏昆生的一曲【哀江南】动人心魄：

> 俺曾见金陵玉殿莺啼晓，秦淮水榭花开早，谁知道容易冰消！眼看他起朱楼，眼看他宴宾客，眼看他楼塌了。这青苔碧瓦堆，俺曾睡风流觉，将五十年兴亡看饱。那乌衣巷不姓王，莫愁湖鬼夜哭，凤凰台栖枭鸟。残山梦最真，旧境丢难掉，不信这舆图换稿。诌一套【哀江南】，放悲声唱到老。（《桃花扇》续四十出《余韵》）

正所谓末世哀音，一唱三叹，其中不免夹杂着对旧朝的深深惋惜与依恋，在处于王朝上升期的统治者看来，当然大煞风景。

其四，《桃花扇》一经问世，迅速传播，观者动容，旧臣下泪。《桃花扇本末》云："长安之演《桃花扇》者，岁无虚日，独寄园一席，最为繁盛……然笙歌靡丽之中，或有掩袂独坐者，则故臣遗老也；灯炧酒阑，唏嘘而散。"此时，不少故臣遗老已经开始与清廷合作，清廷统治刚刚趋向稳固，在这个时刻，《桃花扇》的问世和演出很容易勾起他们的故国之思、黍离之悲，这些在统治者看来很容易造成人心浮动，因此也是颇为忌讳的。

康熙向孔尚任深夜索书表明，他对这位身份特殊的臣子的思想动向一直格外留意。在康熙看来，《桃花扇》是一面镜子，他从中看到了孔尚任的心迹，他认为自己的努力和优容并未能完全从思想上征服知识分子，尤其是孔尚任这种有标志性意义的圣裔后代。因此，笔者认为，正是《桃花扇》使得康熙皇帝对孔尚任最终失望，并抛弃了这位誓言"犬马图报，期诸没齿"的"酸心旧臣"。

（本文原载《剧作家》2011 年第 3 期）

后 记

2020年的春季，注定是不平凡的。亲身感受瘟疫的肆虐、人类的抗争，也聆听嘈杂的声音，观看温暖抑或冰冷的现实，复杂情绪难以言表。在这样特殊的时间修订这样一部呈现中国历史剧面貌的小书，不禁心如潮涌，感慨万端。几千年来，我们中华民族在脚下这片土地上创造着波澜壮阔的历史，延续着中华文明的血脉。我们的国家和民族多灾多难，但一次又一次从灾难中奋起，砥砺前行，再创辉煌。我们的人民勤劳、善良、勇敢、坚韧，富于人情味和正义感。穿越历史烟尘，我们有伤感和惋惜，更有感动和豪情。这片古老的土地和土地上的人民，鲜鲜活活，生机勃勃，认真而努力地生活，承受苦难，战胜苦难，追求幸福，收获幸福。他们创造了历史，从他们中间走出了一位位英雄，化作星辰，闪耀于历史的天空，让后人仰望、凝视、沉思。他们的事迹和传奇滋润着后人的心田，充实着后人的智慧，鼓舞着后人的精神。

今天看来，在多年以前能够从事这样一个与中华民族历史相关的课题研究，是我的幸运。我翻阅一部部剧作，从中窥见我们民族和先人创造、书写的历史，为他们感动、叹息。同时，向学界前辈学习，摸索前行，用稚嫩、真诚的笔触，开始了写作。

我要深深感谢导师郭英德先生给予我这个幸运，在他的信任、鼓励、指导和督促下，我完成了这部书稿。而且其中一些原本面目粗糙的章节经郭师"点铁成金"，获得了公开发表的机会。在研究过程中，李真瑜先生多方予以指导和协助。在此，向两位先生表示衷心的感谢。

从严格意义上来说，这是我在学术之路上"蹒跚学步"的记录。在这部书稿中，留下了我向郭师和诸位学界前辈笨拙地学习乃至模仿的痕迹和姿态。因此，在随后修订书稿的过程中，我时常感到惭愧和不安，因为自己当时的眼界、水平、知识储备实在有限。我尽可能增补了一些资料，补充了一些内容，同时也修正了一些观点和错误，并附上了自己后来撰写的相关论文。但由于框架结构的限制和个人学术水平、写作风格的制约，难以获得很大提升和较大的改观。聊以自慰的只有自己写作的真诚和努力。

这部小书对历史剧的研究主要从戏曲文学文本的角度出发，对作品的戏曲舞台呈现是远远不够的。此外，研究主要着眼于文人历史剧创作，对杂剧、传奇等体裁比较关注，而近代以来数量庞大、特色鲜明、备受民众喜爱的地方戏中的历史剧（许多经过了艺人改编和创作）没有进入研究的视野，对宫廷演剧中的历史剧作品也缺乏深入研究，这是非常遗憾的。对于中国古代历史剧研究而言，这些丰富、庞大的作家、作品群体乃至现当代以来一直在延续的历史剧创作，都应当纳入观照的视野，才能获得更扎实、全面的成果。

我很庆幸在中国艺术研究院的支持下获得了出版小书的机会，作为一个以文字为事业的人，能将自己的文字和大家分享，实在是一种幸福。我也很庆幸在中国艺术研究院工作至今的十年中，受到了很多领导的信任和鼓励，得到了很多同事的关心和帮助，还结识了很多知己和好友。十年中的经历让我见识、历练、感恩，也让我偶尔迷茫、失落、烦恼。生活本来的样子就是如此，学着去面对或许就是成长。但我一再告诉自己，我的心一定要坚守一些信念，一定要永远向着光明。

王瑜瑜

2020年岁末